Peter Vollbrecht
»Ich allein bin wirklich!«

Peter Vollbrecht

»Ich allein bin wirklich!«

Die Philosophie und das launige Leben

Roman

KLÖPFER&MEYER

Inhalt

Zweiter Teil – Die Metropole oder Außenpolitik des Selbst

Erster Teil

Die Provinz oder Innenpolitik des Selbst

Eine amerikanische Eröffnung
oder Innen und Außen

Auf den ersten Blick nichts als Bücherwände bis hinauf zur hohen Decke, auf abgetretenem Dielenboden der Bibliothek ein langer Tisch, die Köpfe der Abschlussklasse gestützt auf Hals und Schulter. Erste bunte Stunde des neuen Philosophiekurses, acht Schüler, das ist keine große Zahl, da dürfte es doch nicht schwer sein, ihn zu finden. Lang und schlaksig sind die jungen Männer alle, keiner weiß wohin mit seinen Beinen. Sie sitzen da auf Stühlen, die ihnen im Laufe ihrer Karrieren zu klein geworden sind, das Abitur steht an im nächsten Frühling. Und die jungen Frauen? Vorgestern noch große Mädchen, zahnbespangt, ungelenk und zickig, doch jetzt will es scheinen, dass hier schon mehr Eigenes den Ton angibt als bei den großen Jungs, aber vielleicht schärft sich ja gerade auch der Blick beim Sehen. Seema jedenfalls erkennt man doch sofort, sie ist von dunklerem Teint, und in ihren schwarzen Haaren mit dem dichten seitlichen Stirnansatz flimmert eine südlichere Kultur. Wie dem auch sei: Sie alle hören dem Lehrer zu, Herr Brandes hat ihnen ein Gedankenexperiment vorgeschlagen.

»Es ist das Jahr 2112. Die Wissenschaften haben große Fortschritte gemacht. Kaum eine Krankheit ist unheilbar. Abgetrennte Nervenbahnen lassen sich bei Querschnittslähmungen wieder zusammenstöpseln. Gehirnpartien, die in ihrer Funktion beeinträchtigt oder gar ganz ausgefallen sind, können durch Mikrochips ersetzt werden. Stellen Sie sich einen solchen Patienten vor, lassen wir ihn aus seiner eigenen Perspektive berichten:

›Ich litt früher an einer sehr seltenen Erbkrankheit, einer Art frühzeitiger Demenz‹, könnte er sagen. ›Vor einigen Jahren begann man mit der Therapie. Nun trage ich schon insgesamt 12 Mikroprozessoren in mir, die mein verschlammtes Gehirn Teil um Teil ersetzten.‹«

Eine amerikanische Eröffnung, so nennt Andreas Brandes das unprätentiöse Verfahren, mit dem man ins Philosophieren gelangt, ohne falsche Ehrfurcht vor erlauchten Namen einzufordern für den Beginn. Ohnehin hat man den beschulten jungen Menschen schon genug Fremdkörper ins Hirn gepflanzt, dachte der Lehrer. Lernmodule ohne existenzielle Legitimation, eingepeitscht vom AGL, dem Allmächtigen Großen Lehrplan und überwacht von der FUZA, der Furchtgebietenden Unausweichlichen Zukunft Abitur, der man sich Punkte sammelnd andient.

Der Philosophiekurs sollte anders sein. Eine letzte Spielwiese, abseits vom Zugriff der Lernziele, nutzlos für das normierte Leben. Der Erfolg liegt hier woanders, so träumte Andreas Brandes seinen pädagogischen Traum, jeder der acht Schüler sollte im Kurs sein individuelles Thema entdecken können. Die lasziv sich hinlümmelnde, demonstrativ Kaugummi kauende Blondmähne da drüben mit dem knappen Top ebenso wie der Junge mit der Nickelbrille, der Herrn Brandes an die Jugendausgabe eines Intellektuellen aus den dreißiger Jahren erinnerte, der vor den Nazis flüchtend den Freitod in einem französischen Grenzstädtchen gesucht hatte.

Die Eröffnung zündet noch nicht. Kollektives Schweigen, der Lehrer muss noch etwas nachlegen, und so erzählt er von der subalternen Existenz eines Bankangestellten, der dank seiner Mikroprozessoren zurück in den schützenden Hafen der Unauffälligkeit gefunden hat. Der sich dort wieder aufgenommen fühlt in der Menschenschar, denn krank sein heiße Paria sein. Der fahrig sich durch das Haar fährt, wenn ihm intimere Fragen vorgelegt werden, auf die er keine Antwort weiß: woran seine Ehe gescheitert sei, was ihm die Musik bedeute, welche Sehnsüchte ihn bewegen. Er ist wie ein Haus, aus dem sie alle ausgezogen sind – die Kinder zuerst, dann die Frau, und zurück bleiben nichts als leere Räume. Davon erzählt Herr Brandes mit größerem rhetorischem Aufwand.

Ob er gelegentlich träume? Ein großer Blondschopf mit Schulwappen-T-Shirt warf sich in die Lücke. Traumlos sei er ausgeschlafener, sekundierte der Lehrer dem Prothesenhirn, er ziehe es vor, nur im Haupttext des Lebens zu leben. Gelächter, in das Johanna ihre Diagnose wirft, Johanna die Ernste, die jede Gelegenheit ergreift, um sich für ihr Psychologiestudium zu empfehlen: Er habe keine Empathie, der kleine Zombie mit seinen Nanodioden. Unsinn, harmlos sei der doch, widerspricht Marcello, eine richtige Zombie-Bestie wie in *Dawn of the Dead*, da gehe es wirklich ab. Ihn nennen sie nur den Professore, weil er sich gern kenntnisreich aufbläst, vielleicht, um seinen schwungvollen Namen ›di Marcovaldo‹ gegen seines Vaters Profession abzudichten, der im Städtchen einen wenn auch hippen Friseursalon betreibt. Verarmter Adel, macht jetzt in edler Hochglanzbroschüre auf ›Haare und Kultur‹.

Nun ergab sich eins zum anderen. »Klarer Fall von fehlenden Spiegelneuronen«, kommentierte Marcello lakonisch. Man verlangte Erklärung. Marcello zuckte herablassend mit den Schultern. »Spiegelneuronen bilden emotionale Zustände anderer im eigenen Gehirn ab. Sie sind sozusagen der neuronale Ort, wo Mitgefühl entsteht.«

Das hatte man schon mal gehört, so en passant in Bio war's, stimmt, so war das mit den Spiegelneuronen, Professore.

»Wie steht es mit Romantik?«, setzte Johanna nach. »Ein Sonnenuntergang, ein Kinofilm, die Liebe?«

Herr Brandes schüttelte den Kopf. Auch eine Freundin habe er nicht. Vermisse er auch nicht.

»Sex?« Mit lautem Knall zerplatzte ein Kaugummi hinten rechts.

»Vroni ist Spezialistin für die Unterwelt, Herr Brandes«, sprang spöttisch ein Lockenkopf hinzu. Vroni kaute und grinste breit: »Let's talk about sex! Hat er oder hat er nicht?«

Hat er nicht, früher aber ja. Er vermisse es nicht wirklich, er wolle jetzt aber nicht ins Detail gehen hier in der Öffentlichkeit …

»Ihm fehlt schlichtweg die Phantasie für das Mögliche.« Die Schülerin mit dem dunkleren Teint setzte auf Johannas Gleis. Vorhin schon, beim Betreten der Bibliothek fiel sie uns auf. Seema, fremder Klang für eine kerzengerade Körperhaltung und eine grazile Handgeste, die an eine Balletttänzerin erinnert. Mit einem mitleidsvollen Lidaufschlag aus großen braunen Rehaugen bekräftigte Seema ihr Votum.

Ob es da einen Zusammenhang gebe, so zwischen emotionaler und phantastischer Intelligenz? Andreas Brandes spielte einen Pass in die Tiefe des Klassenzimmers.

Und nun begegnen wir auch ihm. Seine wasserhellen Augen verleihen seinem Blick etwas drängend Intensives, Augen, die eine unbestimmte Ferne zu fixieren scheinen. Das sei doch offensichtlich, entgegnet Jannik mit fester Stimme, doch dann zögert er und setzt langsam seine Gedanken vor sich hin wie Schritte beim vorsichtigen Gehen. »Auch die anderen sind Möglichkeiten, ich meine für uns, für jeden von uns. Weil sie uns bereichern, diese Anderen, ob Freunde oder nicht. Und sie alle sind ja außerhalb von mir …« Jannik geriet ins Stocken. »Die Empathie, ja das ist Emotionalität, die den Verkehr zwischen mir und den anderen ermöglicht. … Ja so: je geringer die Empathie, desto schmaler zwangsläufig auch das Leben, daran ist nun einmal nicht zu rütteln.« Jannik gewann an Fluss. »Der Hirnamputierte kennt nur noch sein Leben, wenn überhaupt, denn schließlich ist er abgeschnitten von den Empfindungen der anderen. Wie, bitte schön, solle er Zugang haben zu den gesellschaftlichen Melodien und Ritualen, mit denen eine Gemeinschaft sich ihre Erlebnisse und Gefühle mitteilt? Darin wachsen wir doch auf, das … das ist die Milch unseres Daseins. Nein, er bleibt unterhalb menschlicher Möglichkeiten, denn Menschsein bedeutet einfach, einen Sinn für das Mögliche zu kultivieren. Und ich glaube auch, dass es die Freiheit ist, die sich nach dem Möglichen sehnt.«

Nur ein unbeteiligter Beobachter in privilegierter Position hat die Muße, dem langen Blick Seemas nachzuhängen, ein Blick unter braunschwarzen Brauen. Ein Blick, der Überraschung und Bewunderung bewimpert. Ein stilles Echo auf Worte, diese zartgeborene Möglichkeit, die sich für die winzige Weile eines Augenblicks in der Welt zeigt. Vielleicht keimt sie fort, denn nicht selten nehmen spätere Ereignisse ihren Beginn in einem solchen Hauch.

Eine lautstarke Debatte war aufgebrodelt nach Janniks Meldung. Sie kreiste zunächst noch um die Möglichkeit unausgefüllter Räume, in die hinein die Filme, die Literatur, die Musik ihre Sujets ergieße. Und die Liebe, setzte Johanna hinzu. Und Hoffnungen und Zukunft. Der Professore rollte missbilligend die Augen über Johannas Honigtöpfe und konterte mit den Mächten des Unbewussten, die im Seelischen die Strippen zögen. Man verlor sich in dilettantischem Eifer kurz im Triebleben, dann tauchte jemand auf und warf den Ball hinüber zu den gesellschaftlichen Kräften, man klagte an: Die Gesellschaft vermarkte das Mögliche, sie ziehe die Daseinsmilch auf Flaschen. Und plötzlich war da wieder von der Freiheit die Rede, von der Möglichkeit, etwas ganz Neues zu beginnen, auszubrechen aus den Gleisen der Gesellschaft. Ob es denn nicht auch eine Freiheit gebe, die das Gewöhnliche und Traditionelle wolle, gab eine mutige Stimme zu verstehen, doch schnell mundtot gemacht mit dem Argument, die wahre Lust bestünde darin, sich zu spüren, so wie man wirklich sei. Was das denn heiße, bitte schön? Unzensiert von der gesellschaftlichen Macht, von den Eltern als deren Agenten, einen wirklich eigenen Weg zu gehen, selbstbestimmt zu leben, es gebe da enorme Abstufungen des menschlichen Glücks.

Da hatte nun fast jeder seinen Senf dazugetan. Herr Brandes hatte laufen lassen, hatte sich aufs Beobachten zurückgezogen. Erste Positionslampen waren aufgeleuchtet in den Wortwechseln, in der Körpersprache, in stummen Zustimmungen. Das diskursive Ereignisfeld in steter Schwankung, Herr Brandes hatte Mühe zu folgen. Doch jetzt, wo die Schüler so emsig das Feld der Freiheit bestellten, da steckten sie fest und die Argumente wiederholten sich.

»Hallo, der Herr von der Bank, kommen Sie zurück zu mir, verlieren Sie mich nicht! Ich bin hier der eigentliche Held des Geschehens! Ach, lassen wir einmal seinen Arzt zu Wort kommen.« Andreas Brandes hatte unversehens ins laute Flüstern gewechselt. Mit seinem verschmitzten Lächeln gab er den großen Jungen. Den mit der Freude am Spiel.

»Eigentlich darf ich das gar nicht sagen, denn damit verletze ich meine ärztliche Schweigepflicht. Der Herr von der Bank ist nämlich mein Patient. Ich bin eigentlich ganz stolz, was wir erreicht haben mit ihm. Aber«, bedauernd zog Herr Brandes die Schultern, »da gibt es doch einige Merkwürdigkeiten. Und die liegen im Körperlichen und auch im Mentalen.«

Eine gespannte Stille dehnte sich im Raum.

»Der Herr von der Bank beschreibt mir des Öfteren eine gewisse Taubheit seiner Tastempfindungen. Er berühre die Dinge, aber das Gefühl der Berührung stelle sich nicht ein, er müsse es über den Kopf herstellen. Komisch, nicht wahr? Es sei etwa so, als ob man seinen eigenen eingeschlafenen Arm mit der fühlenden Hand berühre, man sage sich dann: Dies ist mein tauber Arm, aber man sagt sich das über den Kopf und nicht über die Körperempfindung. Komisch, was?«

Herr Brandes setzte sich auf das Lehrerpult. »Mental muss es ähnlich mit ihm zugehen, fürchte ich.« Er warf die Lippen auf, fiel ins Schweigen und staunte seiner Vermutung hinterher.

»Das Prothesenhirn leidet also an einer emotionalen Taubheit …« Halblaut unterbrach Jannik die unschlüssige Stille.

»Nein, Leiden tut er nicht«, belehrte der Professore. »Denn würde er an sich leiden, dann wäre er ja nicht taub.«

»Richtig!«, sprang ihm Seema bei. »Ich … ich hab mal ne Frage an Sie, den Herren von der Bank, den mit dem Prothesengehirn.«

Herr Brandes nickte ihr auffordernd zu. »Nur zu, ich boote sein System nochmals neu.«

»Also denn …«, lachte Seema und warf mit einer anmutigen Kopfbewegung ihre dichten Haare aus der Stirn. »Sie spüren sich irgendwie nur halb-halb, mental wie körperlich, sagen Sie. Ist es vielleicht so, dass da ein Gefühl ist, aber dass es nicht wirklich *Ihr* Gefühl ist?«

Andreas Brandes dachte nach. Dann sagte er: »So in etwa vielleicht. Ich weiß nicht, es ist so schwierig mit den Worten. Aber sehen Sie, es war ja eine langsame Entwicklung, ich habe mich daran gewöhnt. Nach jeder Kopfoperation war da etwas weiter draußen. Empfindungen und Gefühle sind immer noch da, aber ich muss sie mir immer mehr angeln.«

»Angeln?« Seema bat um Erklärung.

»Ja, über den Kopf muss ich sie mir zurückholen in mein Inneres. Ich sag mir dann zum Beispiel: Jetzt freust du dich. Ich freu mich wirklich, glauben Sie mir, aber die Freude ist zunächst einmal da draußen, außerhalb von mir, ich muss sie reinholen. Es sind immer irgendwie zwei Akte. Ich find das, ehrlich gesagt, auch etwas merkwürdig. Und anstrengend.«

»Meinen Sie, es sei bei anderen anders?«, hakte Jannik nach.

»Muss wohl. Ich bin ja nicht blöd, auch wenn ich Prothesen im Hirn habe, wie Sie sich ausdrücken. Ja, ich … empfinde, ich angle … Hässlichkeit … im Wort ›Prothesenhirn‹«, stotterte der Lehrer und warf Jannik und dann auch Seema einen vorwurfsvollen Blick zu. »Wie können Sie so mit mir reden! Ich bin nicht blöd, im Gegenteil. Manchmal, da denk ich, mir erscheinen die Dinge klarer in ihrer Problematik, weil sie nicht so selbstverständlich sind.«

»Verstehe«, nickte Jannik höflich. »Bei anderen, so scheint es Ihnen, kommen die …« Jannik stockte, er suchte nach dem richtigen Wort.

»Mentalen Akte?«, assistierte Herr Brandes.

»Ja, passt, danke. Sprache funktioniert reibungslos bei Ihnen, Kompliment, das lässt hoffen. Also, was ich sagen wollte: Bei anderen kommen die mentalen Akte aus dem Inneren des Ich, und wenn die Leute begeistert sind, dann werfen sie die Arme hoch und rufen irgendwas Euphorisches aus. Die Sprache ist nur Kommentar über das Innenleben. Und bei Ihnen, da …«

»… schafft Ihnen die Sprache das Innenleben!«, rief Johanna vorlaut dazwischen. Jannik war verärgert. Es war zwar nur ein Halbsatz, er hätte ihn ähnlich gesagt, aber Johanna hatte ihm seine Pointe geklaut. Ja geklaut, Johanna hatte sich etwas Fremdes ›geangelt‹. Aber beim Prothesenhirn liegt die Sache anders, dachte Jannik. Der holt sich sein Eigentum zurück. Nein, so war es auch nicht. Das Geangelte *wird* doch erst sein Eigentum. Von außen nach innen, dachte er, aber wo steht die Sprache dabei? Der Herr von der Bank zimmert sich damit sein Ich. Absurd? Ja, natürlich. Und auch wieder nein, denn er fand, dass jeder irgendwie auch von außen nach innen gehen muss, um sein Eigentum zu finden, seien es seine Gefühle oder gar sein Selbst.

»Er hat kein Selbstbild!«, rief Johanna aus. »Er fischt sich ja alles aus dem Teich des Unpersönlichen …«

Man stimmte zu. Das Selbstbild. Passend dreht sich das Wort wie ein Schlüssel im Schloss, und auch das Bild vom Fischteich war nicht schlecht. Aber dennoch, die Dinge lagen noch anders, dachte Jannik, tiefer, unterhalb des Selbstbildes. Das Prothesenhirn hatte seine Erfahrung verloren, ein einmaliges Ich zu sein in der Welt. Dort, wo das Selbstbild seinen Anker nimmt. Wo alle mentalen Akte vertäut werden, dachte er weiter. Sein Ich wäre irgendwie … entkernt.

Eine Grimasse Seemas riss ihn aus seinen mäandernden Gedanken. Sie streckte ihm die Zunge heraus und blickte ihn vorwurfsvoll an. Er errötete. Er muss sie die ganze Zeit angestarrt haben, als er seinen Gedanken nachhing, peinlich war ihm das. Was sollte sie nur denken! Außen, innen, wieder das Generalthema, um das sich alles dreht, könnte er nur lesen, was in *ihrem* Inneren … Verstohlen betrachtete er sie aus den Augenwinkeln. Er sah ihre großen dunklen Augen und ihre vollen braunvioletten Lippen. Sie ist sehr schön, dachte er, und als er über ihre feine Gesichtshaut glitt, da fiel ihm von irgendwoher das Wort ›ebenmäßig‹ ein und er dachte dabei an ein sorgfältig poliertes Stück Edelholz. Wenn es etwas Unwiderstehliches gibt in der Welt, schoss es ihm durch den Kopf, dann ist es Schönheit. Schönheit ist mächtig. Und grazil, denn jetzt, jetzt bewegen sich ihre Lippen und mit tanzenden Händen kommentiert sie ihre Worte. Jannik bemühte sich, zurückzugelangen zum Unterricht, doch er konnte nicht wirklich zuhören, zu sehr war er jetzt von ihrem Bild gefangen. Ihm war, als fiele er in eine entrückte Welt, ein wenig wie geblendet von Seema, die im Gegenlicht stand und nur schemenhaft da war. Um ihn herum tanzten die Beiträge seiner Klassenkameraden, vom Zombie war die Rede, vom Selbstbild und vom eingeschlafenen Arm, von einer seelisch bedeutsamen Welt und von einer Momentwelt, in der die Erlebnisse auf- und abtreten und keine Erinnerungsspur hinterlassen. Jannik machte sich gar nicht mehr die Mühe, einen Zusammenhang in den Wortfetzen zu erkennen, er konnte nicht mehr bei den Anderen sein und nicht mehr beim Thema. Lustvoll hatte er sich in die Innenpolitik seines Selbst verstrickt.

Jannik ist beeindruckt oder Selbstbewusstsein und Schimpansenspiegel

Als das Klassenzimmer sich geleert hatte, saß Jannik noch eine geraume Weile auf seinem Stuhl. Übervoll war er und auch ein wenig bezaubert. So etwa, wie wenn nach einem Film, den man nicht fahrenlassen möchte, die Schrift über die Leinwand herunterrollt und die Musik das ganze Epos noch einmal in Erinnerung bringt. Selten hatte ihn eine Unterrichtsstunde so berührt wie diese. Dabei war er am Ende nur in Strichen gefolgt, das dunkelhaarige Mädchen war ihm zwischen die Beiträge der Mitschüler gesprungen und mitunter war sogar der Ton ausgefallen. Ja, er fühlte sich wie von einer großen Brandungswelle unterquirlt und an einen unbekannten Strand gespült.

Als er seine wasserhellen Augen wieder anhob, stand plötzlich Seema vor ihm. Jannik spürte, wie er errötete, und er dunkelte aus Aufregung über diese Entdeckung noch etwas nach.

»Ganz versunken, ey?«, fragte sie ihn mit kecker, auffordernder Stimme.

»Na ja, schon …«, entgegnete er unsicher.

»Ganz eingetaucht in Qualia, so einer bist du also«, neckte sie.

Entgeistert schaute Jannik sie an. Seema hielt seinem Blick lächelnd stand, und Jannik wusste nicht wie begegnen.

»Na, darum ging es doch die ganze Stunde. Um die Frage, ob das Gehirn eine Maschine ist.«

»Aha, cool.« Jannik klang enttäuscht. »Eine klasse Frage. Und so strittig. Und was ist das, ein Qualia oder wie das Zeug heißt?«

»Weißt du was? Ich gehe jetzt in die Mensa etwas essen. Hast du auch Hunger? Dabei können wir auch gleich unsere philosophischen Hausaufgaben erledigen! Denn die Sache mit den Qualia lässt sich beim Essen bestens erklären!«

»Pass auf!«, forderte ihn Sema auf, als beide kurz darauf ihre Tabletts zu einem Tisch balanciert hatten. »Kartoffeln mit Petersilie, ein Stückchen Fisch mit …«, sie lachte laut auf, »einer undefinierbaren weißen Soße, ein Schokoladenpudding. Womit beginnst du?«

»Na, mit den Kartoffeln, und dann probier ich den Fisch.«

»Gut, ich auch. Pass auf!« Seema stach mit der Gabel in die Kartoffel, zerteilte sie in mehrere Stücke, zog eines davon durch die Soße und führte die Gabel zum Mund. Während sie kaute, zog sie ihre Augenbrauen zusammen und schob die Unterlippe über die Oberlippe. »Und jetzt du!«

Jannik tat es ihr nach. Das Essen war so fade und geschmacklos wie immer. Schnell zerkaute er die Kartoffel und schaute gespannt zu Seema.

»Es schmeckt dir nicht!«, behauptete sie.

»Es hat mir noch nie hier geschmeckt«, gab er zu. »Und dir?«

»Hast du mich nicht beobachtet?«, fragte sie. Jannik zuckte die Schultern. Er wusste nicht, worauf sie hinaus wollte.

»Doch, natürlich!«, beteuerte er. Etwas hölzern kam er sich in seiner nacheilenden Folgsamkeit vor. Gern hätte er die Initiative ergriffen, um zu gleicher Schrittlänge zu gelangen, aber er wusste nicht, wie er es anstellen sollte.

»Dann hättest du von meinem Gesichtsausdruck auf meine Qualia schließen können«, sagte sie und ließ es selbstzufrieden auf ihn herabregnen. »Aber du hättest auf meine Qualia nur *schließen* können. Du kannst sie nicht ebenso *haben* wie ich. Du hast halt andere, mach dir nichts draus, das macht ja deine Person aus. Auch wenn dir das Essen ebenfalls nicht schmeckt: Mein Nicht-Schmecken und dein Nicht-Schmecken sind zwei verschiedene Bewusstseinstatsachen.«

Jannik dachte nach, während er sich den nächsten Bissen in den Mund schob. Es dämmerte ihm: Qualia, das schien so etwas zu sein wie *mein* Sehen, *mein* Fühlen, *meine* Schmerzempfindung. Und bei dem letzten Beispiel blieb er hängen.

»Meinst du«, fragte er sie, »der Zombie könnte sich unserem Gespräch anschließen?«

»Also, ich weiß nicht.« Seema schüttelte den Kopf. »Er würde den Mensafraß ungerührt in sich hineinschaufeln, ohne Gefühlsregung.«

»Weil er nicht die Erfahrung machte, dies sei sein Schmecken«, nickte er.

»Exakt! Superschnell begriffen. Und ich glaube, da liegt das Problem mit dem Zombie.« Das kam herablassend und versteckte womöglich eine zweite Adresse. Doch Jannik war zu sehr bei der Sache, um sich angesprochen zu fühlen.

»Aber wie wäre es mit der Schmerzempfindung? Ohne Qualia keine Qual, oder?«

Sie zuckte mit der Schulter. »Na ja, da ist noch die Sache mit dem eingeschlafenen Arm … Vielleicht angelt er sich den Schmerz.«

»Möglich.« Jannik klang nicht überzeugt. »Aber was soll das bedeuten? Weißt du es?«

Seema schüttelte den Kopf.

»Lass uns das Bewusstsein mal von Anfang an betrachten«, setzte Jannik an. »Auf jeden Fall haben Tiere Schmerzempfinden«, begann er. »Und wenn wir das, was Bewusstsein ist, von deinen Qualia her einfädeln wollen, dann müssen wir auch sagen: Tiere haben Bewusstsein. Pflanzen …«

»Eher nicht. Sie haben ja kein Nervensystem.«

»Denk ich auch. Aber die Bewusstseinsgeschichte beginnt vor dem Menschen. Eigentlich müssten wir das von der Biologie her aufschlüsseln, Seema. Von der evolutionären Entwicklung der Nervensysteme. Ein komplexeres Nervensystem ermöglicht Bewusstsein, und das wäre …« Jannik senkte die Stimme. Seine Gedanken formierten sich gerade erst beim Sprechen, und nun steckte er fest. »Dann wäre Bewusstsein …«, wiederholte er, wie um den Gedanken wieder flottzumachen, »… vielleicht so etwas wie die Fähigkeit eines Organismus, sich selbst zu erleben.«

»Bewusstsein oder Selbstbewusstsein?«

»Okay, da gibt es einen Unterschied.«

»Haben Tiere Selbstbewusstsein?«

»Teils ja, teils nein.« Jannik fiel ins Grübeln. »Schimpansen erkennen sich doch im Spiegel, habe ich gehört. Und doch ist menschliches Selbstbewusstsein wohl mehr. Wir reden, wir schreiben, da gibt es … da gibt es starkes und schwaches Selbstbewusstsein, wie geht das zu?«

»Vielleicht weil wir uns Geschichten erzählen. Oder sie uns erzählt werden. Wir kommen aus Familien, auf die wir etwas halten oder auch nicht, das ist schon mal so eine Geschichte, auf jeden Fall spiegeln wir uns mit unseren Geschichten in den Geschichten anderer, heben uns davon ab, erleben Überlegenheit und Unterlegenheit …«

»… wir sind also erzählende Schimpansen, und was wir im Spiegel als uns selbst erkennen, das sind die Romane unserer Familien, unserer sozialen Klassen, unserer historischen Zeiten …«

»… Romane, wow, das trifft's!«, rief Seema bewundernd aus. Mit einem Mal war aller Anflug von Überheblichkeit und Spott von ihr abgefallen. Sie blickte ihn mit ihren großen nassglänzenden Augen an. »Das muss ich meiner Mutter erzählen, das wird sie interessieren«, setzte Seema hinzu.

Jannik hatte Seema Mitte des letzten Schuljahres in einer gemeinsamen Fotografie-Arbeitsgruppe kennengelernt. Damals war sie neu an das Gymnasium gekommen. Er wusste nicht viel von ihr. Es hieß, sie habe eine deutsche Mutter und einen indischen Vater. Sie galt als etwas unnahbar und die Jungen hatten eine eigenartige Scheu vor ihr. Auf den Partys seiner Freunde war sie noch nie erschienen, doch auf dem letzten Sommerfest der Schule war sie in einem dunkelgrünen Sari wie eine Besucherin von einem fremden Stern aufgetaucht. In den Schulpausen stand sie meist in einer Mädchengruppe beisammen, die eifrig palaverte und sich dabei abschirmte. – Jannik fragte sie, welches Interesse ihre Mutter an dem Thema hätte.

»Meine Mutter ist Indologin. Sie arbeitet an der Universität. Die indische Philosophie macht keinen so grundlegenden Unterschied zwischen den Menschen und den Tieren. Selbst Pflanzen zählt sie mit zur Familie.«

Jannik bemerkte, dass Seema sich gewandelt hatte, ihr schnippischer und überlegener Tonfall war einem anderen gewichen, der um Anschluss warb. Sie sprach ein akzentfreies Deutsch, jedes Wort klang muttersprachlich original, und doch durchzog eine fremde Sprachmelodie ihre Sätze. Seema modulierte sie in Höhen und Tiefen an ungewohnten Stellen, mit einer weichen, vollen Stimme. Jannik war nicht wenig bezaubert.

»Du bist letztes Schuljahr an unsere Schule gekommen?«
Jannik wechselte das Thema. Ihn interessierten jetzt keine
Orchideen, er wollte wissen, wer ihm gegenübersaß. Er hatte
seine Balance zurückgewonnen.

»Ja, wir sind aus New Delhi wieder zurückgekehrt.«

»Bist du dort geboren?« Jannik badete im Klang ihrer Stimme.

»Nein, geboren bin ich in Hamburg. Wir lebten dort bis
zu meinem zehnten Lebensjahr. Dann gingen wir nach New
Delhi. Mein Vater ist ein IT-Spezialist, er arbeitet im Research
Lab! Und meine Mutter bekam ein Forschungsstipendium an
der Universität. Und später wurde sie Direktorin am South
Asia Institute. Ist ne branch ... ich meine eine Außenstation
der Heidelberger Uni.« In Seemas Stimme schwang eine unüberhörbare Portion Stolz mit.

»Und du gingst dort zur Schule?«

»Ja, meine Eltern schickten mich auf die Amerikanische
Schule.« Seema lachte kurz auf. »Meine Mutter ist recht eli-
tengeil. Die Abende schickte sie mich zu Literaturkursen am
Goethe-Institut, ich sollte meine Verbindungen zu Deutschland nicht abreißen lassen. Meine Mutter ist ja eine Ham-
burgerin. Und sie wollte auf jeden Fall auch wieder zurück.«

»Und du?«

Seema lachte. »Am Anfang war das alles ganz schrecklich
für mich. Mein Hindi war schlecht, ich hatte keine Freun-
dinnen, ich hatte andere Interessen. Das Leben ist so anders
dort. Aber dann fand ich mehr und mehr Gefallen daran.
Und am Ende wollte ich dortbleiben. Man hat so viel mehr
Möglichkeiten dort.«

Mit den letzten Worten ließ Seema den bestimmenden
Tonfall wieder anklingen. Sie schien sich ein wenig zu ver-
härten.

»Mehr Möglichkeiten?«, wunderte sich Jannik.

»Ja, und mehr Pflichten, wenn du so willst. Indien ist offener als Deutschland. Indien hat seine Zukunft noch vor sich, alles ist dort im Aufbruch«, sagte Seema, und ihre braunen Rehaugen leuchteten.

»Willst du damit sagen, hier in Deutschland liegt die Zukunft schon hinter uns?«

»Manchmal kommt mir das so vor«, meinte sie mit einem Anflug von Bedauern und schaute Jannik direkt in die Augen. »Aber ich will nicht ungerecht sein. Herr Brandes zum Beispiel macht einen tollen Unterricht. Der will etwas. In New Delhi hatte ich viele solcher Lehrer. Na ja, amerikanische Eliteschule, alle waren hoch motiviert, Schüler wie Lehrer. Und unsere indischen Lehrer dort haben an amerikanischen oder britischen Universitäten studiert und sind in zwei Kulturen zu Hause. In Deutschland ist alles enger und gesättigter. Ihr verteidigt euren Wohlstand, aber ihr seid nicht mehr in Bewegung. Alles ist irgendwie …«, Seema suchte nach Worten, »… erstarrt!«

»Ich kann dir noch andere gute Lehrer an unserer Schule nennen.« Jannik suchte eine Verteidigungslinie.

»Und ich dir andere schlechte!«

»Weshalb redest du überhaupt von ›ihr‹? Du gehörst doch mit dazu!«

»Ja schon. Nein. Irgendwie auch nicht. Schwer zu beschreiben, Jannik, ich sitze irgendwo dazwischen.« Seema blickte ihn wieder mit ihren großen Augen an. »Es ist wie mit den Qualia. Ich bin voll von ihnen, ich bin voller Bilder, die herauswollen aus mir, die ich mit jemandem teilen möchte, der mich wirklich versteht. Aber Himmel!«, Seema schaute auf ihre Uhr. »Ich muss jetzt weg, um halb drei habe ich Musikstunde.«

»Was für ein Instrument lernst du?«, fragte Jannik neugierig und verbarg seine Enttäuschung darüber, dass die Unterhaltung gleich vorbei sein würde.

»Sitar. Ich spiele Sitar, schon seit Jahren. Wenn du magst, spiele ich dir mal etwas vor.« Seema war schon aufgestanden und räumte eilig ihr Tablett auf. »Um deine Qualia zu füttern«, setzte sie kichernd hinzu.

»Sitar!« Jannik kannte dieses Instrument. Seine Tante hatte ihn vor einigen Monaten zu einem indischen Konzert eingeladen. Atemberaubend war da der Dialog zwischen der Sitar und der Tabla gewesen, dem hell klingenden Ensemble kleiner Trommeln, die der Spieler nach allen Regeln der Kunst mit seiner Handfläche und seinen Fingern bearbeitete und dabei das Instrument regelrecht zum Sprechen brachte. »Meine Qualia sind auf jeden Fall hungrig«, bedankte sich Jannik. »Wann?«

»Ich rufe dich an!« Seema kramte in ihrer Schultasche nach ihrem Handy. »Wie ist deine Nummer?«

Kurze Zeit später saß Jannik allein und aufgeregt und auch ein wenig verdrossen vor seinem leeren Tablett. Es nagte an ihm. Warum nur hatte er nicht auch nach ihrer Telefonnummer gefragt? Und überhaupt! Sie hatte die ganze Zeit erzählt, aus einem farbenfrohen Leben – und er selbst? War danebengestanden wie ein tumber Statist mit seinen trockenen Fragen! Er war verwirrt. Ihre Art überwältigte ihn, aber ihre scharfen Bemerkungen über das deutsche Leben trafen ihn. Und ihn verletzte das ›Ihr‹, mit dem sie sich so stolz abgrenzte und ihn, Jannik, herabsetzte. Er stieß sich an ihrem indischen Patriotismus. Nein, das war alles ein ziemliches Durcheinander. Trotzdem, er konnte nicht anders: Er war von ihr einfach schwer beeindruckt.

Da piepste Janniks Handy zweimal. Eine Nachricht war angekommen. Wenn man den Kürzeljargon in normale Sprache übersetzte, läse es sich etwa so: »Wie ist es mit morgen

17 Uhr bei mir? Ich spiele die Sitar und du bringst Ideen mit über philosophische Zombies. Kannst zum Abendessen bleiben, Gruß Seema.«

Tagträume oder die tanzenden Qualia

Den ganzen Mittag über war Jannik in einer seltsam verspannten Stimmung. Er war aufgekratzt und doch lag da ein Schatten auf seiner Seele. Euphorisch flatterten seine Gedanken immer wieder zu Seema, dann bremste er seine Tagträume selbst wieder aus. Immer wieder tauchte ihre Gestalt vor seinem inneren Auge auf, immer wieder ließ er es über ihr Gesicht huschen, glitt seitwärts an ihrem Hals entlang, sprang über die dünnen Spaghettiträger ihres T-Shirts zu den braunen Schultergelenken und fuhr ihre schlanken Arme entlang bis zu den schmalen Händen. Er phantasierte mit der imaginativen Kraft eines jugendlichen Mannes, ja, sie hatte ihm sehr gefallen!

Jannik schloss seine Augen und legte sich auf sein Bett, er wollte sich seiner Phantasie voll und ganz hingeben. Er ließ ihr Gesicht mit dem kräftigen Haaransatz einschweben, er versuchte, ihre schimmernden Augen zu erhaschen, mit denen sie ihn angesehen hatte und denen er ausgewichen war. Es gelang ihm nicht. Immer wieder drängte sich ein anderes Gesicht davor, ein spöttisches Gesicht mit demonstrativer Überlegenheit. Vor diesem Gesicht kam er sich wie ein tumber Junge aus der Provinz vor. Jannik seufzte, nichts ging mehr in Sachen Tagtraumerotik, und übrig blieb ein 18-jähriger Schüler, der am frühen Nachmittag zu Hause auf seinem Bett lag und der seine zärtlichen Hoffnungen im Selbstzweifel erstickte. Sie ist so viel gewandter und schneller als ich, dachte er. Er schaute wieder auf das Display seines Telefons. Er hatte ihr sofort auf ihre Einladung geantwortet: »Ja ich komme! Freue mich dich spielen zu hören. Schade dass du so schnell gehen musstest war gerade so spannend Jannik« Ein wenig zu brav und zu steif kamen ihm nun seine Worte vor, die er im Display las. In Zukunft sollte er ein wenig cooler sein, nahm er sich vor.

Geantwortet hatte sie ihm nicht mehr. Wie, wenn ich ihr nichts bedeute? Nein, dann hätte sie mich nicht so angeschaut. War ich bei ihr schon durchgefallen? Dann hätte sie mich doch nicht nach meiner Telefonnummer gefragt! Aber eine große Nummer habe ich ja wirklich nicht abgegeben in der Mensa. Was darf ich mir erhoffen? Voller Bilder sei sie, und sie wolle die Bilder mit jemandem teilen. Galt das etwa mir?

Jannik seufzte. Weshalb ist man nur so verdammt allein, wenn man einschätzen muss, ob eine Situation eindeutig ist oder nicht? Noch ganz deutlich sah Jannik ihren Gesichtsausdruck vor sich: sanft, bittend, flehend fast, aber auch irgendwie entrückt; und erst jetzt, als Jannik sich dessen erinnerte, fiel ihm auf, dass das, was ihn an Seema faszinierte, ihre Ausdruckskraft war. Sie war so ganz und gar präsent, eindeutig, schnell – auch wenn ihn etwas an ihr störte und ärgerte, ihr Spott zum Beispiel, ihr komischer Patriotismus, mit dem er gar nichts anfangen konnte. Er wunderte sich, dass Patriotismus überhaupt ein Thema war für sie, aber – er musste es zugestehen – es passte zu ihrer … ja: Exotik, und ebenso ihr Spott. Seema war … Jannik suchte in Gedanken nach dem richtigen Wort. Authentisch, ja das ging in die Richtung. Geradlinig und willensstark. Und das unterschied sie von den anderen Mädchen, dachte er. Wie soll ich sie je erreichen?

Eine ganze Zeit lang pendelte Jannik zwischen Hoffen und Bangen auf seinem Bett. Sein Weltknoten war dicht um dieses deutschindische Wesen geknüpft. Für eine quälend sich dehnende Zeitspanne Wechselbäder von Zuversicht, Ungewissheit und Zweifel. Schließlich schaute er Seemas Nachricht noch einmal an. Ideen über philosophische Zombies sollte er mitbringen. Ideen! Jannik fragte sich, was sie damit meinte. Er ging das kurze Tischgespräch über die Qualia noch einmal durch. Mein Schmecken, dein Schmecken, so war es doch. Und wie ist es mit: mein Begehren, dein Begehren? Zwei verschiedene Bewusstseinstatsachen in der Welt, sagte sie das nicht? Bewusstsein ist die Fähigkeit eines Organismus, sich selbst zu erleben, mit all meinem Begehren und mit all meinem Zweifel daran, ob ihre Qualia mit meinen Qualia in gleicher Frequenz schwingen. Oder wenigstens in ähnlicher. Wir bespiegeln uns mit unseren Geschichten wie die Schimpansen, die es bestimmt leichter haben wie ich es mit Seema, denn sie beschweren keine Familiensagas und keine Zweifel, und sie würden bestimmt nicht darüber grübeln, ob ihre Gefühlsqualia auf meine antworten. Vielleicht gehört die Ungewissheit, ob ja, ob nein, zum bewussten Leben mit dazu, dachte er. Wären sie sichtbar, die uneinsehbaren Qualia ›meine-Gefühle-für-dich‹, würden sich dann Gefühle überhaupt noch entzünden können? Nein, das Gehirn ist wirklich keine Maschine, sein Grundbass kommt vom Verborgenen her. Das Verhüllte macht uns zu Menschen, und in einem Gedankenblitz, dessen Konsequenzen er nicht überblickte, fügte er hinzu, dass in der Undurchsichtigkeit des eigenen wie auch des anderen Selbstbewusstseins wohl die Wurzel aller Freiheit liege.

Sinnlos wäre es, die Funktion des Gehirns mit der eines Rechners zu vergleichen. Jannik erinnerte sich der Gespräche mit einigen seiner computerbegeisterten Freunde. Sehr bald werde es gelingen, Rechenmaschinen zu bauen, die sich selbst weiterentwickeln können, meinten sie euphorisch. Jannik lehnte einen solchen Enthusiasmus immer ab. Er spürte, worauf es hinauslief: auf die Vision, einen klügeren Geist zu schaffen als den menschlichen. Nun, klüger vielleicht, das hängt von der Definition ab, aber … Klugheit? Nein, darum geht es nicht. Der Mensch muss sich nicht herausgefordert fühlen durch einen Computer, der den besten Schachspieler der Welt schlägt. Die Fähigkeiten, die den Menschen vor allen Maschinen auszeichnen, das sind doch eher das Musizieren, das Dichten, Komponieren, Malen und Lieben. Ja, das wäre eine Richtung, in der weiteres Nachdenken sich lohnte, um mit einigen Erträgen zu Seema zu kommen morgen Abend, dachte er. Er müsste nur die Sache mit den Qualia noch verknüpfen mit der Undurchsichtigkeit des Selbstbewusstseins, vielleicht wären die unendlich verknüpften Geschichten, in denen wir stecken, der verbindende Faden. Hieran sollte er noch ein wenig weiterstricken.

Jannik war nicht in der Stimmung, seine flatternden Gedanken in Notizen festzuhalten. Doch seine Überlegungen zu Liebe, Geist und Maschine brachten ihn auf eine naheliegende Idee: Was ließ sich im Internet zum Eintrag Qualia finden? Jannik warf seinen Rechner an und ging für die Zeit des Hochladens in die Küche, um sich schnell ein Glas Milch einzuschenken. Da drehte sich ein Schlüssel im Haustürschloss. Seine Mutter kam von der Arbeit zurück. Jannik wollte jetzt nicht aus seinen Gedanken über Qualia und Zombies herausgerissen werden, schnell ergriff er das Glas, um ungesehen in sein Zimmer zu flüchten. Dabei schwappte die Milch über und kleckerte auf den Steinfußboden. Jannik seufzte. Die Begegnung war nicht mehr zu vermeiden.

»Hallo!«, sagte seine Mutter und stellte ihre Tasche auf den Küchentisch.

»Hi«, entgegnete er und riss ein Küchentuch von der Rolle.

»Du bist in Eile?« Sie wunderte sich über seine hektischen Bewegungen, mit denen er den Fußboden aufwischte.

»Bin grad am was rausfinden«, brummelte er. »Wie war dein Tag?«

»Bis auf die dämliche Konferenz ganz gut«, meinte sie. Janniks Mutter war Lehrerin an einer Realschule. Vor einigen Jahren hatte sie ihre Arbeit wieder aufgenommen, als ihre Ehe in die Brüche ging und Janniks Vater ausgezogen war. Jannik war damals elf, vorausgegangen war der Trennung ein jahrelanges Zerwürfnis mit hässlichen Szenen, deren Zeuge Jannik nicht selten geworden war. Mit seiner Mutter verband ihn ein zärtliches, liebevolles Verhältnis, in das ein wenig zu viel Sorge mit hineingewoben war, und zwar beidseitig. Jannik spürte, wie sie noch heute an der Trennung kaute. Jannik hatte sich ihr immer instinktiv als Tröster angeboten, und so war er in eine Rolle hineingewachsen, die ihn mitunter auch belastet und überfordert hatte, selbst heute war das noch so.

»Ma, ich muss jetzt weitermachen. Wir plaudern nachher ausführlicher.«

Seine Mutter lächelte müde. Sie schien angegriffen von ihrem Arbeitstag und würde sich wie immer, wenn sie kam, auf dem Sofa ausstrecken und leise Musik hören. Jannik drückte sich an ihr vorbei, gab ihr einen flüchtigen Kuss auf die Wange und zog die Tür seines Zimmers zu. Er wählte sich ins Internet ein und befragte eine Suchmaschine nach dem Ausdruck Zombie. Eine Reihe von Einträgen erschien. Jannik klickte den ersten an und wurde auf die Seite eines Philosophielexikons geleitet. Dort las er:

Zombie Twin (modales Argument)
Das *Zombie Twin* ist in einigen Gedankenexperimenten der Philosophie des Geistes ein menschliches Wesen, das sich wie Men-

schen verhält, ihren funktionalen Aufbau teilt (einschließlich des neurophysiologischen Aufbaus), aber kein Bewusstsein hat.

Das Zombie Twin gilt als Argument dafür, dass sich das Bewusstsein nicht vollständig auf Physikalisches zurückführen lässt. Man nennt dieses Argument auch das *modale Argument* (modal argument).

Philosophie des Geistes, murmelte Jannik vor sich hin. Wie vielversprechend! Wie gern wüsste er, was sich mit diesem Namen verbindet! Ob Seema damit etwas anzufangen wusste? Er seufzte. Der Ausdruck ›Bewusstsein‹ enthielt einen Link, der Ausdruck ›Philosophie des Geistes‹ aber nicht. Jannik klickte ihn an. Es erschien ein halber Roman. Jannik schrak zurück. Er hatte einfach kein Stehvermögen, sich da durchzuwühlen, so emotional vollgestopft, wie er war. Er brauchte jetzt etwas anderes, und einer plötzlichen Eingebung folgend zog er seine Sportsachen an, griff sich die Inline-Skates und ging zur Haustüre. Er war schon draußen, da drehte er sich noch einmal um, schlich sich auf Zehenspitzen ins Wohnzimmer und sah auf dem Sofa seine Mutter eingerollt in einer Decke liegen, die Augen geschlossen und gleichmäßig atmend. Ihre halblangen Haare hingen ihr über die Wange, friedlich schaute ihr Gesicht aus mit all den Falten, die der Lebensschmerz eingegraben hatte. Jannik zog leise die Tür zu und eilte nach draußen, schnürte sich die Stiefel an und rollte kurze Zeit darauf über den geteerten Fahrradweg am Fluss entlang.

Er war ein sicherer Skater. Er liebte die gleichmäßig tanzende Bewegung, mit der er sich schnell vorwärts bewegte. Immer, wenn er nicht weiterwusste, flüchtete er sich auf die acht Rollen und durchpflügte die Landschaft bis zum hölzernen Wehrsteg, der ein beliebter Anglerplatz war. Heute stürmte es von zwei Seiten auf ihn ein. Das Bild seiner seelisch abgekämpften Mutter verfolgte ihn, wie sehr wünschte er ihr, sie möge den Weg aus ihrer Einsamkeit zu einem neuen Lebenspartner finden. Er spürte die Last ihres Loses auch diffus auf seinen Schultern liegen, und manchmal war er sogar ein wenig ungehalten darüber, dass sie ihn damit beschwerte. In letzter Zeit war er ihr zunehmend aus dem Wege gegangen, insgeheim machte er sich Vorwürfe darüber. Heute Abend werden wir gemütlich plaudern, nahm er sich vor. Dann drängte sich Seema in sein Blickfeld, wie ein Gegenbild zur Sorgenlandschaft seiner Mutter. Hier war alles licht, kräftig und vital, und selbst die Schatten der Herausforderung, die Seema für ihn bedeutete, wurden kürzer. Beim Skaten überkam ihn eine Flut von Bildern, alle in gemeinsamer Kolorierung, denn immer ging es um Bewegung, Aufbruch, Eroberung. Vielleicht war es die eigene körperliche Bewegung, die ihn zuversichtlich machte und die jetzt keine Zweifel mehr in ihm aufsteigen ließ, sondern Bilder, in denen er sich herrlich gleiten lassen konnte.

Clarisse oder der Flirt mit der Offenbarung

Der Postbus wand sich langsam die Julier-Passstraße hoch. Die letzten Bäume waren schon passiert, jetzt war der Boden nur noch von Wiesen bedeckt, die Mitte September nun schon ins Bräunliche melierten. Dann und wann eine Schafherde, wie verloren standen die Tiere im weiten Hochtal. In dieser Höhe war der Sommer schon vorbei, die ersten Nachtfröste malten Herbstfarben in die Vegetation. In zehn Tagen schon würden sich die Arvenwälder golden in den Engadiner Seen spiegeln.

Vorn im Bus, neben der Tür, saß Clarisse vornübergebeugt und schaute mit erwartungsvollen Augen umher. Wie oft war sie diese Strecke schon gereist, von Chur über Bormio und den Julier ins Oberengadin. Den Pass hinunter nach Silvaplana, und von dort die paar Kilometer mit dem Taxi den See entlang nach Sils Maria. Aber diesmal war es anders als sonst. Clarisse war immer im Frühsommer hier gewesen, Ende Juni, Anfang Juli. Im Frühsommer rauschten viele grünweißliche Bäche kreuz und quer über die Wiesen des Julier, jetzt floss nur noch wenig Wasser zu Tal. Die Natur war schweigsamer als zu Beginn des Sommers, das konnte sie trotz Motorengeräusch und Glasfenster spüren. Der Himmel um eine Spur dunkler.

Drohender auch? Clarisse fröstelte ein wenig. Wie jedes Jahr suchte sie hier den Geist ihres strahlenden Idols, Friedrich Nietzsche. Sein Tod vor über hundert Jahren war doch nur eine Angelegenheit kleinlicher Biografen, für die das Leben allein im Körper hauste. Clarisse jedenfalls war felsenfest davon überzeugt, dass sein Geist hier im Engadiner Hochtal weiterlebte. Und sie meinte das beileibe nicht im landläufigen Sinne, so etwa wie wenn man sagte, man reise nach Sils des *Genius Loci* wegen. Denn das betrifft ja nur die Unsterblichkeit weltbewegender Gedanken. Für Clarisse lag hingegen mehr darin, sie genoss das Privileg, ihm des Öfteren persönlich hier oben begegnet zu sein. In einem Lufthauch zum Beispiel, der mehr war als bloß ein meteorologisches Phänomen. Ja, bisweilen hatte sie ihn sogar gehört! Er sprach zu ihr ganz persönlich wie zu einer engen Vertrauten, ja tatsächlich. Dann rief er sie zu sich, um ihr etwas mitzuteilen, was nicht in seinen Schriften stand, kein Zweifel, er hatte sie zur Komplizin erwählt für seine ungeschriebene Lehre. Clarisse geriet dann jedes Mal in eine Art Trance, und das war ihr gehäuft hier im Engadin begegnet. Nicht jedes Mal, –

manchmal reiste sie enttäuscht wieder ab. Aber dann konnte es geschehen, dass Nietzsche sie in einem eindrücklichen Traum zu Hause ansprach, lobte oder tadelte, und ebendies war ihr vor drei Tagen widerfahren. Hals über Kopf hatte sie einige Angelegenheiten geregelt, hatte ein Billett für den Zug nach Chur gelöst und sah nun mit erwartungsvollen Augen durch das Panoramafenster des Postbusses. Sie atmete schwer und umklammerte die weiche Ummantelung des Haltegriffs. In ihrem Kopf lärmten Satzfetzen. Würde der Meister sie ihr vielleicht alsbald zu schneidenden Aphorismen schmieden? Sie – und nur sie! – war sein Medium.

Clarisses Blick streifte die Passstraße hinauf bis zur nächsten Kurve, sprang dann über die Wiesen, erfasste wieder die Befestigungssteine und folgte dem Straßenverlauf weiter bis zur schmalen Wolkenbank, die den Pass verriegelte. Darüber war der Himmel wieder klarer, auf dem Felsgrat oberhalb des Wolkenbandes war frischer Schnee gefallen, der im kräftigen Licht des Spätnachmittages schimmerte. Der Wind hatte die Wolken an die eine Bergseite gedrückt, ein steiler Lichtschacht öffnete sich an der anderen gegenüberliegenden Bergkette. Clarisse betrachtete die Wolkenränder. Immer noch war sie in geheimnisvoller Erregung. Sie sah, wie am linken Berg die Wolken ausfaserten, sich auflösten, dann unsichtbar als materielose Botschaft über das Himmelsloch eilten und schließlich sich an der anderen Bergseite schwer ballten und feucht die Wände hochkrochen. »Wer die Luft meiner Schriften zu atmen weiß, weiß, daß es eine Luft der Höhe ist, eine starke Luft.« Ach, Clarisse kannte so vieles auswendig von ihm! Und sie atmete tief ein und betete inwendig weiter: »Das Eis ist nahe, die Einsamkeit ungeheuer – aber wie ruhig alle Dinge liegen! Wie frei man atmet! Wie viel man unter sich fühlt!« Ja, er war ihr Gott, ihr Friedrich Nietzsche. Wenn sie solche Zeilen betete, dann war ihr, als hätte er ganz speziell *ihr* Leben kommentiert. Das war nicht nur Sprache, das war mehr. Es kam durch das Loch des Himmels wie eine Offenbarung auf sie nieder. In solchen heiligen Momenten war sie ihm ganz nahe. Ja, sie würde ihn diesmal wieder hören, dessen war sie sich gewiss.

44 Jahre alt war Clarisse nun, weit war sie herumgekommen in ihrem Leben, dank einer großzügigen Pension, die sie aus einem Vermögen bezog, das ihr nach dem Tode ihres Mannes zugefallen war, der vor zwölf Jahren bei einem Verkehrsunfall ums Leben gekommen war. Indien, Sri Lanka, Bhutan, Sikkim, Laos, Burma, Thailand, Japan und Bali – überall hatte sie nach dem »Schlüssel für mein Leben« gesucht, wie sie sich ausdrückte. Darunter verstand sie vedische und buddhistische Philosophie, die sie in verschiedenen Ashrams studiert und praktiziert hatte. So spektakulär die Plätze auch waren, an denen sie meditiert hatte: am Ganges hoch oben im Himalaya, in jenem Kloster in Bhutan mit dem weiten Blick auf die indische Gangesebene, in einem vom Meere umschäumten balinesischen Tempel – eigentlich war es dieser Engadiner Flecken Erde hier, zu dem es Clarisse immer wieder magisch hinzog. Jedes Jahr fuhr sie nach Sils Maria, »um meine Batterien wieder aufzuladen«, wie sie zu sagen pflegte. Zwar konnte es geschehen, dass Nietzsche ihr eine Botschaft sogar bis in einen Tempel der Shwedagon-Pagode in Yangon sandte. Aber einen besseren Empfang hatte sie im Oberen Engadin, und so war ihr diese Region das Liebste. Es war ihr Herz- und Seelen-Land, diese Region, in der Nietzsche seinen *Zarathustra* gedichtet hatte.

Der Bus hatte den Pass überquert und schraubte sich jetzt die engen Kurven ins Engadiner Hochtal hinunter. Dunkle Wolken hingen am verschneiten Corvatsch, das Wetter schien auch hier, auf der Sonnenterrasse der Schweiz, nicht besser zu sein als im Rheintal. Immerhin, blauer Himmel wechselte sich mit Schauerwolken ab, ein wenig roch es nach April im September. Für die nächsten Tage war Wetterberuhigung vorausgesagt. Die ersten Blicke, die Clarisse auf den See von Silvaplana und – gen St. Moritz hin – auf den Champfer See werfen konnte, ließen sie leicht enttäuscht zusammenzucken. Nicht türkisgrün, nein, grauschwarz schimmerte es ihr entgegen wie eine unheilvolle Drohung. Wieder fröstelte ihr ein wenig. Ihr geliebtes Engadin hatte sich verkleidet. Kein Herz ging ihr heute auf. Kein Garten Eden strahlte ihr entgegen, kein lichtdurchfluteter Park lud sie ein mit seinen vom Malojawind gekämmten Seen. Eines glückstrunkenen Gottes harmonische Schöpfung, so hatte sie oft liebkosend ihr Schweizer Juwel gepriesen. Heute kam ihr dagegen alles schroff und abweisend vor. Der heilige Augenblick – eben noch gefühlt – war zerstoben, die Gewissheiten zerflattert wie die Wolken an den Bergen hoch oben am Julier-Pass.

Vielleicht liegt es auch an mir, dachte sich Clarisse. Vielleicht steckt die Botschaft schon da drinnen, und so versuchte sie, in sich hineinzuhorchen. Vielleicht fand sie dort den Grund ihrer bangen Gefühle, die die Engadiner Seen so einschwärzten. Ja, da schwamm noch nicht einmal allzu tief in ihrem Gemüt dieses Geflecht auf, vor etwa einem Jahr hatte sie es zum ersten Mal bemerkt, dieses Gebinde aus Trauer, Wut und Angst. Mal überwog das eine, mal das andere. Sie war erschrocken damals, nicht so sehr über die Gefühle selbst, als über die Hartnäckigkeit, mit der sie auftraten. Sie überfielen Clarisse immer häufiger, sie ließen sich nicht weglächeln, nicht abschütteln, sie verklebten ihre Seele. Es war die Trauer, kinderlos geblieben zu sein. Es war eine zehrende Wut, Wut auf Matthias, ihren verstorbenen Ehemann, der ihr ihren Kinderwunsch nicht erfüllen wollte. Der Rückstoß ihrer Wut erfasste auch sie selbst, sie haderte mit sich, zu halbherzig gewesen zu sein, zu wenig entschieden, um sich damals durchgesetzt zu haben. Schließlich war da auch noch die Angst, alleine alt zu werden. Clarisse gestand sich diese Angst am wenigsten ein, obwohl sie wahrscheinlich das eigentlich treibende Motiv ihrer Seelenlage war. Aber Clarisse hatte zeit ihres Lebens einen Kampf gegen das Altern geführt, oder besser gesagt: Sie hatte das Altern schlichtweg ignoriert. Lange Zeit hat sie gemeint, sie gehöre zu den Jungen, ja, hinter vorgehaltener Hand glaubte sie das heute noch. So horchte sie in sich hinein, als der Bus die letzten Serpentinen nach Silvaplana hinunterkroch, und sie ließ nicht alles hörbar werden, was in ihr brodelte.

Als der Bus vor der Post anhielt, stieg sie mit einem Gefühl des Alleinseins aus. Einsam war sie immer gewesen, in den zwölf Jahren, die seit Matthias' Unfalltod vergangen waren. Einsam war sie schon an seiner Seite gewesen, weil sie ihn nie wirklich geliebt hatte. Einsam, weil sie wohl überhaupt in ihrem Leben nie richtig geliebt hatte. Aber dafür hatte sie die Süße gekostet, die sich dem Einsamen und, davon war sie zutiefst überzeugt!, nur dem Einsamen verschenkt: die Süße einer hellauf lodernden, unstillbaren Liebe. Vielleicht ist ihr Hohelied auf die sublimierte Liebe aber auch eine ihrer vielen fixen Ideen und die Sache liegt anders: Vielleicht war sie einfach um eine Spur verrückt. Das jedenfalls sagten manche, die sie kannten. Clarisse erreichten solche Ordnungsrufe an ihren Verstand natürlich nicht, sie sagte sich, man müsse die Einsamkeit nur recht zu deuten wissen. Und hatte ein Bild dafür: Es war Friedrich Nietzsche, wie der an einem kalten Wintertag über das Vorgebirge bei Genua wanderte und seinen Blick über den Golf streichen ließ. Und ihr kamen die Verse Nietzsches in den Sinn:

Dorthin – *will* ich; und ich traue
Mir fortan und meinem Griff.
Offen liegt das Meer, ins Blaue
Treibt mein Genueser Schiff.

Hierhin, dachte sie, hierhin treibt mein existenzielles Schiff.
Und ein Ruck ging durch ihren kleinen Körper, da kam schon
das Taxi, das sie bestellt hatte. Und wenige Augenblicke später
ließ sie sich am See von Silvaplana entlangfahren.

Sils Maria oder Nietzsche, der Philosoph mit dem Hammer

Die Dämmerung hatte sich schon über die Baumwipfel ge-
senkt, als Clarisse die Wagentür hinter sich zuschlug und
den Kiesweg zum Hotel betrat. Wie immer logierte sie in
der *Villa Mira Margna*, einem Anwesen zwei Kehren oberhalb des Dorfkerns von Sils. Um die Jahrhundertwende von
der Industriellenfamilie der Escher-Wyss erbaut, war es vor
einigen Jahren in den Besitz des Pächters übergegangen, der
es renoviert hatte und die Zimmer nun vermietete. Clarisse
liebte dieses Haus, das prächtig in der Landschaft stand, mit
schwarzer Holzfassade auf steinernem Sockel, eher schlicht
für Engadiner Verhältnisse. Einen kleinen Bergfinger im Rücken, über den ein verfallener Naturgarten kroch, die breitere
Frontseite der Villa schaute über den weiten Park, der sich
in einer sanften Almlandschaft verlor, darüber thronte das
schroffe Massiv der Mira Margna. Hohe, alte Arven um-
standen das Hotel, das Rauschen mehrerer Wasserfälle fing

sich im Tal und unterstrich die verschwiegene Abgelegenheit des Hotels.

Zu Clarisses Leidwesen war ihr Stammzimmer diesmal schon vergeben. Der Hotelier übte sich in Bedauern, es sei derzeit eine Gruppe hier oben, man habe das Zimmer mit der großen Veranda dem Kursleiter geben müssen. Clarisse seufzte. Eine philosophierende Gruppe, bedeutete er mit Nachdruck. Sie merkte auf: »Worüber wird denn philosophiert?«

»Über Nietzsche. Sie kommen jedes Jahr hierher.«

Clarisse schwankte. Sollte sie ihren Nietzsche mit einer Gruppe etwa teilen müssen? Bildungseifriges Geschwätz, kopf-lastige Selbstbefriedigung kleiner Seelen, – sie kannte das aus mehreren universitären Vorlesungen, in die sie sich eine Zeit lang immer wieder hineingeschlichen hatte, wenn Schopenhauer und Nietzsche angekündigt wurden, und immer hatte sie den Hörsaal enttäuscht verlassen. Sie überlegte, ob sie sich nur für eine Nacht hier einquartieren und dann morgen eine andere Herberge suchen sollte. Eine Gruppe war in der Regel laut und raumgreifend. Clarisse kam der andächtigen Stille wegen immer wieder in die *Villa Mira Margna*, »die heilige Ruhe der Bergwelt findet hier ein stummes Echo«, ein Satz, den sie schon mehrfach in ihr Tagebuch geschrieben hatte. Sie liebte die angekitschten Formulierungen, sie entsprangen ihrem selbstzentrierten Wesen, das die Weite der Empfindungen auf eine griffige Formel hin zu verschlanken trachtete, in der sie sich mit ihrem Ego dann sonnen konnte. Doch zu ihrer Verteidigung sei hinzugefügt, dass ihr beim Knarren des alten Holzfußbodens diese Stille tatsächlich hörbar wurde. Und immer hatte sie einen anderen Klang, diese Stille. Morgens, wenn der Bergtag sich auftat, war sie strömend und zog den Gast hinaus in das Licht und in den offenen Raum. Nachts, wenn die Schwärze des Tales die Villa umfing, vernahm Clarisse im Treppenhaus, wie die Welt in das

Schweigen zurücksank. Wunderbar war das, wie der Anfang und das Ende aller Dinge. Manchmal knackte das Holz in Wänden oder Böden, und wenn ein Hotelgast die Treppe herabkam, dann ächzte die Holztreppe im Rhythmus der Bewegung. Sie liebte es, mit dem Fluss ihres eigenen Ganges die Lautlosigkeit zu durchbrechen, so wie man eine spiegelglatte Wasserfläche zerstört, wenn man als erster Schwimmer des Morgens in den Pool steigt. Solche erhebenden Augenblicke würde die gruppendynamische Geschäftigkeit ersticken, dachte sie. Unschlüssig folgte sie dem Hotelier, der ihr den Koffer die knarrende Holztreppe emportrug und das Zimmer öffnete. Es war schöner als ihr Stammzimmer, das musste sie zugeben, größer und heller. Clarisse war ein wenig versöhnt, aber sie wollte sich ihre Entscheidung für morgen früh vorbehalten, und sie sagte es ihm. »Selbstverständlich«, zuckte der Hotelier bedauernd die Achseln, zog die Türe hinter sich zu und ließ Clarisse allein.

Als Clarisse eine halbe Stunde später die große Holztreppe hinunterstieg, hörte sie eine kräftige Stimme aus dem Salon. Clarisse trat leise näher und blieb vor dem Türrahmen stehen, unerkannt von den anderen, aber auch sie konnte von hier aus keinen Blick in den Salon werfen.

»Es ist nach den drei ersten Tagen unserer Reise nun an der Zeit, eine Zwischenbilanz zu ziehen. In unseren Diskussionen und auf unseren Spaziergängen kreuzen wir hier in Sils das letzte Lebensjahrzehnt von Nietzsches Schaffen, die Jahre 1881 bis 1889. Wir begegnen einem einsamen, introvertierten Mann in seinen späten Dreißigern und frühen Vierzigern. Topfit ist er nun, genesen nach den dunklen, kranken Jahren, die hinter ihm liegen. Die Engadiner Hochgebirgswelt mit ihrem weiten, blauen Himmel und ihrer flirrenden, den Geist anregenden Bergluft hat Nietzsche in ein neues seelisches Gleichgewicht gebracht. In jenen Jahren entsteht das eigentliche Lebenswerk Nietzsches.«

Clarisse fühlte sich von der fremden Stimme stark angezogen. Sie verströmte Wärme und skandierte gleichwohl in Entschlossenheit.

»Hinter ihm liegt seine fulminante Karriere als Professor für Altphilologie an der Universität Basel. Nietzsches Krankheit zwang ihn 1879, seine Professur endgültig aufzugeben. Als knapp 25-Jähriger hatte er sie erhalten, Nietzsche übersprang mit diesem Ruf gleich mehrere akademische Grade. Und sofort machte er durch ein paar kühne Vorträge von sich reden. Ihm schien eine akademische Steilkarriere bevorzustehen, diesem brillanten Kopf, der in einem ebenso brillanten Stil schrieb. Nietzsche wurde als Mann der Zukunft gehandelt. Doch die Hoffnungen zerplatzen, als er sein Erstlingswerk *Die Geburt der Tragödie aus dem Geiste der Musik* veröffentlicht. Nur auf Richard Wagner macht es Eindruck, ihm hat Nietzsche es auch gewidmet, in der Fachwelt fällt es durch. Thema verfehlt, hieß es, und in der Tat hatte der Altphilologe Nietzsche weniger eine Studie über die griechische Welt abgeliefert als eine kühne Vision über die Zukunft der europäischen Kunst, die er in Wagners Opernkunstwerk feierte. Mit seinem Tragödienbuch gibt Nietzsche seine Visitenkarte als *Enfant terrible* ab. Er ist von nun an der große Abweichler und Außenseiter, getrieben von manischem Ehrgeiz und bewaffnet mit einem philosophischen Hammer, mit dem er auf die Traditionsbestände eindrischt. Mit seinem Studium in Bonn und Leipzig war er dem protestantischen Pfarrhause entronnen, als Basler Professor findet er zu missionarischem Elan zurück. Doch erst als Nietzsche sich von seinen Lehrverpflichtungen beurlauben lässt, kommt er bei sich selbst an: Mit seinem anwachsenden Pathos mauert er sich in seiner Einsamkeit ein, reist kreuz und quer durch Europa, logiert in winterkalten, billigen Pensionen, stößt die Freunde vor den Kopf und kuscht vor Mutter und Schwester. In den letzten Jahren vor seiner Umnachtung schließlich kann keiner seinen Selbststilisierungen mehr folgen. Schrill seine Töne: ›Ich fürchte, ich schieße die Geschichte der Menschheit in zwei Teile auseinander‹ oder: ›Mein Los ist, dass ich der erste anständige Mensch sein muss, dass ich mich gegen die Verlogenheit von Jahrtausenden im Gegensatz weiß‹, und schließlich: ›Ich habe eine erschreckliche Angst davor, dass man mich eines Tages heiligspricht‹. Nietzsche kennt kein Maß, oder sein Maß ist nicht das unsrige. Er macht es uns wirklich nicht leicht, hinter der grellen Fassade seines Werkes ernstzunehmende Einsichten aufzuspüren, mit denen er die philosophische Landschaft des 20. Jahrhunderts verändert hat, – und damit uns alle.«

Clarisse zwang ein Lächeln über ihre schmalen Lippen: Treffer und dennoch daneben. Das erste Urteil war gefällt, Clarisse würde sich nicht umgarnen lassen von dieser Stimme, sie nicht! Aber gespannt war sie doch, was folgen würde, denn der Redner hatte Akkorde angeschlagen, in denen Clarisse *ihren* Nietzsche durchaus wiedererkannte. Nur die Bewertung, nein, die stimmte nicht, die war grundfalsch.

»Nietzsche war der Auffassung, alles Leben sei von einer ungeheuren Energie durchströmt, die, wenn sie ungebremst daherkäme, bilderstürmend und -stürzend alles in sich verschlänge, inklusive unsere menschliche Winzigkeit. Nicht, um zu zerstören, sondern um Neues zu bauen. Stirb und werde also, die Ur-Grammatik aller Lust. Das ist Leben in Reinkultur, meinte Nietzsche. Heute dagegen treffe man nur noch auf verstümmeltes Leben. Und wenn man zurückschaue, um Unversehrtes zu sehen, dann müsse man einen weiten Blick werfen bis zurück zu den großen Tragödien eines Aischylos, Sophokles oder Euripides, die das Leben in seiner tragischen Weite zeichneten. Doch dann brach das untragische Zeitalter an, und zwar weltweit. Sokrates, Buddha, Konfuzius und Jesus wollten den Menschen vor den tragischen Wahrheiten retten, sie kanalisierten den gewaltigen Strom des Lebens und zwängten ihn in das Flussbett ideologischer Verflachung. Zu diesem Zweck erfanden sie den Menschen die ewigen Werte und Wahrheiten. Mit dem Platonismus, dem Buddhismus und dem Christentum habe der Mensch sich vor dem flutenden Leben in die Hinterwelten geflüchtet, habe Trost gesucht in vermeintlichen Ewigkeiten. Eine Lebenslüge gigantischen Ausmaßes habe sich wie ein sphärischer Himmel über die Weltkulturen gespannt, habe über Jahrtausende den Daseinswillen geknechtet, vergewaltigt, verstümmelt. Und Nietzsche tritt an, der Menschheit ihren Irrtum aufzudecken. Der Mensch, das Leben überhaupt sei ein kraftvoller Strom eines Werdens, und das werde durch ihn, Nietzsche, wieder hörbar, durch ihn sprächen das Schicksal und die Zukunft, und strotzend vor Sendungs- und Selbstbewusstsein tritt er an mit dem Hammer in der philosophischen Faust. Damit will er die Grundwerte der Zivilisation zerschlagen, er, der große Nihilist, aber ein Nihilist, wie Nietzsche sich beeilt hinzuzufügen, der seinen Nihilismus schon überwunden habe.«

Die Stimme im Raum verstummte. Clarisse war unschlüssig in ihrem Urteil. Immer noch daneben? Schon richtig, nickte sie, das Leben muss befreit werden. Das war er, ja wirklich, dachte sie. Aber manche Formulierungen ließen doch auch Distanz anklingen oder sogar leisen Hohn. Sie würde genau hinhören, ihr würde nichts entgehen. Leise hob die Stimme aus dem Salon wieder an.

»Nietzsche reitet die Lust an der Zukunft. Zerschlagen möchte er die alten Werte und Glaubensbestände, die welk am morschen Gebälk des Christentums hängen. Zerschlagen möchte er die alten mosaischen Tafeln – und sie beschreiben mit einem neuen Text. Genau besehen hält Nietzsche davon gleich drei Texte bereit: seine Kunsttheorie, seine Idee von der Ewigen Wiederkehr des Gleichen, seine Lehre vom Übermenschen. Alle diese drei philosophischen Hauptstücke Nietzsches verflechten sich zu dem großen Ja, das Nietzsche nun hier in Sils Maria dem Leben entgegenruft, dem großen Ja, mit dem Nietzsche den Nihilismus seiner Zeit überwinden möchte. Hier in Sils hat er es angestimmt, das große Ja, und auch in Genua, der Stadt Christopher Columbus', Nietzsches Lieblingsstadt. Dort wanderte er über das Vorgebirge an hellen Wintertagen umher, den Blick weit über den Golf streifend, und er frohlockte über den zermürbenden Nihilismus seiner Epoche, dem das Christentum zum Opfer gefallen war. Wie Christopher Columbus einst eine neue geografische Welt fand, so werde er einen neuen Kontinent des Daseins entdecken und die Geburt eines neuen Menschentypus verkünden. Das jedenfalls redet sich Nietzsche zu, und kein Zweifel: Er sieht sich selbst als einen Propheten, als einen Wahrsagevogel, einen zwischen die Jahrhunderte gespannten Zu-früh-gekommenen, dem es schwindelt vor Daseinsfülle und Zukunftslust. Wird Nietzsche aber seine Ahnungen und Versprechen wirklich einlösen können, literarisch und philosophisch?

Nun, literarisch jedenfalls hat er sich glänzend entwickelt in den Jahren seiner Lebenskrise, die ihn schließlich ins Engadin getrieben hatte. Er hat seinen Stil gefunden, seine philosophische Perspektive und auch seinen Lebensrhythmus: im Sommer die Berge, im Winter das Mittelmeer. Sich seine Gedanken ergehen, kurze Aphorismen ins Notizbüchlein, das Nietzsche immer bei sich führt. Der Stil: musikalisch schreiben, und dahinter stehen philosophische Ambitionen. ›Ohne Musik wäre das Leben ein Irrtum‹, notiert Nietzsche, und er setzt hinzu: ›Hat man bemerkt, daß die Musik den Geist frei macht? Dem Gedanken Flügel gibt? Daß man umso mehr Philosoph wird, je mehr man Musiker wird?‹ Und schließlich die philosophische Perspektive: Von unten beginnen, bei dem Alltäglichen, nicht bei den Idealen. ›Unzugehörig ist mir der Idealismus: der Titel sagt, wo ihr ideale Dinge seht, sehe ich – Menschliches, ach nur Allzumenschliches!‹ Und dieses Menschliche sei niedrig und schmutzig, Nietzsche steigt mit seiner philosophischen Fackel in den Keller des Seelischen, ja tiefer noch: in die Höhlen des Leibes. Dort nämlich wurzeln die überweltlichen Ideale, im Triebgrund des Lebens. Und hier, in seiner Kritik der Metaphysik, zeigt sich Nietzsche von seiner stärksten Seite. Hier kann er seine literarischen Trümpfe voll ausspielen: seine scharfe Zunge, seine Polemik, seinen Spott und seine brillante psychologische Beobachtungsgabe. Ich werde Ihnen gleich die drei Hauptfelder in Erinnerung zurückrufen, auf denen sich Nietzsche metaphysikkritisch austobt, doch zuvor sollte ich betonen, dass ihn dabei keinesfalls die pure Lust an der Destruktion reitet. Er will vielmehr die bislang ungehörte Stimme jener Selbststeigerungsmacht sein, Sendling einer Macht, die Nietzsche erahnt und bewundert. Aus ihm, Nietzsche, soll die Tiefe des Lebens sprechen. Doch er sei das Werkzeug nur eines anderen, viel mächtigeren Autors, des Lebens in seiner unzensierten Vitalität nämlich, und mit diesem exorbitanten Anspruch hat sich Nietzsche aus dem Sumpf seiner dunklen Jahre gezogen. Die Philosophie wird ihm nun zum Selbsttherapeutikum. Auch das Niedrige müsse bejaht werden, und also auch die Krankheit. Und plötzlich schwenkt sich ihm eine neue Bühne ein und er beginnt, in seiner Krankheit keine Behinderung mehr zu sehen, sondern eine für ihn unerhörte Chance. Wie, wenn die Krankheit ihn, Nietzsche, zu einer vitalen Philosophie verpflichtete, wie, wenn gerade der Kranke wegen des Mangels an körperlicher

Gesundheit nach geistiger Gesundheit strebte? ›Ich machte aus meinem Willen zur Gesundheit, zum *Leben*, meine Philosophie … Denn man gebe acht darauf: die Jahre meiner niedrigsten Vitalität waren es, wo ich *aufhörte*, Pessimist zu sein: der Instinkt der Selbst-Wiederherstellung verbot mir eine Philosophie der Armut und Entmutigung‹, schreibt er.«

Clarisse dehnte ihren schmalen Körper und stemmte sich in die Worte ihres Idols hinein. Und was für Worte das waren! Alles Leid und Elend der Welt waren aufgewogen von solchen Sätzen ihres Nietzsche. In ihnen erging ein Befehl an sie. Sie, Clarisse, war berufen, sie hörbar zu machen für eine Welt, die ihre Ohren verklebt hatte vor den großen Wahrheiten. Zwar hatte Nietzsche schon alles gesagt und auch nichts offen gelassen dabei. Trotzdem war er nicht durchgedrungen damit. Es kam jetzt nicht mehr auf die Worte an, sondern auf die Haltung und den Ruck. Und sie, Clarisse, gehorchte diesem Ruck, sie wollte ebenfalls Ruck sein. Was sie genau darunter verstand, war alles andere als klar, sie berauschte sich an der Vision selbst. Clarisse verschränkte die Arme über ihrer Brust und presste ihre Lippen zusammen. Nun, bislang machte der Seminarleiter seine Sache durchaus passabel. Kein akademisches Geschwafel, das in Trockenheit staubt. Kein Blendwerk eitler Belesenheit. Nietzsche, der Sendling einer Macht, – ja, das war völlig richtig und gut gesagt. Doch Clarisse zweifelte daran, dass der Redner dort drinnen im Raum den Sinn seiner eigenen Worte überhaupt verstand. Denn überhaupt ist das so eine Sache mit philosophischen Worten, dachte sie. Sie wollen nicht nur so gesagt sein, sie wollen auch noch ganz anders zur Welt kommen. Vielleicht, dass sie in einer wilden, rotierenden Lichtsäule des Aufruhrs ins Dasein treten, die Menschen elektrisierend, so wie ein Stromstoß augenblicklich ein magnetisches Feld gebiert und die Menschen wie Eisenspäne um sich herumschleudert. Oder sie steigen empor aus einem gewaltigen Strudel, der das morsche Treibholz des banalen, bürgerlichen Lebens kreisend im Nichts verschwinden lässt. Auf jeden Fall gewaltig, dachte Clarisse, und dafür haben die Philosophen weder das Organ noch den Wurf. Sie aber, *ja sie* würde Nietzsche dabei helfen, wirklich zu Wort zu kommen, Blitz zu werden und das alles verändernde Ereignis zu sein. Wenn es denn so kommen sollte, sie wäre bereit! Nietzsches zweite Geburt … Sie bestätigte sich ihren Auftrag mit einem festen Griff in ihre verschränkten Arme. Der Redner fuhr fort und riss Clarisse von sich selbst los.

»Der Denker, der mit dem Hammer philosophiert. Der die Traditionen zerschlägt. Was waren die Ideale, die er dabei zertrümmerte? Das erste Ideal war das der Wahrheit. Die Wahrheit – sie sei nicht der letzte Horizont, zu dem alles wissenschaftliche Erkennen aufsteige, und sie sei auch nicht der erste Grund, zu dem die Theologen sich flüchten. Nein, die Wahrheit sei eine Erfindung des Menschen. Als die Menschen sich nämlich in Herden, Clans und Gesellschaften zusammenfanden, da setzten sie fest, was als wahr und was als falsch zu gelten habe. Nur so war ein geregeltes Zusammenleben möglich, und die Starken entschieden über die Setzungen. So sei das geblieben bis heute, die Wahrheit sei eigentlich die Resultante eines Machtspiels. Und das ist bekanntlich ziemlich schmutzig. Nichts Edles hafte der Wahrheit also an, sondern sie sei gegründet im Willen zur Vorteilsnahme. Er musste reingewaschen werden, dieser Machtwille, und das besorgten die Religionen. Sie nämlich waren die Erfinder der ewigen Wahrheiten, und damit verschleierten die Religionen das machtpsychologische Motiv. Durch die Intervention der Religion gewann die Wahrheit an Macht über die Menschen.

Das Gewissen, das zweite Ideal, ist in ein ähnliches Spiel einer sich maskierenden Macht verstrickt. Als der Mensch aus dem Tierreich stürzte, da wurde er aus seinen Instinkten ausgehängt. Er verlor dadurch an Halt. Die Instinkte aber waren nicht ausgelöscht, nach wie vor meldeten sich diese Leuchtfeuer aus der Innenwelt. Doch ihnen war ein Rivale entstanden, das Bewusstsein nämlich, und eben dieses Bewusstsein agierte fortan als Gewissen und versperrte den Instinkten den geraden Weg nach außen. Es zwang sie auf eine Bahn der Verinnerlichung. Damit kehrte sich der Triebschub des Menschen gegen sich selbst, und der Mensch wurde zu einem Wesen, das gegen sich selbst Partei ergreift, weil er sich seine Triebwünsche versagen muss. Nietzsche war der Meinung, die Erfindung des Gewissens sei der Beginn einer ernsten Erkrankung des Menschen gewesen, einer Erkrankung, an der er heute besonders schwer trage, weil auch das dritte Ideal ins Wanken gekommen sei: der Glaube an einen Gott.

Die Religion ist ja der Großkampfplatz, auf dem wir Nietzsche immer wieder antreffen. Hier sehen wir ihn, den Pastorensohn, gegen sein enges protestantisches Elternhaus wüten. Allerdings hat er die Horizonte enorm gedehnt, Nietzsche bläst zum Angriff auf alle großen Religionen. Religionen, so seine kühne Diagnose, seien in dem weltgeschichtlichen Moment entstanden, als der Mensch die Schwere seines Daseins nicht mehr schultern wollte und sich Entlastung suchte in den religiösen Hinterwelten. Der Beginn einer schweren Erkrankung war's, die über Jahrtausende währte. Und heute sei diese Erkrankung auf ihrem Höhepunkt, und wie jeder Höhepunkt ein Punkt der Umkehr sei, so leite die größte Krise der Menschheit ihre Genesung ein. Worin aber besteht die größte Krise der Menschheit? Im Nihilismus. Er dämmerte herauf in den letzten Jahrhunderten, als der Glaube an ein ewiges

Jenseits unglaubwürdig wurde. Die Krücken der Religion brechen weg. Wenn der Glaube an einen Gott wanke, dann reiße das die ethischen Fundamente ein. Nietzsche diagnostiziert all das nicht mit dem kühlen Blick des unbeteiligten Beobachters, nein, er feiert seinen kulturgeschichtlichen Fund, der ja so sensationell nicht ist, er feiert ihn, weil er meinte, in der größten Krise die Morgendämmerung eines neuen Zeitalters zu erblicken, das Morgenrot eines nachnihilistischen Zeitalters. Hören wir Nietzsches berühmte Passage vom Tod Gottes:

Das größte neuere Ereignis – daß Gott tot ist, daß der Glaube an den christlichen Gott unglaubwürdig geworden ist – beginnt bereits seine ersten Schatten über Europa zu werfen. Für die Wenigen wenigstens, deren Augen, deren Argwohn in den Augen stark und fein genug für dies Schauspiel ist. Scheint eben irgend eine Sonne untergegangen, irgendein altes tiefes Vertrauen in Zweifel umgedreht: ihnen muß unsere alte Welt täglich abendlicher, mißtrauischer, fremder, ›älter‹ scheinen. In der Hauptsache aber darf man sagen: das Ereignis selber ist viel zu groß, zu fern, zu abseits vom Fassungsvermögen Vieler, als daß auch nur seine Kunde schon angelangt heißen dürfte: geschweige denn, daß viele bereits wüßten, was eigentlich sich damit begeben hat – und was alles, nachdem dieser Glaube untergraben ist, nunmehr einfallen muß, weil es auf ihm gebaut, an ihn gelehnt, in ihn hineingewachsen war: z.B. unsere ganze europäische Moral. Diese lange Fülle und Folge von Abbruch, Zerstörung, Untergang, Umsturz, die nun bevorsteht: wer erriete heute schon genug davon? ... Selbst wir geborenen Rätselrater, die wir gleichsam auf den Bergen warten, zwischen heute und morgen hingestellt und in den Widerspruch zwischen Heute und Morgen hineingespannt, wir Erstlinge und Frühgeburten des kommenden Jahrhunderts, denen eigentlich die Schatten, welche Europa alsbald einwickeln müssen, jetzt schon zu Gesicht sein sollten ... In der Tat, wir Philosophen und ›freien

49

Geister‹ fühlen uns bei der Nachricht, daß der ›alte Gott tot‹ ist, wie von einer neuen Morgenröte angestrahlt; unser Herz strömt dabei über von Dankbarkeit, Ahnung, Erwartung, – endlich scheint uns der Horizont wieder frei, gesetzt selbst, daß er nicht hell ist, endlich dürfen unsere Schiffe wieder auslaufen, auf jede Gefahr hin auslaufen, jedes Wagnis des Erkennenden ist wieder erlaubt, das Meer, unser Meer liegt wieder offen da, vielleicht gab es noch niemals ein so offenes Meer.

Clarisse hatte sich in Nietzsches jubelnde Wortmusik hineingetanzt. Ihr Körper schaukelte mit den Sätzen, und jetzt, nachdem die Stimme des Seminarleiters abgebrochen war, knarrten die Dielen laut unter Clarisses Füßen wie ein hörbares Echo der Passage. Clarisse aber war wie taub. Sie wiegte ihren Körper hin und her, die Holzbalken ächzten im Rhythmus eines Dampfschiffes. Sie sah Nietzsche am Bug seines Schiffes stehen, die Genueser Küste im Rücken, den Blick fest auf das offene Meer gerichtet. Sie kolorierte das Bild heroisch: Nietzsches Blick war finster, die Wangenknochen kantig, bauschig verbarg der Schnurrbart seine Lippen, die Hände hatten sich in die Reling verkrallt, die weiß hervortretenden Handknöchel verrieten die Entschlossenheit, mit der er den philosophischen Hammer schwang und den Platonismus und das Christentum zertrümmerte. Unter seinen Füßen schoss die weiße Gischt des zerteilten Meeres, er stand sicher und unbewegt auf den Deckplanken, hinter seiner hohen Stirn drängte sich sein geistiger Aristokratismus, und still polemisierte der Meister im kühlen Meereswind gegen die Massenkultur. Solche Bilder gab es zu Beginn des 20. Jahrhunderts zuhauf, die Jugendbewegten hatten sie damals mit antimodernistischer Geste in ihr Bücherregal gestellt und später hatte dann der Nationalsozialismus dieses kitschige Erbe angetreten. Clarisse war sich all dessen nicht bewusst, sie war immer auf naive Weise fasziniert gewesen von solchen Bildern, die auf parodistische Weise im Nietzsche-Haus auf Postkarten zu sehen waren. Und so wiegte sie hin und her, schaukelte mit Nietzsche auf seinem Schiff, und das rhythmische Knarren des Holzfußbodens hallte durch das Treppenhaus der Villa. Selbstvergessen bemerkte sie nicht, dass die Sprechpause ungewöhnlich lang war.

»Guten Abend!«

Clarisse wurde aufgeschreckt aus ihrer Trance und blickte auf eine Hand, die ihr entgegengestreckt wurde. Die Hand führte zu einem Arm und dann ein Stückchen weiter gen Hintergrund hin zu einem Männerkörper. Clarisse strich mit ihren Blicken von der Hand über den Arm zum Körper, glitt aufwärts und endete in einem Gesicht, das sie belustigt anschaute.

»Guten Abend«, brachte sie tonlos über die Lippen.

Versuch über die Begeisterung

Es gibt Momente, in denen das Leben plötzlich an Flughöhe gewinnt. Alles drängt dann auf uns ein und bringt eine gärende Unordnung in unseren Seelenhaushalt. Oder, in anderer Richtung, alles scheint sich mühelos zu fügen und nimmt uns mit sich fort. In solchen Momenten kann es uns vorkommen, als wären wir Wörter in einem Text, der ohne uns unvollständig, ja sogar unleserlich wäre. Die Fülle der Welt verschenkt sich an uns, und wir selber werden mit einer kräftigen Bewegung, über deren Herkunft wir rätseln, ausgegossen mit der Milch des Seins. Alles, was uns begegnet, alles, was wir berühren, wächst in der Begeisterung hinaus ins Maßlose, in eine überwältigende Solidarität. Für einen Moment lang wird alles zum Lied.

Sogar Leidvolles stimmt darin ein, wird sinnhaft und schön. Hoch über den einzelnen Ereignissen, über der Grammatik des Individuellen tanzt er nun, der Begeisterte, und er ahnt nichts von der Zerbrechlichkeit seines Zustandes. Geradezu frivol verschwebt er in seiner Seligkeit, da an anderen Ecken des Globus die Diktatoren ihre Völker abschlachten.

Doch kein Pulverdampf dringt zu ihm. Der Begeisterte hört nur *eine* Melodie. Sein Seelenzustand ist eigentümlich geweitet bei verengtem Blick. Er hat eine Qualität gewonnen und dabei Quantität verloren. Er tanzt, scheinbar schwerelos. Unberührt vom Leid der Welt. Aber wir müssen ihn verteidigen gegen den Vorwurf, er sei herzenshart in seiner Begeisterung. Nein, die Welt hält keine einzige Gleichung zusammen, sie hat viele Posten, und unaufhörlich öffnet die Welt die Schleusen und flutet ihre einzelnen Räume nach Gutdünken. Wer kennt schon die Regel dazu!

Der Begeisterte aber wähnt sich zu Recht privilegiert. Weht ihn der Hauch eines Geistes nicht an? Trifft ihn nicht eine Botschaft ferner aus dem Gewirr der Räume? Ein Gott ist ihm nahe. Es ist immer etwas Mystisches im Begeisterten, das ihm seinen Weltinnenraum klimatisiert. Der Begeisterte wandert durch Räume, in denen ihm alles zu einem Zeichen wird für die Anwesenheit eines weltumspannenden, vielleicht gar schöpfungsträchtigen Geistes. Der Begeisterte überco- diert die Dinge und zerreißt die Sprachbänder, die ihn mit der Gemeinschaft verbinden. Er ist allein in seiner Überfülle von Sprache, Sein und Sinn. Er fällt aus der Welt heraus. Er ist ein gesellschaftlicher Außenseiter in seinem Dasein, und dennoch – oder deshalb? – zeigt er seit Anbeginn aller Zivilisationen absichtslos den anderen das ersehnte Zentrum allen Daseins: Liebe, Sexualität, Festrausch und Vergessen: Momente des Lebens, ohne die das Leben keines wäre. Doch

Vorsicht! Wenn man sich bedenkenlos den Verheißungen der Begeisterung überlässt, dann verliert man sich in den Konjunktiven des Lebens. Die Lebenswirklichkeit dagegen regiert die gemäßigteren Zonen des Lebbaren. Doch keineswegs ist damit die Begeisterung widerlegt. Immer wieder wird sie zünden, und wenn nicht im bürgerlichen Leben, dann gewiss in seinen Traumgestalten, in der Musik, der Literatur oder im Filmkunstwerk. Oder auch im Fußballstadion, beim Tanzen, auf einer politischen Demonstration, – immer dort, wo für einen Moment die Möglichkeit mehr zählt als die Wirklichkeit. Das Leben braucht Begeisterungszonen, und eine kluge Gesellschaft richtet sie sich ein.

In solchen enthusiastischen Psychotopen verlernt das Leben für einen kurzen Moment lang allen Zweifel. Ist der Begeisterte ein Opfer seiner Autosuggestion? Ist er der perfekte Immunisierungsstratege? Im Weltinnenraum des Begeisterten zerstäuben alle Einreden, mühelos wendet der Enthusiast alle Zweifel in Gewissheiten um und steigt an ihnen sogar in die Himmel. Ein Gott hebt ihn aus der Welt und winkt ihn zu sich. Und an der Leerstelle, die zurückbleibt, kondensiert sich eine radikale Philosophie, die mit dem gesamten Begriffsnetz abrechnet, das die Zivilisationen um die zu deutende Welt gespannt haben. Nun werden die Dinge auf den Kopf gestellt. Ahnungen, immer schon gefühlt in Momenten wohl temperierten Frohsinns, werden zu elektrisierenden Gewissheiten: Die höchste Liebe vernichtet uns wie der Tod. Die hellste Einsicht macht uns einsam. Das strahlendste Glück wirft uns aus Raum und Zeit. Jede dieser ekstatischen Wahrheiten eine scharfe Klinge, die die Maschen des konventionellen Begriffsnetzes auftrennt. Die Begeisterung kommt in Waffen, sie ist nicht das sanft wärmende Feuer, sondern sie ist ein Weltenbrand, der alle Ordnungen vernichten möchte.

Das Leben ist ein großer Widerspruch: Es ruft nach Ordnung, und zugleich rebelliert es dagegen. Armselig ist das Leben in einer gedeuteten Welt, gefährdet in einer unergründbar geheimnisvollen.

Clarisse hatte seit jeher eine untergründige Faszination an allem, was die feste Ordnung des Daseins unterläuft. Sie konnte sich an der Destruktion berauschen. Mit zusammengekniffenen Lippen las sie die Vorsokratiker, vor allem Heraklit hatte es ihr angetan. Und natürlich Nietzsche, dessen weltzertrümmernden Hammer sie als Offenbarung empfand. Sie hatte eine Lust an den lauten Tönen. Francesco Goyas *Schwarze Bilder* gehörten dazu wie E.T.A. Hoffmanns Erzählungen oder die Phantasien des Marquis de Sade. Wagner liebte sie, auf ihn kam sie als Studentin, als sie hingesunken im Kinosessel die Szene aus Francis Coppolas Film *Apocalypse now* gesehen hatte, in der bekiffte amerikanische Soldaten einen Napalm-Angriff auf ein vietnamesisches Dorf fliegen, von Wagners Walkürenritt inspiriert, der aus großen Lautsprechern der High-Tech-Musikanlage im Inneren des Kampfhubschraubers dröhnt. Über Außenlautsprecher reitet die Walküre über ein brennendes vietnamesisches Fischerdorf hinweg, vom Kampfhimmel regnet es Bomben, das Maschinengewehrfeuer zerfetzt die Stille der Welt. Clarisse war damals über sich selber erschrocken, als sie bemerkte, dass diese Ästhetik der Grausamkeit sie erotisch erregte. Damals hatte sie einen Rubikon überschritten, Kriegsbilder übten einen Sog auf sie aus, dem sie sich nicht entziehen konnte. Dabei erlebte sie die Faszination, die vom Schrecklichen ausging, stets nur still für sich. Mit niemandem hätte sie darüber zu sprechen gewagt. Und zeitgleich mit ihrem Wagner-Coppola-Erlebnis trat sie *Amnesty International* bei und engagierte sich über einige Jahre in der Ortsgruppe. Später dann übernahm sie zwei Kindspatenschaften im Sudan und in Burkina Faso. Nichts drang nach außen von den schwarzen Leidenschaften in ihrer Seele, eigenartig schüchtern führte sie ihr Leben. Bieder hatte sie sich eingerichtet, keine Unordnung duldete sie in den Zimmern, und als die Zahnpasta-Tuben noch aus biegsamem Metall waren, rollte sie sie am Falz auf, – jetzt griff sie zur Schere, um deren Reste noch zu verwerten und die Tube im Gelben Sack zu entsorgen. Auf ihren häufigen Reisen begleitete sie die beständige Angst, unter die Räder zu geraten und verlorenzugehen in der Fremde. Und eigentlich begann sie jede Reise mit bangen Gefühlen. Clarisse gestand sie sich sogar ein, aber sie wusste eben auch, dass jene so sauerstoffreiche Luft, die sie in der geistigen Nähe ihrer Idole und in der geografischen Ferne spiritueller Plätze aufsuchte, nur mit Überwindung zu haben sei. Und es zog sie tatsächlich hinaus! Reisen, das war für sie ein Daseinszustand. Von jeder Reise erwartete sie etwas Außergewöhnliches, aber hätte man sie gefragt, was es denn sei, was dort in der Fremde auf sie warte, dann hätte sie nur die Schultern gezuckt oder sich hinter ihrer Lieblingsfloskel verborgen: »Ich ziehe meine exzentrische Bahn.« Vor einigen Jahren hatte sie diese Formel zufällig bei einem Denker des 20. Jahrhunderts gefunden, und feierlich hatte sie davon Besitz genommen. Wie ein Satellit wollte sie die Erde umkreisen, ausgeworfen vom Geist ihres Jahrhunderts – auch eine Formulierung, die sie irgendwo aufgeschnappt hatte. Wie übrigens vieles, das sie las, ihr auf eigentümliche Weise entgegenglänzte, als ob es eigens für sie geprägt worden sei. »Ich ziehe meine exzentrische Bahn«, – dieser Satz war ihr sosehr zum Stereotyp geronnen, dass sie alles und jedes damit kommentierte. Ihre Unfähigkeit, eine Bindung zu einem anderen Menschen einzugehen. Ihre Launenhaftigkeit. Ihre kindliche Naivität. Ihre Unbedenklichkeit, mit der sie andere zu Statisten machte für ihre eigene, Clarisses

Sache. Ihre nach außen verkümmerte Sexualität. Aber auch: für das Vage und Okkulte, für Wagner und Nietzsche. Und das alles mit starker Impulsivität und Hingabebereitschaft. Clarisses spröder Charme.

Clarisse kultivierte ihre Exzentrizität allerdings ohne jede Absicht, sich damit in Szene zu setzen. Selbstdarstellung lag ihr völlig fern. Die Formulierung von der »exzentrischen Bahn« schien ihr eher eine intime Lebensverpflichtung zu sein. Aber sie verwendete die Formel doch ein wenig zu häufig, als dass keine Spitze von ihr ausgegangen wäre. Und so richtete Clarisse sie gegen die Art von bürgerlichem Leben, das sie in ihrer Schwester verkörpert sah, die – vier Jahre älter – immer die Besonnenere gewesen war. »Du bist exzentrisch«, so hatte sie erst kürzlich im Streit zu Clarisse gesagt, »aber du bist es krampfhaft. Du bist es nicht aus dem Inneren deines Wesens. Du bist nicht wirklich von den Dingen begeistert, du *willst* davon begeistert sein. Du bist …«, und ihre Schwester suchte in ihrem Zorn nach einem kräftigen Ausdruck, »du bist plastikhaft exaltiert. Nicht wirklich. Du bist genauso normal wie ich, nur dass du es dir nicht zugestehst. Du willst eine andere sein, als du bist. Und das macht den Umgang mit dir so schwer.«

Clarisse war empfindlich beleidigt gewesen nach diesem Ausbruch der Schwester. Er war nicht der Erste gewesen, jedes der spärlichen Telefonate sägte an Clarisses Nerven, weil der Schwester immer ein tadelnder Ton gelang. Und hätte ihre Schwester nicht einen 18-jährigen Sohn gehabt, mit dem Clarisse außerordentlich viel verband, dann hätte sie ihr damals das familiäre Verhältnis aufgekündigt. Jannik aber war das Einzige in ihrem Leben, das Clarisse wirklich liebte.

»Ich allein bin wirklich!«

»Pfannkuchen mit Parmesan! Und Rucola! Und Broccoli!«
jubelte Jannik und drückte seiner Mutter einen flüchtigen
Kuss auf die Wange. Der Esstisch in der großen Wohnküche
war festlich gedeckt. Drei Kerzen brannten in der Mitte, Stoff-
servietten neben dem Besteck, ein Blumenstrauß in einer Vase,
Pfeffer- und Salzmühle, zwei gefüllte Weingläser.

»Ma? …« Jannik blickte seine Mutter fragend an.

»Setz dich!«

»Was gibt es zu feiern?«

»Wir feiern heute *uns*«, entgegnete die Mutter mit betonter
Entschiedenheit. Sie servierte den ersten Pfannkuchen. »Der
Abend gehört uns. Wir haben schon lange keinen richtigen
Abend mehr miteinander verbracht.«

Ein Pfannkuchen nach dem anderen fand sich auf Janniks
Teller ein. Seine Mutter wedelte am Herd herum, goss immer
wieder die flüssige Masse in die Pfanne, wendete den Pfannkuchen und ging ganz in Geschäftigkeit auf. Mit vollen Backen
sprudelte Jannik in Erzählungen.

»Stell dir einen Menschen vor, dem sie einen Teil des Gehirns herausgeschnitten und mit Chips ersetzt haben.«

»Welch grauenhafte Vorstellung!«, wehrte seine Mutter ab,
während sie seinen Teller nahm und einen neuen Pfannkuchen
darauflegte.

»Nein, Ma, das musst du so nicht sehen. Der war krank, das
Gehirn schwammte ihm weg, und man hat das ersetzen wollen.
Also, dieser Mensch, musst du dir vorstellen …«

Jannik hatte seine Erzählung mit kräftigen Gesten dirigiert.
Seine Mutter hatte aufmerksam zugehört, und jetzt leuchtete
es sogar in ihren müden Augen. Sie war stolz auf ihren auf-
geweckten Sohn.

»Philosophie«, sagte sie ein wenig träumerisch. »An der Schule hatten wir damals keine Philosophie. Aber diese grässliche Geschichte, was hat das mit Philosophie zu tun? Ich dachte immer, Philosophie sei etwas Schönes, etwas über …«, sie kramte in ihrem Gedächtnis, »… über Sokrates oder Kant oder so. Aber das …« Sie schien ein wenig enttäuscht.

»Das kommt bestimmt noch, Ma«, tröstete Jannik, mit vollem Mund kauend. »Aber du musst dir das mal vorstellen, so einen Menschen. Der gibt sich selbst die Hand und fühlt seine eigene Hand so wie … Gib mir mal deine!«

Die Mutter blickte ihren Sohn fragend an und reichte ihm ihre Hand.

»So, fühlst du meine Hand? Ja, so etwa müsste es sich für den mit dem Prothesengehirn anfühlen. Du fühlst dich selbst wie einen anderen. Komisch, was?«

»Na, komisch ist was anderes. Woher weißt du das denn, ich meine, wie es sich so anfühlt?«

»Ich? Na, ist doch klar, der verliert Chip für Chip sein Körpergefühl.« Jannik bemerkte, dass er sich mit seiner Antwort ein wenig im Kreise drehte und dass ein vollgültiger Beweis seiner Handprobe noch anzutreten sei. So schob er schnell nach mit einer geheimnisvollen Miene: »Das hat was mit Qualia zu tun, aber das ist recht kompliziert.« Er winkte ab.

»Also, verrücktes Zeug macht ihr heute.« Die Mutter wollte das Thema beenden, und in einem Tonfall, in dem eine Klage über die Zeitläufe mitschwang, setzte sie hinzu: »Ein richtiges Monster ist das. Ein Frankenstein, ein Terminator!«

Jannik pfiff voller Anerkennung durch die Zähne. Recht hatte sie! »Das mit dem Terminator ist gut, Ma«, nickte er ihr zu. Der mit dem Prothesengehirn wäre wahrscheinlich eine fürchterliche Kampfmaschine. Nur: wie kam seine Mutter darauf? Keine Fühlbarkeit, keine Emotionen für andere Menschen und wahrscheinlich auch keine Sorge um den eigenen Körper würde ihn in seiner Raserei bremsen. Oder könnte er sich die Sorge angeln? Halt mal! Und wie war es mit dem Bewusstsein vom Tod? Begriff der das überhaupt? Ja oder nein? Leben und Tod? Das wird er wissen, denk ich, dachte Jannik. Aber bei ihm wäre doch alles anders gewichtet, die Grenzen verschoben, er hätte ein ganz anderes Bild vor Augen, ein anderes Bild vom Leben und vom Tod. Da war sich Jannik sicher. Doch als er sich fragte, wie er sein eigenes Bild davon denn zeichnen würde, da fiel ihm nichts dazu ein.

»Ma«, sagte Jannik nachdenklich, »ich muss mich jetzt selber erst einmal schlaumachen. Weil … also, ich bin morgen Abend weg!«

»Ach, jetzt bleib doch noch ein wenig bei mir. Wir sehen uns ja kaum noch.« Jannik biss sich auf die Unterlippe. Natürlich konnte er seine Mutter nicht einfach mit diesem angebrochenen Abend allein lassen! Aber es brannte in ihm, sich aufzumachen in die viel versprechende Philosophie des Geistes. Jannik schüttelte die Schultern, wie um sich zu erleichtern von einer Last. Doch dann blieb er, und eine halbe Stunde später hatte Jannik fünf weitere Pfannkuchen verdrückt, das Gespräch hüpfte belanglos von hier nach dort, und Jannik wurde dabei immer hungriger auf seine Philosophie des Geistes.

»Ma, ich muss wirklich … wegen morgen Abend, da muss ich einfach etwas fertig haben. Nämlich … zuerst höre ich Seema auf der Sitar und dann besprechen wir Philosophie.« Jannik erklärte kurz das Nötigste und vermied es, ihr dabei in die Augen zu schauen. Aber er spürte körperlich den fragenden Blick, es war ihm unangenehm. Ein zweimaliges Piepsen seines Handys erlöste ihn aus der Situation. Jannik sprang auf, warf dabei den Stuhl um, und eilte zur Garderobe, wo sein Telefon lag. »www.philosophie-fuer-alle.de da findest du was zu unserm

Thema Kuss Seema.« Jannik stand wie vom Donner gerührt. ›Kuss Seema‹, ja wirklich, so stand es dort! Er atmete mehrmals tief durch und schlenderte betont lässig zurück in die Küche.

»Ma, wenn es dir nichts ausmacht, dann mache ich mich jetzt schlau. Habe gerade einen Tipp bekommen.«

»Von Seema, denke ich.«

Jannik überspielte seine Verlegenheit mit einer Grimasse und stürmte die Treppe hinauf in sein Zimmer. Während der Laptop hochfuhr, staunte er nochmal die Kurznachricht auf seinem Handy an. Kuss Seema … Na sowas! War das mehr als eine Grußfloskel? Und wie antworten? Etwas keck müsste es sein, auf den Kuss sollte er eingehen und zugleich die Initiative übernehmen. Jannik grübelte, dann kam ihm plötzlich eine Eingebung: »Küsse über sms erzeugen Qualia beim Adressaten – Symmetrie erwünscht?« Er wechselte in die gesendeten Nachrichten und schaute sich seine Antwort noch einmal an. Zufrieden lehnte er sich auf seinen Stuhl zurück, er jedenfalls fand sie cool.

Jannik startete den Browser und verlangte nach der Adresse. Ein griechischer Tempel erschien. ›Philosophie-fuer-alle‹ lautete der Schriftzug, mit einer Adresse hier in dieser Stadt! Der Name des Philosophen kam ihm bekannt vor. Franz Overbeck, ja richtig! Auf den Plakaten der Stadtbücherei, die am Schwarzen Brett seiner Schule für Veranstaltungen warb, war er erwähnt. Der Philosoph moderierte das philosophische Café in der Stadtbücherei, und Jannik war das eine oder andere Mal auf angekündigte Themen gestoßen, die ihn ansprachen, doch er hatte sich nie ins Zeitschriftencafé der Bibliothek getraut.

Jannik blätterte auf der Seite und klickte einen Link an, der ihn zu ›Texte‹ führte. Eine nicht allzu lange Liste erschien. Typisch Seema, dachte Jannik, sie ließ ihm die Wahl. Welchen meinte sie? Eine kleine wilde Freude sammelte sich in seiner

Herzgrube und breitete sich von dort über die Schultern in die Arme aus. Ja, sie spielten nun miteinander. Und dabei ging es um Kopf und Leib. Das regte ihn auf, er wollte die Herausforderung annehmen. Sein Blick blieb bei einer Serie von Aufsätzen hängen, die allesamt den Titel trugen: »Werde, der du bist! Philosophien des Ich«. Der erste dieser Essays lautete im Untertitel: »Ich allein bin wirklich!« Spontan klickte ihn Jannik an und der Text erschien auf dem Bildschirm. Jannik begann zu lesen, und sehr schnell vergaß er alles um sich herum.

Ich allein bin wirklich!
Vor vielen, vielen Jahren, als ich ein nicht mehr ganz kleiner Junge war, überfiel mich des Öfteren eine merkwürdige Vision. Ich stellte mir vor, nein, das ist nicht richtig gesagt, denn in jenen Momenten wuchs ich geradezu in die Vorstellung hinein, ich wäre die Hauptfigur in einem großen Film. Meine Eltern, alle meine Freunde, ja sogar alle die, denen ich auf der Straße begegnete, hätten ihre Nebenrollen darin. Und gefilmt würde mein eigenes Leben, sozusagen live, denn irgendwo stünde der geheimnisvolle Kameramann, der mir auf Schritt und Tritt folgte. Die ganze Welt wäre nichts als die Bühne meiner Lebensgeschichte. Dabei war es nicht etwa so, dass ich einem festen Drehbuch zu folgen hätte, nein, ich hatte alle Handlungsfreiheit, das Drehbuch schrieb sich mit meinen Handlungen und mit allen Geschehnissen, die mir widerfuhren. Das hob mich geradezu heraus vor allen anderen: Ich hatte die Freiheit, die ein Autor seinem Text gegenüber hat. Die anderen gleichsam nur Statisten, ich hingegen die Hauptfigur in jenem schier endlosen Film einer unausgerollten Zukunft, die vor mir lag. Gewiss habe ich mich damals in meiner imaginierten Wichtigkeit und Einzigartigkeit gesonnt, aber ebenso erinnere ich ein leicht schauriges Gefühl von Überforderung. Schließlich war ich die Figur, um die sich alles drehte. Das war erhebend und beängstigend zugleich!

Irgendwann bin ich auf ein paar interessante Paradoxien in meinem Selbstverständnis gestoßen, an das ich, um nicht missverstanden zu werden, keineswegs glaubte. Es war eher wie eine Möglichkeit, die man nicht ausschließen konnte. Mit dem Schulalltag, ja mit dem Leben überhaupt war meine Vision unvereinbar. Ja, es waren wohl doch eher stille Stunden, in denen ich meinen egomanischen Traum träumte, oft in der Grauzone zwischen Wachen und Schlafen. Oder ein paar sehr frühe philosophische Stunden, denn worüber sann ich in meinen jugendlichen Jahren, wenn nicht über die eigentümliche Erfahrung eines Ich, eines Selbst? Also, beim weiteren Nachdenken stieß ich auf ein paar interessante Merkwürdigkeiten meines Selbst- und Weltbildes, das man ja auch in die Formel gießen könnte: »Ich allein bin wirklich!«

Die erste und wohl auch naheliegendste Ungereimtheit drängte sich ja geradezu auf: Denn wenn mein Film einer über die gesamte Welt wäre, mit mir als Haupthelden, dann hätte doch dieser Film keinen einzigen Zuschauer! Er würde vor leeren Rängen gespielt, weil ich die gesamte Menschenschar schon in meinem Film verbraucht hätte. Auch wenn sie immer nur in einigen wenigen Exemplaren engagiert werden würde, potenziell stünde der gesamte Menschheitspool bei Fuß. Denn rein theoretisch betrachtet, könnte ich nach Java fliegen und dort meine Bahnen ziehen, und so wären die Javanesen dann meine Mitspieler. Grundsätzlich bliebe kein Mensch auf der Welt unverschont von meinem Drehbuch, prinzipiell wären sie alle in meinem Film und draußen wäre niemand mehr übrig. Einerseits erhebend, anderseits aber ... was soll das ganze Theater, wenn vor leeren Rängen gespielt wird? Oder saß doch irgendwo eine Bande in den Sesseln, schaute zu und amüsierte sich? Leute, mit denen ich gar nicht gerechnet hätte? Die mich vielleicht beurteilten, alles eine große Prüfung? Oder war es vielleicht auch nur Einer? War ein Gott da draußen?

Ich glaube, mir waren die theologischen Konsequenzen meines kineastischen Traumes nicht unlieb. Sie bedeuteten mir eine religiöse Wärme, die ich bitter nötig hatte, um eine weitere Paradoxie auszuhalten. Sie war, das erkenne ich heute, die philosophisch tiefgründigste, und schon damals jagte sie mir einen Schauer über den Rücken. Denn wenn alles ein großer Film wäre, dann gehört dieser Moment mit dazu, dieser Moment, während ich darüber nachdenke, dass die Welt ein großer Film sei. Ich könnte also mit meiner Überlegung aus dem Film heraustreten und wäre immer noch in ihm gefangen? Irgendetwas ging hier nicht zusammen, und doch musste es so sein. Es war, als hielte ich für einen Augenblick, für den Moment distanznehmender Reflexion, den Fluss der Bilder an, und doch schwappte die Dramaturgie des Ganzen wieder über diese Pause hinweg. Mir schwindelte bei dem Gedanken, frei und doch gefangen zu sein.

Jannik war hellwach. Er fühlte sich seltsam angesprochen von diesem Text. Zwar kam ihm die Vision des unbekannten Philosophen ziemlich verstiegen vor. Aber er erinnerte sich an damals, gegen Ende seiner Grundschulzeit, als sich in ihm eine ähnliche Phantasie regte. Als er seine ersten eigenständigen Streifzüge durch das Städtchen unternahm, begleitete ihn die Gewissheit, viele der unbekannten Menschen auf den Straßen würden ihn, Jannik, kennen. Sie wüssten, dass er der Sohn der Lehrerin und des Journalisten Haussmann war. Er lehnte sich dabei mit seiner kindlichen Naivität an die wohlige Tatsache, dass seine Eltern einen gewissen Bekanntheitsgrad im Städtchen genossen. Hin und wieder wurde er wirklich auf seinen familiären Stall angesprochen, beim Bäcker etwa oder in der Kinderbuch-Abteilung der Stadtbibliothek. Jannik versank in Erinnerungen und versuchte, sich die berauschende Stimmung zurückzurufen, mit der er allein und auf sich selbst gestellt als Zehnjähriger durch die Spielwarenabteilungen der Kaufhäuser stromerte. Ich muss damals etwas Ähnliches angenommen haben wie das, wovon Overbeck schreibt, dachte er. Die anderen unbekannten Menschen hoben mich mit ihrem Dabeisein aus der Welt heraus und so war ich: Ich. Jannik schmunzelte über seine kindliche Vision. Mein Schimpansenspiegel! Ein paar Mal war es vorgekommen, dass Jannik seine familiäre Bekanntheit testete, indem er einen Unbekannten gegrüßt und tatsächlich einen Gegengruß eingefangen hatte. Später dann, als seine Eltern sich zunehmend stritten, schien sich auch die Aufmerksamkeit der Leute zu ändern. Nun mutete es Jannik an, als wüssten sie auch über den Unfrieden im elterlichen Hause Bescheid, und er schämte sich dafür, mied die Öffentlichkeit und vergrub sich in seinem Zimmer hinter einem Berg von Comics. Jannik schweifte weiter ab und stocherte nun im Nebel jener furchtbaren Jahre herum, als sich seine Eltern lautstark zankten oder sich jeweils beleidigt mit Schweigen straften. Er dachte an seinen Vater, einen in sich vergrabenen mittellosen Intellektuellen, der beständig mit sich und seinem Beruf beschäftigt war und der sich während der ehelichen Krise noch weiter in Sprachlosigkeit zurückgezogen hatte. Sein intellektuelles Asyl hatte ihn, Jannik, ausgesperrt, und dadurch fühlte sich Jannik noch heute tief verletzt. Als sein Vater ihm letzten Winter mitteilte, er würde nun endlich, nach Jahren frustrierenden Freelancertums für verschiedene Zeitungen, einen Redakteursposten einer Berliner Zeitung bekommen, hatte Jannik nur die Achseln gezuckt. Alle Einladungen seines Vaters, ihn dort zu besuchen, hatte er bislang immer abgelehnt. Aber Jannik schwankte nun in seiner Ablehnung. Er hatte einige Briefe von ihm erhalten, in denen er seinen Vater kaum wiedererkannte, so liebevoll und warmherzig hatte er um seinen Sohn geworben! Jannik spürte, dass er ihm nicht länger die kalte Schulter zeigen konnte, aber die Verletzung, sie saß tief.

Wohin bin ich mit meinen Gedanken abgedriftet!, rief er sich halblaut zu. Zu meiner Familienkiste! Wie eine Bleikugel hängt sie mir an den Füßen! Ob das bei Seema anders war? Sie sprach von ihrer Familie mit … Jannik rang nach Worten. Sie ist so eingebunden, sie spricht mit einem Stolz von ihren Eltern, den ich gar nicht kenne. Ob es das ist, was sie so schnell und stark und konzentriert macht? Und überhaupt dieser Tipp von ihr! Sie ist auf derselben Spur wie ich, dachte er, von den Qualia zum Ich, und vielleicht von dort zu uns, schließlich will sie diesen Text hier mit mir teilen. Doch wovon ist da eigentlich die Rede?, fragte er sich. Er gab sich einen Ruck und wandte sich wieder dem Text zu.

Wann diese kineastische Phantasie zu verblassen begann, weiß ich nicht mehr. Später aber habe ich mich immer wieder daran erinnert. Sie bebildert auf kindliche Weise die Erfahrung, dass man ein Ich ist und dass kein anderer Mensch dieses Ich ist, das ich bin. Nein, eigentlich ist es mehr und anderes als eine Erfahrung, es ist ein *Erstaunen* darüber, was es heißt, dass man existiert. Identität, Einzelheit, Einzigkeit, ja gewiss, das steckt darin, aber das sind alles nur Namen, später erfunden, das Erlebnis des Staunens kommt lebhafter daher: ›Ich allein bin wirklich!‹ Und das Staunen, das kindliche zumal, es sucht sich Bilder wie die meiner kineastischen Grille. Dass auch die anderen Menschen ihren Solipsismus auf dieselbe Weise buchstabieren könnten, dass also von allen anderen Menschen ebensolche Filme gedreht würden, diesen Gedanken habe ich damals wohl noch nicht einmal gestreift. Merkwürdig, aber doch nicht so sehr. Denn es ging mir ja um mich selbst und nicht um die anderen. Das war das Hauptmotiv meiner jugendlichen Spinnerei: Die berauschende Erfahrung, dass da ein Ich so radikal heraustritt aus dem Weltgewoge, dass es sagen kann: Nur ich allein bin wirklich! Wenn es anders wäre, dann hätte ich an jeder Ecke über einen der unzähligen Kameramänner stolpern müssen, die ihre Filme über die ebenso unzähligen anderen Helden des Welttheaters drehen. Aber kein Kameramann der anderen zeigte sich. Also ging es tatsächlich nur um mich!

Heute schmunzle ich natürlich darüber und tue es als eine kindliche Fabel ab. Doch so absurd mein früher Flirt mit dem Solipsismus auch war, – der philosophische Gehalt jener tiefgründigen Paradoxie beschäftigt mich noch heute. Sie erinnern? Im Film gefangen zu sein selbst dann, wenn die Reflexion Distanz zu ihm nimmt und erkennt, dass die Person der Held in einem Weltfilm sei. Dass diese Reflexion auch noch mit zum Film gehört und sich innerhalb seiner ereignet. Heute allerdings kann ich die Paradoxie mit einem anderen Vokabular beschreiben. Der Weltfilm: das ist der Lebensstrom. Und der Held? Nun, das wäre das Ich, mehr aber noch die Existenz. Und beim Wort Existenz geht mir heute dabei eine aufschlussreiche Schreibweise durch den Kopf: Ek-sistenz, ein Hinausstehen also, wie der lateinische Ausdruck *eksistere* nahelegt. Und dabei drängt sich mir ein Bild auf. Es ist das Bild des einsamen kleinen Prinzen aus der anrührenden und hochphilosophischen Erzählung des französischen Piloten Saint-Exupéry: Der kleine Prinz steht auf seinem winzigen Planeten und sein Kopf ragt in den Weltraum. So wie der ragt das Ich heraus aus der Ordnung der Dinge und bewohnt einen eigenen Planeten. Und doch schwimmt jede dieser Ich-Monaden mit im Fluss des Lebensstromes. Gewinnt von dort her an Kontur, an Charakter, an Umfang. Aus dem Lebensstrom schöpft es sein Wissen und seine Befähigungen, seine moralische Orientierung und seine emotionale Konditionierung. Und mit jeder seiner Handlungen reicht es hinein in den Strom des Lebens und der Geschichte, flößt ihn fort in die Zukunft hin. Es ist ein flutender Austausch zwischen dem Ich und dem Lebensstrom, ich bin individuell und kollektiv. Ich trage einen Namen und bin anonym.

Jannik hob den Blick vom Monitor. Er hatte nicht alles verstanden, vor allem das mit den Monaden nicht. Das Wort war ihm unbekannt, aber das Bild vom winzigen Planeten füllte es doch lebhaft aus. Den stärksten Eindruck hinterließen ihm die letzten beiden Sätze. »Ich bin individuell und kollektiv, ich trage einen Namen und bin anonym.« Jannik wusste nicht recht, was er damit anfangen sollte. Er erspürte ein wenig Trauer darin. Das Anonymsein wog schwer, wie ein letztes Wort, an dem alles Bestreben, sich einen Namen zu machen, nicht vorbeikommt. Wie vergeblich, sich im namenlosen Strom des Lebens Stand geben zu wollen und Persönlichkeit. Welch merkwürdige Gedanken es doch gibt, dachte Jannik, und noch mehr wunderte er sich darüber, dass er sich von ihnen berühren ließ. Dabei war es nicht etwa so, dass er deren Grundstimmung teilte. Aber Jannik fühlte sich aufgefordert, tröstend dagegen-zuhalten, ohne dabei die Klage zu entkräften. Denn er fand, sie verströmte einen wunderbar melancholischen Duft, und urplötzlich tauchte das Bild seines Vaters im stimmungsvollen Nebel auf. Noch nie war ihm des Vaters Melancholie so ver-ständig geworden wie jetzt, doch als er näher zugreifen wollte, zerfaserte alles wieder zu dunstigen Fetzen, hinter denen eine Sehnsucht nach seinem Vater aufstieg.

Clarisse kämpft oder: Welche Nahrung gibt der Geist?

Nach ihrer ersten Nacht in der *Villa Mira Margna* war Clarisse nach kurzem und unruhig flackerndem Schlaf früh aufgewacht. Der gestrige Abend war noch kaum verklungen, nur ein tieferer Schlaf vermag die Tage voneinander zu trennen, indem er einen sichtfesten Vorhang zwischen dem Vortage und dem Heute herabsenkt. Clarisse lag auf ihrem Bett, noch nicht richtig aufgetaut aus der Nacht, und in der milchigen Helle ihres halbwachen Geistes gruppierten sich die Schemen des gestrigen Abends. Clarisse an der Seite Nietzsches stehend an Bord einer Genueser Corvette. Dann war ein fremder Mann gekommen mit einer riesigen fächerförmigen Hand, war mitten durch das Bild geschritten, hatte es ausgewischt und sie aufgefordert, sich der Gruppe im Salon anzuschließen. Peinlich war ihr dieser Vorfall nicht gewesen, denn sie stand als Lauscherin ja in einem höheren Auftrag hinter der Tür. Clarisse hatte ein wenig gezögert, seiner Aufforderung zu folgen, denn sie wollte zu Nietzsche zurück, wollte auf ihr Zimmer, um ein paar Passagen ihres Gottes zu lesen, wollte den Auftrag noch näher studieren, der an sie ergangen war.

»Kommen Sie, es lässt sich besser zuhören in bequemer Lage. Sie sind herzlich willkommen! Ja, kommen Sie nur!«

Der Seminarleiter hatte seine Einladung mit einer Handgeste bekräftigt. Clarisse folgte. Ja, aufpassen würde sie, das Geschehen hatte seine Folgerichtigkeit, Fügung auch dies, sagte sie sich, sie spürte einen Sog und sie übergab sich ihm. Sie trat in den Raum, in dem etwa fünfzehn Personen in aufgelockerter Gruppierung in Sesseln und Sofas saßen. Sie schaute nur kurz in die Runde, steuerte auf einen freien Sessel zu, nickte nach links und rechts einen schnellen Gruß und verschränkte die Arme vor ihrer flachen Brust. Der Seminarleiter warf ihr einen aufmunternden Blick zu, und erst jetzt betrachtete Clarisse die ein wenig kleinwüchsige Gestalt. Sein Alter war nicht leicht zu schätzen, er könnte leicht zu jenen gehören, die jünger wirken als sie es tatsächlich sind. Vielleicht Ende vierzig, das volle Haar schon leicht angegraut, schlank von Statur aber mit einem leichten Bauchansatz. Er lehnte sich zurück und hatte wieder zu sprechen begonnen.

»Holen Sie sich bitte noch einmal die zitierte Passage über den Tod Gottes zurück. Gleiten Sie noch einmal über Nietzsches Sätze, in denen er den Abbruch, die Zerstörung, den Untergang und den Umsturz der alten Werte beschwört, und steigen Sie an Bord seines Genueser Schiffes, mit dem Nietzsche auf die Freien Horizonte hinaussegelt. Und achten Sie auf die Musikalität jener Passage. Die Sätze schwingen hin und her, es ist eine Freude, sie vorzulesen, und ich hoffe, ebenso ein Genuss, sie zu hören. Man könnte ins Tanzen geraten.«

Auffordernd hatte er Clarisse angeschaut, seinen Blick spürte sie jetzt wieder, wo sie auf dem Bett lag, es prickelte unangenehm über ihre Haut. Gleichwohl, das erinnerte sie, hatten seine Augen nichts von jener Schärfe, die ihr jetzt über die Haut ritzte. Clarisse war seinem Blick ausgewichen, unbehaglich war ihr, das Feld unübersichtlich. Der Seminarleiter hatte ihr flugs eine neue Rolle zugewiesen, sie war aus der geschützten Beobachtersituation in die der Mitspielerin geraten. Ja, diese Erkenntnis, am Vorabend vage gespürt, stand nun deutlich vor ihr. Ein kluger Schachzug. Ihr Wächteramt drohte unter die Räder zu kommen. Sie würde es den neuen Gegebenheiten anpassen müssen. Sie würde von innen wachen müssen so wie gestern Abend in der Seminarrunde, und sie würde dann von außen agieren. Die Formel dafür müsste noch gefunden werden. Auf jeden Fall würde sie die Initiative zurückgewinnen, und bei diesem dunstigen Gedanken richtete sie sich kerzengerade auf im Bett. Wonnig durchströmte es ihren Körper bei dem Gedanken, dass sie, Clarisse, Nietzsches Kampf werde fortsetzen dürfen, dass Nietzsche sie, Clarisse, dazu eigens autorisiert hatte. Aus der großen Masse hatte er sie mit einem intimen Wink herausgehoben. Sie war zu einer esoterischen Lesart seines Werkes auserwählt, wohl um allen anderen, die sich mit Nietzsche beschäftigten – den Studenten, den Professoren, den sonstwie Gelehrten oder auch den existenziell Suchenden-und-bei-Nietzsche-Andockenden – um diesem großen Rest die Irrwege aufzuzeigen, die die Interpretationen genommen haben. Immer wurden nur gelehrte Worte aufeinandergeschichtet. Nie aber hat ein Interpret sein Blut gegeben. Sie würde das tun, oh ja, sie wäre zu allem bereit, wenn Nietzsches Worte Welt werden wollten. Was den Menschen verloren gegangen ist, so schoss es ihr durch den Kopf, ist die Bereitschaft und die Fähigkeit des Opfers. Sie würde sich opfern und zeigen, jawohl: zeigen!, dass man sich den Ideen Nietzsches hingeben muss. Sie würde in Nietzsches Texte hineinschlüpfen und deren gewaltiges Innenleben der Welt entgegenschleudern.

Clarisse ließ ihren Kopf wieder zurück ins Kissen sinken. Ihre Hände strichen über den weichen Stoff ihres Nachthemdes, glitten über ihre kleinen Brüste hinab zu ihrem Bauch und verschränkten sich in ihrem Schoß. Es waren immer Gedanken und Ideen, hineingeworfen in ihre exzentrische Bahn, die sie erregten. Männer interessierten sie nicht. Sie ließ ihre Lust aufsteigen, es kam ganz von alleine, angeweht vom Geistigen. Das war es, was sie von der Philosophie erwartete. Sie musste beseelen wie einst das religiöse Wort, das der Schamane seinem Volk zurief.

Diese Spiritualität des philosophischen Wortes hatte sie gestern Abend nicht mehr gespürt, als sie inmitten der Gruppe saß und zuhörte. Dabei hatte der Seminarleiter seine Sache gar nicht einmal schlecht gemacht. Soweit sie es beurteilen konnte, segelte er direkt am Wind und verwässerte nichts mit angelesenen schulmäßigen Floskeln. Ja, es war angenehm gewesen, ihm zuzuhören, er verfügte über eine gewisse sprachliche Eleganz und Spritzigkeit. Aber dennoch. Etwas fehlte. Etwas Entscheidendes. Und das enttäuschte und beruhigte Clarisse zugleich.

Sie hatte sich entspannter zurücklehnen können im Sessel, von dem Seminarleiter ging keine Bedrohung für Nietzsche aus. Er war nichts als ein weiterer Kommentator. Andererseits: Ging nicht die größte Gefahr von den Kommentaren aus? Verlor sich in ihnen nicht die Spur des Originals? Sind die Interpretationen nicht subtile Versuche, einen fremden Gedanken zu okkupieren? Und verhalten sich die geistigen Eroberer nicht genauso wie die militärischen, deren folgenreichste Tat nach Beendigung der Kampfhandlungen darin besteht, Hand an die Eigenheiten des eroberten Volkes zu legen, in seine Sprache einzubrechen, in seine Wertvorstellungen, in seine Religion, um ihm die kulturelle Identität zu zerstören? Dann allerdings war allerhöchste Wachsamkeit geboten. Des Seminarleiters freundliche Gesten, seine verhaltene, aber doch spürbare Sympathie mit Nietzsche, all das war dann nur eine philanthropische Maske, hinter der sich eine andere Absicht verbarg, nämlich Nietzsches Sprengsätze zu entschärfen. Ihren Gott mit klugen Worten einzureihen in eine Phalanx anderer Denker, ihn vergleichbar zu machen, ihn zu schleifen. Ah, man ließ also aufrüsten hier in Sils! Clarisse waren diese Gedanken gestern beim Zuhören halbdunkel durch den Kopf gegangen, und jetzt, mit den Händen in ihrem Schoß, sann sie darüber nach, ob sie Speere daraus schmieden und dem freundlichen Herren den offenen Kampf erklären sollte. Lohnte es sich, Nietzsche gegen diesen Zwerg in Stellung zu bringen? Würde sie Nietzsche damit nicht sogar beleidigen? Weshalb aber hatte Nietzsche sie dann herbestellt? So sann Clarisse in ihrem Bett, und dann, das erkannte sie jetzt in der Morgendämmerung, dann war da noch etwas anderes gestern Abend. Die Diskussion nämlich. Vielleicht ging von ihr die örtliche Bedrohung aus, der Silser Handstreich.

Clarisse stocherte im Nebel, als sie versuchte, sich den Verlauf der Diskussion ins Gedächtnis zurückzurufen. Nicht, dass die Debatte sprunghaft gewesen wäre, nein, da war ein Fahrplan erkennbar. Dunstig war das Gelände aus einem anderen Grund. Clarisse schloss die Augen und grübelte. Sie rief sich die Szene in Erinnerung. Sie sah in Gesichter und folgte Handbewegungen, sie hörte einzelne Satzfetzen, sie versuchte, auf den Zug eines Gespräches aufzuspringen, in dem so vieles eine Stimme gewonnen hatte. Die Teilnehmer schienen in wenigen Tagen miteinander vertraut geworden zu sein, und doch überraschten sie sich immer wieder mit unvorhergesehenen Wendungen. Anspielungen auf frühere Gespräche entluden sich in Gelächter. Positionsmarken wurden gesetzt und abgerufen, Lager schienen sich gebildet zu haben, Überläufer gab es und Ausbrecher, es wogte hin und es schäumte zurück. Der Moderator gebärdete sich wie ein Dirigent, der sein Orchester zu freiem, improvisiertem Spiel ermunterte. Er spielte seine Pässe quer, bestärkte hier, verlängerte ein Argument dort und verflüssigte immer wieder feste Gruppierungen. Clarisse hatte dem Geschehen fassungslos zugeschaut. Alles kam ihr wie ein artistisches Spiel vor, sie hatte Mühe, dem Verlauf zu folgen. Doch plötzlich, wenn sie alle Orientierung verloren hatte im wirren Gewoge der Meldungen, intervenierte der Seminarleiter mit einem längeren Beitrag, machte das Terrain wieder überschaubar und brachte das Thema zurück zu Nietzsche. Nein, es war noch anders: Er *flocht Nietzsche hinein* in die Gesprächslandschaft, ja, das war es: Nietzsche stand nicht mehr für sich allein, er wurde missbraucht und, das müsste sie noch prüfen!, vielleicht sogar misshandelt, denn sein einzigartiger Geist diente der Gruppe als Tanzboden. Clarisse blinzelte mit den Augen, und eine Empörung kochte in ihr hoch. Der Tanzboden, das war es! Der Seminarleiter war wie ein Tänzer, der sich leichtfüßig auf einer Bühne drehte, die ihm die anderen mit

Beiträgen einschwenkten, zu denen er sie animierte. Er hatte die schickliche Ordnung verkehrt und sich Nietzsche seiner eigenen narzisstischen Arena dienstbar gemacht. Clarisse schwindelte ein wenig angesichts dieser Unverfrorenheit. Sie fuhr sich über die Augen, und als sie sie wieder öffnete, sah sie sich erneut draußen vor der Villa stehen, im Dunkel der Nacht. Der Kies knirschte, und aus der Dunkelheit löste sich die Gestalt des Seminarleiters.

»Ich hoffe, Ihnen war meine Einladung nicht unangenehm«, wandte er sich an Clarisse. »Ach, ich hatte mich Ihnen noch nicht vorgestellt. Mein Name ist Overbeck, Franz Overbeck.«

Clarisse nannte den ihren und stotterte ein wenig vor Überraschung. »Overbeck? Das ist doch …«

»Zufälle regieren die Welt bis in die Haarspitzen hinein. Nein, ein Freund Nietzsches bin ich nicht.«

»Das sieht man«, entgegnete Clarisse spitz.

»Ich sehe, Sie kennen sich aus.«

»Oh ja! Ich liebe Nietzsche!«, brach es aus Clarisse heraus.

»Ja, Nietzsche kann einen schon begeistern«, nickte er.

»Nein, es ist mehr als das. Viel mehr.«

»Sie machen mich neugierig.«

»Neugier!« Plötzlich klang Clarisses Stimme rau. »Damit kommen Sie nicht durch. Damit bleiben Sie sehr bald stecken.«

»Schon geschehen!« Overbeck quälte sich in ein Lachen. Er wusste nicht, wie er Clarisse deuten sollte. »Ich wollte Sie nicht ausfragen. Schließlich hat ja jeder sein persönliches Verhältnis zu Nietzsche.«

»Sie haben ein Verhältnis zu Nietzsche?«, fragte Clarisse höhnisch. »Das glaube ich kaum.«

Overbeck schien einen Moment lang sprachlos. Er atmete tief und stützte sich mit beiden Armen auf der Balustrade ab. In Clarisse schäumte der ganze lange Tag auf. Die endlose

Zugreise, die Fahrt hinauf zum Julier, das Seminar, der Auftrag Nietzsches, – die Bergluft brauste in ihr und sie hob abwehrend die Hände, alle zehn Finger spreizend.

»Sie können gewiss gelehrt über Nietzsche sprechen. Vielleicht kann ich sogar einiges von Ihnen lernen. Aber die Hauptsache nicht, und das macht Ihre gesamte philosophische Belesenheit wieder zunichte.«

»Und die wäre?«

»Das Verhältnis eben!«

»Ich weiß nicht, wie ich Sie …«, Overbeck fiel in eine Sprechpause und suchte Orientierung. »Ihnen hat also das Seminar im Salon nicht gefallen?«

»Nein!«, sagte Clarisse in festem Ton. Ihre Aggressivität war um einen Hauch Sachlichkeit schwächer geworden.

»Was haben Sie vermisst?«

»Es war nicht *persönlich* genug.«

Overbeck runzelte die Stirn. »Nicht persönlich genug?« Er lachte kurz auf und schien sein Gleichgewicht wiedergefunden zu haben. »Also, mir war es streckenweise *zu* persönlich! Immer wenn die Teilnehmer mit persönlichen Standpunkten …«

»Nein, so meine ich es nicht«, unterbrach ihn Clarisse scharf. »Man muss Nietzsche in sich spüren. Man muss in seine Texte hineinkriechen, um sie von innen zu hören, verstehen Sie? Nietzsche zündet eine Lampe in uns an. Man muss sich ihm hingeben, nur so kann man ihm *begegnen*. Sie aber reisen mit einer Gruppe hierher, um seinem Genius nahe zu sein, und dann«, sie lachte boshaft, »dann lassen Sie es zu, dass sich die Gruppe selbst genug ist. Und Sie genießen dieses frivole Spektakel sogar noch! Es geht Ihnen weniger um Nietzsche als um Sie selbst.«

Clarisse schnitt mit ihrer scharfen Stimme ins Dunkel der Silser Nacht.

»Mit dem Letzten haben Sie vielleicht Recht, mit dem Zweiten sind Sie ungerecht, und mit dem Ersten erheben Sie ein Monopol«, sagte Overbeck.

Clarisse schwieg einen Moment, dann sagte sie auffallend ruhig, als wäre sie von ihrer eigenen Aggressivität eingeschüchtert worden: »Ich verstehe Sie nicht.«

»Recht haben Sie vielleicht, *vielleicht*«. Overbeck betonte die Wiederholung, Clarisse spürte, wie sehr sie ihn getroffen hatte, »mit ihrem Vorwurf, ich würde mir selber zu sehr gefallen und ich verwendete die Gruppe als narzisstischen Spiegel meiner selbst. Man kann da nie selbstkritisch genug sein. Ich danke Ihnen für Ihr offenes Wort. Ich werde mir das zu Herzen nehmen, wirklich, glauben Sie es mir!«

Overbeck machte eine kurze Sprechpause und sog mit einem tiefen Atemzug die bergwürzige Nachtluft in sich hinein. »Ungerecht sind Sie hinsichtlich der Gruppe. Es ist nichts dagegen einzuwenden, wenn in einem Gespräch über Nietzsche die Teilnehmer sich auch füreinander zu interessieren beginnen. Es darf auch mal quer gehen. Und ein Monopol auf Nietzsche erheben Sie, wenn Sie für sich selber das ausschließliche Recht beanspruchen, in seine Worte hineinzukriechen, wie Sie das nennen. Aber vielleicht tue ich Ihnen da Unrecht. Sie betonen das Wort ›Begegnung‹ so sehr, dass ich Sie fragen möchte, was es für sie heißt.«

»Das darf ich Ihnen nicht sagen.«

Clarisse biss sich auf ihre Unterlippe. Das Gespräch nahm einen unbehaglichen Verlauf, sie fühlte sich erneut in der Defensive. Sie sollte wieder zurück zu dem Terrain, das sie kommandieren konnte. »Sie würden es ohnehin nicht verstehen«, setzte sie hinzu.

»Was erwarten Sie?«, fragte Overbeck gereizt. »Dass wir in den Staub fallen vor den Autoritäten? Dass wir sie anbeten?

Nachkauen? Ich bin der Meinung, Nietzsche hätte es geschätzt, dass wir unsere eigenen Wege gehen. Selbst dann, wenn sie uns von den seinigen fortführen. Ein Nietzscheaner ist nicht in Nietzsches Sinne. Ein Nietzscheaner würde Nietzsche als einen Propheten heiligsprechen. Und das, so sagt er ja selbst, wäre das Ärgste, was ihm, Nietzsche, widerfahren könnte!«

Clarisse zögerte mit der Antwort. Mit dem letzten Punkt hatte er ihr den Wind etwas aus den Segeln genommen, denn natürlich hielt sie Nietzsche für einen Propheten, und nun kam Overbeck mit diesem ärgerlichen Zitat und wollte ihr den Weg versperren. Innerlich schüttelte sie den Kopf. Weshalb kann er einfach nicht begreifen, dass Nietzsche sich notwendigerweise verstellen muss? Dass es bei Nietzsche immer ganz andersherum ist? Hörbar seufzte sie. Er ist ein großer Kommunikator, dachte sie abfällig, er versteht es, Fragen zu stellen, sich nach Gutdünken im Zitatenschatz zu bedienen, um sich seinen Nietzsche zurechtzubiegen. Sie musste einen neuen Anfang setzen.

»Sie spielen Kleingeld aus, wo es doch um die großen Scheine geht. Im Kleinen haben Sie Recht, im Großen liegen Sie falsch.« Clarisse zweifelte nie an ihren Gedanken. Ihre Stärke war ihre Entschiedenheit. Einwände sortierte sie einfach aus, sie gehörten woanders hin, nicht aber auf die Hauptstraße.

»Man muss sich Nietzsche aussetzen, verstehen Sie? Aussetzen. Der Mensch ek-sitiert, er steht draußen, er zieht seine ex-zentrische Bahn, Sie aber überreden ihn, sich am gemütlichen Kamin zu wärmen. Ihr ganzer Ansatz ist falsch, er ist ein Ansatz für die Herdenmenschen, mit denen Sie sich umgeben, und deswegen ist es so schwer, mit Ihnen zu reden. Sie haben die Irrtümer von Jahrtausenden auf Ihrer Seite, und damit spicken Sie Ihre Argumente.« Clarisse war ins Flüstern geraten und spürte jetzt Nietzsches beispringenden Blick auf ihren Schultern.

»Es ist spät …«

Clarisse ließ ihren Satz in der Schwebe, so als käme noch etwas. Der Wasserfall rauschte in der Ferne und füllte das Tal bis an seine nächtlichen Ränder. Es kam nichts mehr, Clarisse hatte ihre Trümpfe vergeben für heute, und plötzlich fühlte sie sich sehr müde. Overbeck blickte sie von der Seite an und sagte:

»Entschuldigen Sie, dass ich Sie mit meinen Fragen belästigt habe. Ich bin nach einem Seminar immer etwas aufgedreht und ungesättigt zugleich. Irgendetwas fehlt, da haben Sie ganz Recht. Fehlt immer. Und das lässt sich nicht durch das Reden ausfüllen.« Er lachte kurz auf. »Da stehe ich und rede über die Grenze der Sprache! Aber das ist ja auch das Thema für morgen. Wenn Sie Lust haben, kommen Sie doch mit auf unsere Wanderung. Wir gehen ins Fextal, und ich trage in Etappen Nietzsches Kunsttheorie vor. Ich würde mich freuen, wenn wir unsere Auseinandersetzung morgen weiter fortführen. Seien Sie mein Gast morgen, für die Gruppe wären Sie ein Gewinn. Und für Nietzsche ebenso«, setzte er hinzu. »Ich wünsche Ihnen eine gute Nacht!«

Clarisses Ratschläge

Lieber Jannik,

vielen Dank für Deine liebe und ausführliche Mail. Sie erreicht mich in Sils Maria, meinem paradiesischen Refugium, wo ich gerade meine Batterien auflade. Und hier bin ich auf eine sehr merkwürdige Gesellschaft gestoßen, von der ich Dir aber ein anderes Mal erzählen möchte. Ich muss sie selbst noch ein wenig näher studieren, observieren und, wenn nötig, in ihre

Grenzen verweisen. Auf jeden Fall geht es hier ums Ganze, *um ganz große Politik*, das sag ich Dir.

Es freut mich sehr, dass Du Feuer gefangen hast für die Philosophie. Ich habe eigentlich gar nichts anderes erwartet. Schon als Grundschüler hast Du manchmal Deine philosophischen Sternstunden gehabt. Erinnerst Du noch unser Gespräch über Gott? Das muss in Deiner Grundschulzeit gewesen sein. Ich fragte Dich damals, ob Du an ihn glaubst, was Du heftig verneintest. Ich wollte Dich da aus der Reserve locken mit meiner Frage, ob denn nicht diese wunderbare Ordnung in der Natur auf einen Schöpfer schließen ließe. Du gabst mir das zu, und als ich Dich auf den Widerspruch aufmerksam machte, in den Du Dich hineingeritten hattest, da hast Du nur lapidar geantwortet, dass die Natur wohl eines Gottes Werk sei, dass aber dieser Gott schon lange tot sei. Mein Gott, während ich jetzt diese Szene erinnere, schauert es mir den Rücken von oben nach unten. Immer wieder habe ich solche Sternstunden mit Dir erlebt, nun aber scheinst Du mir das Denken auf ganz neue Weise zu entdecken. Es ist mir eine heilige Pflicht, Deine Schritte dabei ein wenig zu begleiten und Dich auf ein paar Dinge hinzuweisen, die wichtig sind für Dich.

Zunächst einmal möchte ich Dich *warnen*. Warnen auch vor der Philosophie selbst. Einen großen Teil davon kannst du getrost vergessen. Die meisten der so genannten Meisterdenker sind doch arge *Schaumschläger* und gefallen sich in dunklen Sätzen und in Denkakrobatik, die mit ihrer Unterscheidungswut zu nichts führt. *Es kommt allein auf die großen Linien an*, auf das, was uns wirklich existenziell angeht und was uns stark macht. Und so möchte ich Dir raten, stets das Wesentliche aus dem narzisstischen Sprechbrei herauszufiltern. Eine gute Einstiegslektüre kann Dir dabei helfen, Dich nicht auf Umwegen und Holzwegen zu verlieren. Ich empfehle Dir dazu die beiden dicken Bücher von Arthur Schopenhauer, die ich Dir kürzlich zum Geburtstag geschenkt habe. Du brauchst zunächst einmal nur das erste davon zu lesen, das zweite enthält lediglich Erläuterungen zum ersten. Du hast dann einen guten Kompass für Deine philosophischen Studien in der Hand, ja für Dein ganzes Leben. Wenn Du mit dieser Pflichtübung durch bist, dann solltest Du Dich Friedrich Nietzsche zuwenden, er bietet die freie Kür. Du wirst Dich in jedem Gedanken Nietzsches erkannt sehen, er wird Dir Deinen zukünftigen Weg *hell beleuchten*. Um ihn aber wirklich zu verstehen, das heißt: sich von seiner gewaltigen Kraft mitreißen zu lassen, um Nietzsche also richtig zu verstehen, solltest Du Dich zuerst an Schopenhauer wenden. Hier kannst Du die tiefste Weisheit lesen, für die das Abendland zweieinhalbtausend Jahre brauchte, um sie auszubrüten: Alles kommt auf den Willen an. Der Wille durchherrscht die Welt, er gliedert, er löst auf und fügt zusammen, der Wille ist das weltbildende Prinzip. Jannik, beobachte die Menschen daraufhin, Deine Freunde und Bekannte, schau Dir eine Polit-Talkshow im Fernsehen an, betrachte die Körpergesten, – alle Regungen sprechen davon, mit welcher Willensstärke ein Mensch ausgestattet ist.

Die *starkwilligen* Menschen *gestalten* die Welt, die schwachwilligen erleiden sie. Leider habe ich dieses Lebensgesetz, nach dem alle Menschen antreten, für mich erst spät erkannt. Deshalb muss ich mich ihm nun strenger unterwerfen, um Versäumtes nachzuholen. Das, was wirklich zählt im Leben, was Dir die Türe öffnet, weil Du es erzwingst, – das ist *Persönlichkeit*. In der Persönlichkeit konzentriert sich der Wille über alle Maßen. Und schließt dann die Türen auf. Und jede Persönlichkeit steht auf vier hauptsächlichen Säulen: *rhetorisches Talent*, eine gewisse *Intellektualität*, sodann der *Mut, sich zu exponieren* und zuletzt, alles umfassend, *Willensstärke*.

Du, lieber Jannik, hast an Deinem Willen und an Deinem Mut noch zu arbeiten. Du bist noch gar nicht richtig erwacht. *Du lebst noch unterhalb Deiner Möglichkeiten.* Du hast den Löwen in Dir noch nicht geweckt. Es geht um den *existenziellen Ruck*, der alles für Dich verändern wird, wenn er Dich auf Deine *exzentrische* Bahn hinauswirft, ins Freie, ins Offene und Ungemessene. Ich möchte nicht, dass Du dabei stolperst. Vor allem falle nicht auf die bloße Gelehrsamkeit herein. Ein gelehrtes Leben ist ein amputiertes Leben. Gelehrsamkeit ist die Selbstbefriedigung der kleinen Geister. Wenn Du ihnen auf den Leim gehst, dann stirbt Dein Löwe in Dir. Eine noch größere Gefahr droht von der Gesellschaft selbst. Sie ist der übelste Verkleinerer des Willens. Sie erzeugt die *Herdenmenschen*, die sich jeden Morgen gesichtslos in die Vorortzüge und in die Autos zwängen, die *Lemminge des Kapitalismus.* Zu Hause richten sie sich gemütlich ein in ihrem Wohlstand. Biederkeit, – Jannik, nimm dieses Wort in den Mund, koste seine Philosophie der Behaglichkeit und speie es aus! Speie es weit von Dir, um Platz zu machen für das wahre Leben!

Ein weiterer Verkleinerer des Willens ist der *Glaube an die Hinterwelten*, wie Nietzsche die Metaphysik nennt, der Glaube an die Existenz von höheren Werten, religiösen Göttern, sozialen Ideen. *Nein, höhere Werte gibt es nicht,* sondern nur Dich mit Deinen Möglichkeiten, und Du selber mit Deinem Willen bist ein Spielzug eines umfassenderen Weltwillens, der Dich wie einen Kork abgesetzt hat an einem bestimmten Ort zu einer bestimmten Zeit, der Dir zugeflüstert hat, Dein Maximum zu suchen, auch wenn er Dich wieder überschwemmen wird mit seiner Flut des Kommens und Gehens. Amor fati.

Jannik, ich möchte bei Dir sein bei Deinem Aufbruch. Nimm mich bitte mit, ein wenig jedenfalls. Und dann brechen wir beide nach Deinem Abitur gemeinsam auf nach Asien, nach Indien oder Nepal oder nach Südosten. Drei lange Monate lang, ich lade Dich dazu sein.

In Liebe, Deine Tante Clarisse

Asiatischer Salon oder die östliche Philosophie des Selbst

Seema öffnete ihm die Tür mit einem strahlenden Gesicht, das nichts zurückhielt. Jannik folgte ihr in ihr Zimmer am Ende des Flures. Größere Vorbereitungen schienen im Gange zu sein, jedenfalls hörte er Geklapper in der Küche und aus dem Wohnzimmer drang das Geräusch rückender Stühle. Wortlos ergriff Seema seine Hand und zog ihn vorbei an allen Stationen familiärer Betriebsamkeit. Jannik dankte es ihr still, auf dem Wege zu ihr war ihm etwas flau geworden, als er sich ausmalte, ihren Eltern vorgestellt werden zu müssen. Und als er vor dem großen Haus stand, einer freistehenden Villa aus den vierziger Jahren des letzten Jahrhunderts, da schaute er mit ein wenig Beklemmung umher. Seema wohnte auf sehr viel größerem Fuß als er selbst, in Halbhöhenlage mit einem weiten Panoramablick über die Stadt, von der Treppe hinauf zum Haus zweigte rechter Hand ein Gartenweg ab, der über die Hausterrasse hinweg in den hinteren Teil des dicht bewachsenen Grundstücks führte. »Es kommen heute noch Gäste«, flüsterte sie ihm zu, als sie die Zimmertür schloss.

Jannik blickte sie irritiert an. Er fühlte sich überrumpelt, am liebsten wäre er auf und davon. Für eine familiäre Feierlichkeit war er nicht gekleidet mit seiner alten Jeans. Seema hatte noch immer seine Hand gefasst, sie blickte ihm fest in die Augen und ergriff seine zweite Hand. »Meine Eltern haben ein paar Kollegen und Bekannte zum Essen eingeladen, und daraus entspinnt sich immer ein interessantes Gespräch, du wirst sehen. Ich wollte diesmal nicht alleine sein«, setzte sie hinzu.

»Und da hast du mich einfach …«

»… dazu eingeladen, ja richtig. Die bist der Einzige, der mir so spontan einfiel«, sagte Seema spitz. Sprachlos schwankte Jannik unentschlossen zwischen Enttäuschung, Ärger und Neugier.

»Na toll finde ich das.«

»Ach komm, du wirst begeistert sein. Sie haben immer ein bestimmtes Thema, weißt du? Und heute geht es um das Ich und das Selbst. Passt doch! Aus indischer Perspektive«, setzte sie mit Nachdruck hinzu.

»Ich dachte, du wolltest mir etwas vorspielen auf der Sitar und dann würden wir beide …«

»Mach ich doch auch, Jannik«, beschwichtigte sie ihn sanft und legte ihm dabei einen Finger über die Lippen. Die Berührung entzündete ihm einen heißen Strom von Qualia, der sich ihm in Brust und Kopf ergoss. »Aber der zweite Teil des Abends, der läuft ein wenig anders. Habe ich auch erst heute erfahren, und ich wusste nicht, wie ich es dir sagen sollte, verstehst du? Ach komm, Jannik, sei keine Spaßbremse, es wird bestimmt gut. Also …«

Sie winkte Jannik auf ihren Schreibtischstuhl und hockte sich selbst im Schneidersitz auf ihr Bett, wo schon die glitzernde Sitar lag. Sie legte das prachtvolle, silbern beschlagene Instrument über ihren Oberschenkel und griff in die Saiten. Seltsam klar, hell und sphärisch kamen die Klänge herüber zu Jannik, zunächst schien Seema nach einer Melodie und einem Rhythmus zu suchen, nichts ging da zusammen, es war wie ein mehrfaches Anheben, so als wäre der Versuch missglückt, einen musikalischen Weg zu finden. Eine Aneinanderreihung von metallisch-sirrenden Tönen, dann ein Abbruch, wieder ein Neubeginn, doch kein lautes Missfallen über ihr eigenes Können entfuhr ihr. Mit stoischer Ruhe versuchte sie eine neue Sequenz, und endlich!, schien sich eine Folge zu finden und zu wiederholen, es kam ein Fluss in ihr Spiel. Ihre Finger glitten nun schneller über den Steg, die andere Hand ließ die Saiten springen, und auch Seemas Oberkörper wippte leicht im Rhythmus der Musik. Dann und wann löste sie ihre Augen vom Steg des Instruments und warf ihm einen Blick zu, mal verschmitzt, mal auffordernd, aber vielleicht bildete sich Jannik das auch nur ein, und Seema kommentierte ihm nichts anderes als ihr eigenes Spiel und es hatte gar nichts zu bedeuten. Jannik war in musikalischen Dingen nicht sehr bewandert, er hörte den üblichen Pop, und in der Regel stand er abseits, wenn seine Klassenkameraden ihre Musik tauschten. Das nun war ungewohnt und fremd für ihn, eine Melodie konnte er kaum ausmachen, die Töne tanzten in Halbtonschritten, alles klang ihm ein wenig leirig, aber eine große Virtuosität lag darin, die Jannik in Bann zog. Immer schneller bewegte sie ihre Finger über den Steg, das Zimmer füllte sich mit drängenden Klängen. Er bewunderte sie nun zunehmend für ihr Spiel, und wieder einmal kam er sich selber klein und banal vor. Auf sich selbst zurückgeworfen, zuckte er unwillkürlich die Schultern zusammen beim Ausblick auf den weiteren Abend. Dann wiederum konnte er sich frei machen von sich, er überließ sich den Sitarklängen und beobachtete dabei ihr Mienenspiel. Im Kaskadensturz der Töne schimmerten ihre großen dunklen Augen noch aufregender als beim ruhigen Gegenüber im Gespräch, bisweilen zuckte es um ihre Nasenwurzel über den vollen Lippen. Und besonders aufregend fand Jannik die Momente, wenn sie ihre halblangen, schwarzen Haare mit einer ruckartigen Bewegung aus dem Gesicht warf und ihr tiefer Haaransatz in der hohen Stirn sichtbar wurde.

»Ohne Musik wäre das Leben ein Irrtum, hat Nietzsche einmal gesagt«, warf Seema ein und brach urplötzlich ihr Spiel ab.

»Nietzsche …«, murmelte Jannik halblaut.

»Hat er nicht Recht? Was meinst du?«

»Was hast du da gespielt?«

Seema richtete sich kerzengerade auf. »Eine Raga. Sie hat einen bestimmten Aufbau, aber das ist alles, woran man sich halten muss. Der Rest ist Improvisation. Es ist Musik, die ihren Daseinsort im Augenblick hat. Für dich gespielt, Jannik, für unseren Moment jetzt«, setzte sie nachdrücklich hinzu. Er spürte, wie ihm die Röte ins Gesicht stieg.

»Komm, wir gehen hinüber, ich stelle dich meinen Eltern vor.« Seema legte die silberne Sitar neben sich auf das Bett.

»Schade, ich hätte dir noch viel länger zuhören mögen.« Jannik stotterte ein wenig. »Kannst du … kannst du mir bitte sagen, was hier jetzt abgeht?«

Seema lachte hell auf. »Der zweite Akt. Bitte Jannik, tu mir den Gefallen. Es sind wirklich nette Gäste heute Abend, ich brauche dich.«

»Weshalb?«

»So halt, bitte glaube mir. Sei mit mir. Jetzt komm, es ist alles viel leichter, als es für dich aussehen mag.«

Eine halbe Stunde später waren die Gäste eingetroffen und man saß im Wohnzimmer bei Nüssen und Aperitif. Jannik hatte schüchtern zu einer Cola mit Rum eingewilligt und saß neben Seema, die auf einem Wasser beharrt hatte. Abhijit Sharma, ein Arbeitskollege ihres Vaters, hatte neben dem Vater Platz genommen, er war, aus Nordindien stammend, sehr viel hellhäutiger als der Vater Yogesh Lamba, der aus dem Süden des Subkontinents kam. Beide hatten sich herzlich und unter Aufbietung großer Kulturgesten begrüßt, der edle ergraute Kashmiri-Brahmane mit der hohen Stirn und den stechenden Augen und der Vater mit seinem runden Gesicht und dem kleinen Wohlstandsbauch. Geert Myerbeer, ebenfalls am Institut der Universität im selben Fachbereich wie Seemas Mutter tätig, ein hochgewachsener Holländer in den Fünfzigern, saß am Ende des Tisches neben Kerstin Blumenthal, einer schlanken, androgynen Erscheinung Mitte zwanzig, eine Doktorandin, die ihre Unsicherheit nicht verbergen konnte. Die Einladung zu diesem Abend ging offenkundig von der Mutter aus, sie hatte beim Eintreffen der Gäste die Fäden in der Hand und sorgte für das kommunikative Aufwärmen. Sie war schon in ihren frühen Fünfzigern und von hagerer Gestalt und bestimmenden Gesichtszügen, ihre großporige Haut und ihr leicht fleckiges Gesicht verrieten einen exzessiven Lebenswandel in früheren Jahren, die rauchige Stimme hatte der Tabakgenuss tiefer getönt. Jannik war sofort eingenommen von ihr, sie war eine Person, die man selbst in einer Menge sogleich bemerkt. Trotz ihres bestimmenden Wesens strahlte sie eine Wärme aus, der sich Jannik gerne anvertraute, wohltuend empfand er ihre eindeutigen Gesten. Mit einem Halbgedanken blinzelte er dabei zu seiner eigenen Mutter hinüber, die sich mit ihrem Leben ständig überfordert fühlte. Vage begriff er, wie das, was ihn an Seema beeindruckte, seinen Ursprung bei ihrer Mutter nahm und auf sie übergegangen war. Schimpansengeschichten, dachte er. Der Vater? Er konnte ihn bei Weitem nicht so deutlich lesen wie die Mutter, an seiner südländischen Erscheinung griffen Janniks Deutungsversuche vorbei ins Vage. Seine braunen Augen, umbuscht von kräftigen Brauen, sprangen unent-

wegt von hier nach dort, und auch sein bewegtes Minenspiel
verriet den Schalk in ihm. Dazu wollte aber seine Stimme
nicht so recht passen, die harsch aus kehlig-gutturaler Tiefe
hervorbrach. Phonetisch war er in einer anderen Klangwelt
zu Hause, denn er betonte die Wörter in anderen Silben
und flocht die Sätze in singender Weise aneinander. Nein,
unsympathisch war er nicht, aber fremd kam er Jannik vor,
er fand keinen spontanen Zugang zu ihm, und von Seema
konnte er nichts an ihm ausmachen.

»Ich möchte Ihnen für die Einladung danken, die meiner
Doktorandin die Gelegenheit bietet, in einen Gedankenaus-
tausch über ihr Dissertationsthema zu gelangen«, wandte sich
Myerbeer an die Gastgeber und hob theatralisch sein Glas.
Mit seinem holländischen Akzent färbte er das Deutsche
familiär ein.

»Es ist an uns, zu danken«, sang Seemas Vater. Jannik war
überrascht, er hätte nicht erwartet, dass Herr Lamba die Rolle des Gastgebers an sich ziehen würde. Offenkundig hatte
auch er, wie Myerbeer, eine Schwäche für das Theatralische,
denn nachdrücklich wiederholte er den Dank: »Es ist an uns
zu danken, denn Ihr Besuch bereichert uns, wir freuen uns
sehr, von Ihnen über indische Philosophie zu hören, und ich,
ungebildet in solchen Dingen, bin auch sehr gespannt, wie das
aus europäischer Sicht klingt. Übrigens«, und damit wandte
er sich Seema und Jannik zu, »haben wir heute zwei Philoso-
phiebegeisterte unter den Zuhörern …«

»Papa, jetzt fahr mal wieder runter«, fiel ihm Seema ins
Wort. »Du machst das wieder einmal viel zu steif und salbungs-
voll. Als Pastor«, sie lachte hell auf, »hättest du dich besser
austoben können wie als Informatiker. Wir, also Jannik und
ich, rätseln gerade über Bewusstsein und Geist, nee, das klingt
zu spirituell, eher über Bewusstsein und Ich …«

»… also Selbstbewusstsein«, unterbrach Myerbeer mit belehrender Geste. »Das Ich wird in der Philosophiegeschichte unter dem Titel Selbstbewusstsein zum Thema gemacht. Ist leider ein wenig einseitig, oder was meinen Sie, Frau Blumenthal?«

Die Studentin zuckte merklich zusammen. Er führt sie vor mit seiner oberlehrerhaften Art, dachte Jannik, Myerbeer war ihm auf der Stelle unsympathisch. Er warf Seema einen schnellen Blick zu, einvernehmlich senkte sie die Augenlider.

»Nun, das ist, glaube ich, westlich gedacht«, antwortete Kerstin Blumenthal nach einer kurzen Denkpause. »Wir identifizieren das Ich mit einem besonderen Bewusstseinsakt, von dem wir meinen, nur wir Menschen seien dazu in der Lage. Dabei ließe sich hier schon zweifeln. Denn höhere Primaten verfügen auch über ein Bewusstsein ihrer selbst. Aber diese menschliche Voreingenommenheit für ein Ich-Bewusstsein meinen Sie wohl nicht, Herr Myerbeer, sie wollen wohl auf den Unterschied zur östlichen Sicht hinaus?«

»Ja, ich denke das wäre spannender, oder?«

Die Studentin nickte zustimmend. »So wie es sich mir darlegt«, begann sie etwas zögerlich, »ziehen sowohl die buddhistische wie auch die hinduistische Philosophie die Kreise über den Bewusstseinsraum hinaus, wenn es darum geht, das Ich zu identifizieren. Beides sind recht umfangreiche Themen, wovon wollen Sie hören?«

Kerstin Blumenthal hatte sich gefangen und wirkte jetzt doch recht souverän, so dass Jannik glaubte, sich keine Sorgen mehr um sie machen zu müssen. Er hatte ein feines Gespür für Machtverhältnisse, die sich auch in den körperlichen Proportionen des wuchtigen Myerbeer und der grazilen Blumenthal widerspiegelten: Er ein jovialer Mann, der selbstgefällig auf Professorenschaft und später maskuliner Stärke thronte, sie hingegen hatte die Natur nur spärlich mit femininen Formen beschenkt, unter ihrer wachsbleichen Haut zeichnete sich das Aderwerk eines anämischen Typus ab.

»Lassen wir doch die Jugend entscheiden«, schaltete sich Seemas Mutter ein. »Seema und Jannik haben beide den Philosophiekurs belegt, und beide sind davon, nun ja, angetan. Also: Hinduismus oder Buddhismus?«

Seema blickte Jannik an und legte ihren Kopf schräg. Jannik verstand: Er hatte die Wahl. Freimütig bekannte er: »Ich bin da überfordert. Jedenfalls, wenn es um die Philosophie geht. Ach nee, auch sonst. Wenn ich trotzdem etwas zu entscheiden hätte, dann wollte ich etwas über den Buddhismus hören. Einfach, weil er so populär ist und weil mir der Dalai Lama so gut gefällt, er ist so locker und lacht so oft.«

»Also gut«, schmunzelte Kerstin Blumenthal und setzte zu einem frisch improvisierten Vortrag an. »Zunächst möchte ich Sie mit der Botschaft überraschen, dass es laut buddhistischer Auffassung gar kein Ich gibt.« Die Studentin blickte in die Runde und fixierte dann Seema und Jannik.

»Für Sie klingt das wahrscheinlich unglaublich. *Ich* denke, *ich* fühle, – das werden doch auch Buddhisten von sich sagen, und wenn das so ist, dann müssen sie doch auch ein Verständnis vom Ich haben. Nun, die buddhistische Philosophie aller relevanten Schulen lehrt, dass es nur ein momentanes Hungergefühl gibt, aber keine Person, die hungert. Und ebenso ist es mit der Trauer, dem Zorn, dem … dem Wollen: Es gibt ein gegenwärtiges Wollen, aber kein Ich, das der Autor dieses Willens wäre. Schwer zu verdauen, nicht wahr? Und weiter, schaue ich mir meinen Körper an, dann muss ich aus buddhistischer Sicht sagen: Da ist Körperliches, Haut etwa, oder Knochen, Gelenk, Blut und Lymphe, nicht aber: Das ist mein Körper, meine Haut und so weiter. Die buddhistische Philosophie löst das Körperliche und das Mentale in die jeweils empirischen Zustände auf. Wir existieren als diese Zustände, und dahinter gibt es nichts …«

»Aber das ist doch absurd«, warf Abhijit Sharma ein. Mit dem aufgehellten ›u‹ wog sein Urteil ein wenig leichter. »Wenn ich mir in den Finger schneide, spätestens dann weiß ich, dass es *mein* Körper ist!«

Sharma hatte die Lacher auf seiner Seite. Doch Frau Blumenthal hob nur den Finger: »Dann wissen Sie zunächst einmal nur, dass nun ein Schmerz existiert.«

»Aber doch nur, weil ich mir in *meinen* Finger geschnitten haben nicht in *Ihren*!«, entgegnete Seemas Vater trocken. Seema wandte sich Jannik zu und flüsterte: »Das ist die Sache mit den Qualia …« Verschwiegen grinste Jannik sie an. Er war nun gelockerter und fand seine Situation recht angenehm: zuzuhören, den Beiträgen zu folgen und sie still für sich auf ihre Qualität hin zu schmecken wie ein Gourmet. Herr Lambas Argument hatte übrigens Zustimmung gewonnen, auch wenn es, wie Jannik fand, bei Lichte besehen nicht frei war von Zirkularität. Ich lasse mich einfach treiben in aufmerksamer Passivität, dachte er, ja, das macht Spaß und ich bin gespannt auf die Antwort jetzt.

»Tja, was sage ich nun? Sie haben mich in die Enge getrieben, das gebe ich zu. Ihre Argumente waren dabei, so würden wahrscheinlich Buddhisten reden, ihre Argumente waren dabei *konventionell*. Das soll bedeuten, wir interpretieren unser In-der-Welt-Sein nach dem grundlegenden Muster ›Ich hier‹ und ›die Welt dort‹, ›der andere dort‹. Dieses Muster ist uns so sehr in Fleisch und Blut übergegangen, dass wir es nicht mehr als ein Muster, als ein Interpretament erkennen, sondern dass wir es als vollgültige und nicht mehr hinterfragbare Wirklichkeit betrachten. Die buddhistische Philosophie aber will genau das:

diese Interpretation durchleuchten und hinterfragen. Wie sie das tut, und was sie dort findet, das kann ich Ihnen darstellen. Ich zweifle allerdings daran, dass Sie davon überzeugt werden, denn unsere konventionelle Sicht von ›Ich hier‹ und ›die Welt dort‹ hat so viel intuitive Evidenz auf ihrer Seite, als dass sie wirklich nachhaltig zu erschüttern wäre. Herr Lamba, damit kein Missverständnis aufkommt: Auf dieser intuitiven Ebene stimme ich Ihnen vollständig zu. Ja, *ich habe* Schmerzen, weil ich mir in *meinen* Finger geschnitten habe und nicht in Ihren. Das ist intuitiv richtig, aber wenn ich Ihnen die buddhistische Position jetzt etwas detaillierter vorstellen darf, dann gewinnen Sie vielleicht ein wenig Sympathie für sie, dann sind Sie vielleicht geneigt, die intuitive Position etwas kritischer zu sehen.

Okay, ich sagte, für die Buddhisten gebe es kein Ich. Das ist nur halb richtig. Das Nicht-Ich, *anatman* oder *anatta* genannt, das eine ist ein Sanskrit-Ausdruck und das andere ein Pali-Wort, der ursprünglichen Sprache, in der die Reden des Buddha gesammelt wurden, indem sie auf Bananenblättern verschriftlicht worden waren, – das *anatman* bedeutet wörtlich das Nicht-Selbst, und darin spricht sich die Einsicht über das Ich in philosophischer Tiefe aus. Buddhisten fragen nämlich nicht: *Was* ist das Ich? sondern: *Wie* existiert das Ich? Und sie antworten: Das Ich existiert nicht als *atman*, nicht als ein substanzielles Selbst. Auf der Ebene des Alltagsbewusstseins allerdings deuten wir unser Ich als substanzielles Selbst, und in diesem Sinne ›gibt‹ es natürlich das Ich. Das ist das konventionelle Bewusstsein oder die intuitive Position, wie ich sie genannt habe. Aber für die Buddhisten ist das Alltagsbewusstsein eben auch das falsche, das irrige Bewusstsein.«

»Ganz schön elitär«, unterbrach Seema.

»Hm, Sie bringen mich jetzt aus dem Trott, wenn ich darauf antworten soll. Verstehen Sie mich bitte nicht falsch, Ihre

Bemerkung ist gut und vor allem aufschlussreich, denn sie führt zum Ansehen des Lehrerstandes, das im Osten wie im Westen ganz unterschiedlich ist. Kurz gesagt, in Indien wird der Lehrer hoch geschätzt und keiner käme dort auf die Idee, ihn und seine Lehren als elitär zu empfinden, wenn sie nicht mit der Wahrnehmung der breiten Masse übereinstimmen. Das Elitäre hat dort eher einen positiven Klang.«

Abhijit Sharma und Seemas Vater pflichteten dem bei, und schon wollte Sharma mit einer eigenen Geschichte dazu beitragen, als die junge Studentin ihm bedeutete, dass sie ihre Hauptlinie weiterverfolgen wolle, damit hier nichts versickere, wie sie sich ausdrückte. Sie hielt nun die Zügel in der Hand, ihre fragile Erscheinung stand so ganz und gar im Gegensatz dazu.

»Also, die richtige und die falsche Auffassung vom Ich, von dem Wesen der Person oder des Selbst, wenn Sie so wollen. Generell verhaften wir in falschen Auffassungen, das betrifft nicht nur das Ich, sondern alle unsere landläufigen Einstellungen über die Natur der Dinge. Dabei liegt ein Kardinalfehler zugrunde, den wir stets wiederholen. Wir unterstellen nämlich, dass die Phänomene, die wir wahrnehmen, einen Wesenskern haben. Also, wir nehmen einen Schmerz wahr, und dann unterlegen wir die Schmerzwahrnehmung mit der Annahme, ein Ich stehe dahinter, ein *atman*, das seine Identität über die empirischen Zustände hinweg behauptet. Dasselbe Verfahren bringen wir überdies auch in unserer Grundauffassung über die Natur der Dinge in Anwendung. Auch hier unterstellen wir unseren Wahrnehmungen – nehmen wir einen Baum als Beispiel oder einen Stein –, dass den Phänomenen ein substanzielles Sein zugrunde liegt. Buddhisten sind dagegen der Auffassung, dass alles im Fluss ist, etwa so, wie wir es aus der abendländischen Tradition vom Philosophen Heraklit her kennen, der bekanntlich sagte, man steige niemals zweimal in denselben Fluss ...«

»Darf ich etwas einwerfen, Frau Blumenthal?«, fragte Abhijit Sharma. »In den Upanishaden wird gelehrt, dass das Ich ein unsichtbarer Kern sei, unendlich klein und dann doch wieder so umfassend groß wie das Universum. *Atman*, die persönliche Seele, ist identisch mit *Brahman*, der Weltseele. Das ... das hat mir Stärke gegeben in meinem Leben. Das hat mir Bedeutung gegeben. Das Brahman in mir hat mich herausgehoben über diese Welt.«

Er hielt kurz inne und fuhr dann fort: »Und ich erinnere mich noch gut daran, wie mir mein Vater das erklärte. Das ist bei uns immer noch eine echte Brahmanentradition: Der Vater erklärt dem Sohn die Upanishaden, den philosophischen Kern unserer heiligen Schriften, den Vedas. Der Vater ist bei uns der erste Lehrer. Und das Wort Upanishad meint gerade dies: sich neben den Lehrer setzen, upa-ni-shad. Mir haben die Upanishaden immer Kraft und Selbstvertrauen gegeben. Ich in meiner Person bin die weite, weltoffene Seele des Ganzen. Das gibt Stärke, es nimmt mir das Gefühl, in der Fremde zu sein. Geht es dir nicht genauso, Yogesh?«

»Ja natürlich, Abhi, Atman-Brahman macht mich heimisch in der Fremde. Du findest das Atman-Brahman sogar auch hier in Deutschland wieder, nämlich in der romantischen Literatur! Dass das Absolute in mir und ich im Absoluten bin, das ist nicht nur eine indische Sehnsucht, sondern sie ist universal! ›Nach innen geht der geheimnisvolle Weg‹, sagt Novalis, ›ist das Weltall nicht in uns? In uns, oder nirgends ist die Ewigkeit mit ihren Welten.‹ Oder Friedrich Schlegel: ›Frei ist der Mensch, wenn er Gott hervorbringt.‹ Und dieser Schlegel, Abhi, der hat sogar ein Buch geschrieben mit dem Titel ›Über die Sprache und Weisheit der Indier‹, ja, bei ihm heißen wir Indier, putzig, nicht wahr? ›Im Orient müssen wir das höchste Romantische suchen‹, sagt er völlig richtig, wir sind die wahrhaft romantische Nation. Nur sie konnte einen Mahatma Gandhi hervorbringen. Das Romantische verbindet die Menschen in ihrem Wesenskern, es ist letzthin unerheblich, ob die Haut braun ist oder weiß, die Politik macht daraus einen Sklaven und einen Herren, doch das sind künstliche Unterschiede, die Gemeinsamkeiten liegen unter der Oberfläche.«

Seemas Vater war ins Deklamieren geraten und fuchtelte aufgeregt mit seinen Armen durch die Luft. Auf seine Begeisterung konnte sich Jannik zwar keinen rechten Spruch machen, aber sie strahlte ihm Wärme aus. Herr Lamba schwadronierte über den indischen kosmopolitischen Geist, über das Hindutum als der Mutter aller Religionen und Literaturen und über die Freiheit, die nur im Transzendieren des Selbst zu gewinnen sei, und immer wieder fiel dabei die Doppelformel vom Atman und Brahman. Für Jannik waren das alles böhmische Dörfer. Folgen, und zwar mit großer Sympathie folgen konnte er Seemas Vater in dessen Aufruf zur Toleranz, aber mit dem Romantischen in Herrn Lambas Welt konnte er nichts anfangen. Er wusste schlichtweg nicht, was da Sache war.

Seemas Mutter musste Jannik genauer beobachtet haben während des kulturpropagandistischen Laufs ihres Mannes, vielleicht hatte sie ihm sogar ein wenig in seine Seele geschaut, die sich so lebhaft über sich selbst wunderte, dass Janniks Minenspiel davon beredt sprach, – jedenfalls unterbrach sie ihren Mann: »Yogesh, ich glaube, die jungen Leute haben da heute ganz andere Begeisterungen.« Sie wandte sich der Studentin zu. Kerstin Blumenthal war dem Ausbruch von Herrn Lamba mit einer Mischung von Staunen und Fassungslosigkeit gefolgt, noch jetzt stand ihr der Mund ja immer noch offen, bildlich gesprochen und geistig gesagt.

»Das war super von Ihnen beiden«, fing sie sich. Sie nickte mit einem offenen Lächeln, das ihr ein wenig Farbe hineinzeichnete in ihr anämisches Gesicht. »Und weil es so super war, bin ich auch gar nicht so traurig, dass ich selber nicht so richtig zum Zuge komme.« Sie lächelte verlegen. »Aber Ihr Exkurs zur Alleinheitslehre der Upanishaden gibt mir einen idealen Anknüpfungspunkt in die Hände. Schließlich haben Sie die religionsgeschichtliche Hintergrundmusik eingespielt, die zum Verständnis der buddhistischen Philosophie tatsächlich essenziell ist. Der Buddhismus erwuchs ja aus dem vedischen Gestein des Brahmanismus, wie man den Hinduismus in jenen frühen Tagen bezeichnet. Aus der Religion der Hindus, aus der vedischen Religion stemmte sich der Buddhismus als eine radikale Innovation und Revolution empor, vor etwa zweieinhalbtausend Jahren. Die Alleinheitslehre der Upanishaden ist der Kern des Hindutums, der Buddha setzte dort an. In buddhistischer Überzeugung ist die Alleinheitslehre nichts als ein Stück alter Metaphysik, ein Hinterweltenglaube. Können Sie mir folgen, oder soll ich das noch deutlicher sagen?«

Stumm ernickte Jannik seine Bitte um Aufklärung. Das Wort ›Metaphysik‹ war ihm schon öfters über den Weg gelaufen, er kannte seine Bedeutung, doch es gehörte nicht zu seinem Vokabular. Es roch ihm stets ein wenig antiseptisch nach Apotheke, und er assoziierte zudem ein metallisches Gestell. Er wusste einfach nicht so recht, woran er war mit dem Wort.

»Also gut. Es hängt am Ausdruck Metaphysik, denke ich. Der Metaphysiker meint, die wahren Gestalten des Seins, des menschlichen Seins wie auch des Seins der Natur, liegen nicht vor den Füßen, sondern im Meta-Physischen. Da liegt übrigens auch die Geburtsstunde der Religion, aber auch der großen Mythen der Menschheit wie auch der Philosophien. Immer war es ein suchender Blick über die Oberflächenphänomene

hinaus, den die Menschen gewagt hatten und der sie zu ver-
meintlich ›höheren‹ Wahrheiten geführt hatte. Es scheint, als
wäre der Mensch das *animal metaphysicum*, das Metaphysik
suchende Tier. Ist das nachzuvollziehen?«

Jannik nickte lebhaft, jetzt hatte er eine Spur, endlich.

»Nun zieht sich durch den Gang der Menschheitsgeschich-
te aber auch eine andere Linie. Die Menschen haben nicht
nur Metaphysik erfunden, sondern sie haben sie auch immer
wieder kritisiert, abgeschichtet und zerstört. Sehen Sie, Platon
war der große Metaphysiker mit seiner Ideenlehre, Aristoteles,
der auf ihn folgte, wandte seinen Blick von den Ideen ab und
den empirischen Phänomenen zu. Später war Kant der große
Zertrümmerer der Metaphysik, dann Nietzsche, Freud und andere. Die Metaphysikkritik holt die Wahrheiten vom Himmel
herab und pflanzt sie mitten in die menschliche Wirklichkeit.
Und so etwas geschah auch in Indien. Dem Buddha erschien
die Alleinheitslehre der Upanishaden als Metaphysik. Wie
immer man den Buddhismus charakterisieren möchte, ob
man ihn als Religion, als Philosophie oder als Psychologie
verstehen mag, in allem ist er in erster Linie dies: Metaphysikkritik. Die buddhistischen Autoren kritisieren die Annahme,
es gebe etwas Wesenhaftes, etwas Substanzielles hinter den
Phänomenen. Nein, die Annahme eines Atman wie auch eines
Brahman sei nichts als ein frommer Wunsch, den wir überdies
getrost vergessen können, denn es komme auf anderes an. Von
oberster Relevanz seien nicht die philosophischen Antworten
auf metaphysische Fragen wie der, ob die Welt einen Anfang
habe, ob es ein unsterbliches Selbst gebe oder was die Natur des
Absoluten sei. Viel wichtiger sei es, dass die Menschen sich aus
ihrem leidvollen Dasein befreien und den Weg zu Zufrieden-
heit, Glück und selbstbestimmtem Leben finden, in Freiheit
und gegenseitigem Respekt. Der Buddha hat das einmal in

einem berühmten Gleichnis so ausgedrückt: Angenommen, jemand finde einen Menschen am Boden liegend von einem Pfeil getroffen und möchte helfen. Doch der Verletzte will zunächst von dem Helfer wissen, wer den Pfeil abgeschossen hat, mit welchem Bogen und mit welcher Absicht, aus welchem Holze der Pfeil gefertigt wäre und wie der Pfeil dann geflogen sei, in welcher Geschwindigkeit und mit welchem Abschlusswinkel. Würde man ihm alle diese Fragen beantworten, dann stürbe der Verletzte über all jenen Antworten. Ebenso warnte der Buddha vor der Sucht philosophischer Analysen. Und so wie es zunächst einmal nur auf die Rettung des Getroffenen ankommt, so liegt es auch mit dem Thema Ich, Selbst und Person: Wie gelange ich zur Freude, wie vermeide ich Wut, darum kreist meine Selbstbestimmung und nicht um ein obskures Rätsel namens Ich. Wir dagegen phantasieren uns ein kernhaftes Selbst dazu, weil wir darauf programmiert sind, an der Welt und an uns selbst anzuhaften …«

»Woher kommt denn diese Programmierung?«, unterbrach Seema.

»Ich wüsste keine Antwort, die sich in den Schriften selbst findet. Ich persönlich glaube, die Antwort müsste lauten: Letztlich fordert die Gesellschaft eine solche Programmierung. Denn das Anhaften an der Welt und am Ich begründet alle Formen von Macht, Macht über die Natur, über den anderen wie auch über sich selbst. Vielleicht ist die Programmierung sogar ein Diktat der Natur, möglicherweise kann der Mensch nur überleben, wenn er sich gegen die Natur zur Wehr setzt und sie beherrschen lernt.«

»Also, damit bin ich überhaupt nicht einverstanden«, protestierte Jannik. »Denn die gesamte grüne Bewegung zeigt doch, dass der Mensch es anders möchte! Die Natur immer nur beherrschen zu wollen, das ist doch ein permanenter Kriegszustand. Wir sind aber doch ein Teil der Natur. Es muss doch einen Frieden geben können mit der Natur!«

»Schön, dass du das so gesagt hast, Jannik, darf ich dich so anreden?«, fragte die Studentin. »Das ist eben der Hintergrund der buddhistischen *Anatman*-Lehre vom Ich. Es ist der Gedanke, die Vision, die Hoffnung vom Frieden. Das meint, vom Leid befreit zu sein. Das anhaftende Ich ermöglicht keinen Frieden.«

Kerstin Blumenthal unterbrach sich und warf einen Blick auf die beiden Inder. Ungeduldig wedelte Abijit Sharma mit seiner linken Handfläche, wohl um die Studentin zur Fortsetzung zu drängen. Einen Moment zögerte sie, dann setzte sie sich über Sharmas Machismus hinweg.

»Tja«, setzte sie an, »vorhin sagte ich mal, die buddhistische Philosophie frage danach, *wie* das Ich existiert. Nicht als kernhaftes, substanzielles Selbst, war eine negative Antwort. Und die positive lautet: Das Ich existiere als die so genannten fünf Aneignungsgruppen, die so genannten *Skandhas*. Dazu gehören die Körperlichkeit, die Empfindungen, die Willensgestaltungen, das Bewusstsein und das Erkennen. Alle fünf Gruppen des Ergreifens verbinden die Person mit der Welt. Laut buddhistischer Überzeugung handelt es sich dabei aber nicht lediglich um eine bloße Verbindung, sondern um eine, so könnte man sagen, imperiale Weltnahme. Das Ich greift sich Welt, es übt Herrschaft aus. Das hat eine politische Schicht, wenn Sie so wollen, Herr Sharma, eben was Sie vorhin mit der schlechten Welt meinten. Nicht die Welt ist schlecht, sondern sie ist schlecht geworden durch den Auftritt des herrschaftlichen Willens des Menschen. Durstig steht unsere Spezies vor der Welt, und dieser unser Weltdurst, *tanha* genannt, oder die Gier, das verleitet uns zur Aneignung und Eroberung von Welt, – und eben auch zur sozialen Herrschaft über andere

Personen. Zur eigentlichen Herrschaftsgeste kommt es nicht allein schon durch die fünf Aneignungsgruppen, die ich gerne als die empirische Person oder das empirische Ich bezeichne, sondern durch die metaphysische Annahme eines kernhaften Selbst. Denn dieses Selbst verstetigt das Anhaften. Deshalb opponieren die buddhistischen Schriften immer wieder heftig gegen ein solches kernhaftes Selbst, das gleichsam hinter der empirischen Oberfläche des Ich – Gier, Wut, Freude, Wille und so weiter – seine imperialen Strippen ziehe. Ja, der Glaube an ein kernhaftes Selbst wird als der fundamentale Irrtum angesehen, die die Gier allererst in die Welt bringt. Würde es uns gelingen, unseren Glauben an das kernhafte Selbst nachhaltig zu erschüttern, dann könnten wir uns in unserer personalen Identität neu justieren, dann könnten wir unsere Verhältnisse grundlegend anders gestalten, – vernünftiger, das Wort war vorhin gefallen. Allerdings springt die Vernunft hier in einen ganz anderen Kulturkreis hinein, ich überblicke nicht ganz, wie man das denken müsste … Aber das ist wohl mehr Ihr Gebiet, Frau Lamba, Sie arbeiten da doch an einem Projekt, nicht wahr?«

»Also wenn wir dieses Fass jetzt auch noch aufmachen, dann kommen wir heute nicht mehr zum Essen.« Seemas Mutter schaute auf ihre Uhr. »Ich hätte da gerade noch 10 Minuten, dann ist der Tandoori fertig.«

»Sie haben einen echten Tandoori-Ofen?«, fragte Kerstin Blumenthal überrascht.

»Ja, Freunde Yogeshs haben da einen Laden in Frankfurt aufgetan. Ich muss mal schauen, ob Olissia klarkommt.«

Erst jetzt bemerkte Jannik, dass jemand in der Küche war. Seemas Mutter öffnete die Tür, ein junges blondes Gesicht tauchte im Hintergrund auf. Aber Olissia schien noch nicht fertig zu sein, jedenfalls kam die Mutter umgehend zurück.

»Mama, erzähl uns etwas von deinem Forschungsprojekt«, bat Seema, und erklärend wandte sie sich an Jannik: »Meine Mutter arbeitet an der Universität an einem Forschungsprojekt mit dem schrecklichen Namen ›Strukturen der Rationalität in Indien und Europa‹. Ich habe nie verstanden, worum es da wirklich geht. Mama, jetzt wäre eine gute Gelegenheit, ja wirklich!«

»Also, so auf die Schnelle … wir könnten ja das nächste Treffen damit verbringen, wenn es denn sein muss.«

»Und du könntest uns jetzt schon darauf einstimmen, Mama.«

»Mein Gott!« Die Mutter hob abwehrend die Hände. »Seema, dann müssten wir uns zunächst einmal über den Vernunftbegriff unterhalten, und das allein ist schon ein weites Feld. Auf jeden Fall hast du nicht nur deine Vernunft und ich meine und Jannik seine, wir alle haben Vernunft, der Begriff der Vernunft ist in der europäischen Ideengeschichte immer, und zwar seit den Griechen, überpersönlich gedacht. Die Vernunft ist transpersonal. Was Frau Blumenthal uns erzählte, läuft dagegen auf einen apersonalen Vernunftbegriff hinaus. Alles klar soweit?«

»Ich wundere mich immer wieder darüber, dass dir deine Studenten nicht schon längst weggelaufen sind«, stichelte Seema scherzhaft.

»Ich arbeite mit Kräften daran, Seema, aber es wachsen die Studenten schneller wieder nach und ersetzen die Vergraulten. So funktioniert die Universität!«

»Apersonal hat wohl etwas mit dem *anatman* zu tun, oder?«, warf Jannik ein, amüsiert über den Schlagabtausch.

»Richtig, Jannik. Die buddhistische Vorstellung vom Ich und vom Selbst lehrt einen Apersonalismus. Vernünftig sei es, die Konzepte von Ich, Selbst und Person zu überwinden. Und nun muss man fragen, was an ihre Stelle tritt. Die Buddhisten sagen: das große Mitgefühl, *mahakaruna* genannt, und die Achtsamkeit, *sati*. Beides sind viel mehr als nur Gefühle, es sind meditative Geisteshaltungen. Von dort müsste man, nein pardon«, korrigierte sie sich, »könnte man das buddhistische Vernunftkonzept entwickeln. Den Ausdruck Vernunft gibt es übrigens so nicht in den alten Schriften, es ist dort eher ein Wissen, das zur Erleuchtung führen kann. *Vidya* und *bodhi*. Und dabei geht der Weg über *samadi*, die Meditation. Buddhistischer Auffassung zufolge übt man sich nämlich vor allem in der Meditation in einer Geisteshaltung, in der man temporär die Erfahrung einer Erleuchtung macht. Darüber allerdings spricht man nicht, darüber schweigt man. Das Vernünftige ist im Osten über die Sprache hinaus, erleuchtete Momente ereignen sich jenseits der Sprache. Deshalb hat das Schweigen einen so hohen Wert im Buddhismus. Der westliche Vernunftbegriff ist dagegen ganz anders gebaut. Hier meint Vernunft das kritische Hinterfragen der Meinungen, das Bedenken der Quellen und der Grenzen unserer Erkenntnis, die sinnvolle Orientierung im Denken und Handeln. Und die Vernunft bleibt an die Ordnung der Sprache gebunden, die Vernunft ist innerweltlich und anschlussfähig an die Politik. Sie ist säkular und republikanisch, wenn es um Politik dabei geht. Und daran ist westliche Philosophie sehr schnell interessiert, die östliche eher weniger. In der westlichen Philosophie führt die Vernunft in die Welt hinein, in der buddhistischen Philosophie führt die Vernunft über die Welt hinaus, und hier, so denke ich, haben wir den besten Beleg dafür, dass der Buddhismus tatsächlich eine Religion ist. Aber nun geht es um etwas anderes, das Tandoori ist fertig!«

Jannik in wechselnder Stimmung

Der Sommer war noch einmal zurückgekehrt und brütete eine milde Hitze aus unter einer ausgedehnten Hochdruckbrücke von den britischen Inseln bis nach Osteuropa. Es reihte sich ein Tag an den anderen, so schön wie sein Vorgänger. Der Lauf der Sonne gen Herbst schien wie angehalten, unter der starkblauen Himmelsglocke bewegte sich kaum ein Blatt der stadtkranken Kastanienbäume im kleinen Stadtpark, der sich zwischen zwei Kanälen erstreckte. Junge Mütter standen an den Klettergerüsten und bestaunten ihre Kleinkinder, Studenten mit aufgeklappten Laptops kämpften mit den Pflichten des Lernens und den Freuden des müßiggängerischen Sonnenbades, schwarzgekleidete, kettenbehängte und schrill gepiercte Jugendliche pflegten ihre kommunikativen Netzwerke inmitten alkoholischer Sixpacks, kurzum: Die Welt war in Ordnung und sonnte sich in beschaulicher Biederkeit.

»Speie sie aus, in weitem Bogen, diese Kultur der Behaglichkeit!« Clarisse hätte sich hier im Stadtpark leichter mit ihrer Kulturkritik getan als im Kraftort Sils, wo sie sich in einem verzwickten Auftrag verfangen hatte. Hier im süddeutschen Städtchen hatte die bürgerliche Geschäftigkeit nun, nach dem Ende der Feriensaison, wieder ein paar Quanten an Quecksilbrigkeit gewonnen. Gerade waren die neuesten Zahlen zur Arbeitslosenstatistik veröffentlicht worden. Die Lokführer hatten mit Warnstreiks gedroht. Ein Minister war endgültig wegen einer Affäre gestrauchelt, die schon das ganze Sommerloch hindurch köchelte. Die Haushaltsdebatte war … die konzertierte Aktion der europäischen Finanzminister hatte … die eisfreie Fläche der Arktis war diesen Sommer so groß wie nie zuvor und im fernen Pakistan hatte sich ein fürchterliches Erdbeben ereignet. Die Welt war zu ihrer Tagesordnung übergegangen.

Auch für Jannik hatte sich die Zeit wieder beschleunigt, seitdem der schulische Rhythmus die feriale Bummelei abgelöst hatte, der er sich diesen Sommer mit fast frivoler Lässigkeit hingegeben hatte. Er war nicht verreist gewesen, hatte sich um keinen Ferienjob bemüht, war stets spät aufgestanden, er streunte auf den immergleichen Internetportalen herum, traf sich abends dann und wann mit einigen Leidensgenossen, die ähnlich wie er richtungslos in der Zeit herumtrieben, und abgesehen von ein paar mittelmäßigen Büchern, die er verschlang, langweilte er sich gründlich, ohne sich dessen drängend bewusst zu werden. Doch aus diesem fahrlässigen Bewusstseinszustand hatte ihn der Schulalltag erlöst, und nun war plötzlich eines auf das andere gefolgt. Das, was alles davon überragte, was sein Leben über die Maßen beschleunigte und was die brummende Geschäftigkeit der Welt unter der stillhaltenden spätsommerlichen Himmelsglocke bei Weitem übertönte – das war die Begegnung mit Seema gewesen.

Seit dem Abend in ihrem Hause waren hier allerdings die Dinge ins unerklärliche Stocken geraten. Sie begegneten sich jeden Vormittag in der Schule, doch Jannik schien es, als entzöge sie sich ihm. Dabei hatte er immer wieder versucht, an den Abend anzuknüpfen. Er sprach ihr Sitarspiel an und auch das Forschungsprojekt ihrer Mutter, er machte kommentierende Bemerkungen zu den Figuren des »asiatischen Salons«, wie er sich ausdrückte. Irgendwann war ihm dieses Prädikat eingefallen, er zog es hervor wie ein Taschenspieler seinen letzten Joker. Doch Seema ließ sich damit nicht aus ihrer achselzuckenden Reserviertheit hervorlocken. Verunsichert stand er abseits des Mädchenkreises, in dem sich Seema verschanzte, er war schmerzhaft ratlos, ihm war die Munition ausgegangen.

Wieder und wieder ging er den asiatischen Salon durch und suchte im Verlauf des Abends nach einem eigenen Stellungsfehler. Aber er fand keinen. Das Tandoori hatte ihm hervorragend geschmeckt, was er zudem wortreich kommentiert hatte, bei den Tischgesprächen hatte er sich allerdings zurückgehalten. Vielleicht zu sehr, aber wie hätte er sich gegen die Dominanz Myerbeers und der beiden Inder durchsetzen können? Der Abschied von den Erwachsenen jedenfalls war herzlich gewesen. Aber dann, doch, da war eine kleine Trübung, draußen vor dem Haus, als Seema ihn die Gartentreppe hinabbegleitete. Sie standen beide noch kurz vor dem Gartentor, und als er ihr noch schnell einen Abschiedskuss auf die Lippen drücken wollte, da hatte sie ihm ausweichend die Wange zugewandt. Das war ungeschickt gewesen, gab er sich zu, und im Nachhinein ertappte er sich dabei, dass er mit diesem plumpen Lippenkuss Fakten hatte setzen wollen. Ungeschickt und dumm war das, er schämte sich ein wenig dafür. Jetzt, als er die Gartenszene erinnerte, da bekroch ihn ein altbekanntes Gefühl, das ihm seit dem gemeinsamen Mensaessen zusetzte: Er fühlte sich ihr hoffnungslos unterlegen. Urplötzlich verspürte er ihn wieder, den sozialen Makel. Und noch etwas anderes, das noch schwerer wog, weil es tief in seine eigene Persönlichkeit einschnitt und sein innerstes Selbstwertgefühl beschädigte. Seema war eine andere Welt. Sie war es in ihrer Seele, in ihren Gesten, in ihrem gesamten Auftreten, sie war es in ihrem freieren Lachen, in ihren frecheren Kommentaren. Sie war in etwas Größeres hineingeboren als er, dort aufgewachsen und einfach mit anderen Geschichten gesegnet.

Und er? Wohin war nur die Euphorie zerstoben, die ihn vor wenigen Tagen noch getragen hatte, als er so deutlich spürte, wie sich ihm Türen öffneten? Die ›Entdeckung Philosophie‹ samt plötzlich erwachter Lust am Denken?

Das Wesen der Stimmungen – und zumal die des jugendlichen Menschen – besteht in ihrer launenhaften Unbeständigkeit. Für eine kurze Zeit gebärden sie sich so, als gäbe es nur sie, doch dann verdampfen sie schlackenlos. Gerade erst hatte Jannik tief an sich gezweifelt, hatte Grenzen seiner Persönlichkeit ausgemacht, die ihm unverrückbar schienen. Doch dann – wie verweht! Vielleicht war es die E-Mail seiner Tante, die dieser Tage eingegangen war und den Wetterumschwung ausgelöst hatte. Jannik hatte über manche Formulierung schmunzeln müssen, in der er seine exaltierte Tante Clarisse gleichsam leibhaftig vor sich stehen sah. Er mochte sie gerade wegen ihrer Überspanntheit, sie stach so wohltuend von aller Normalität ab. Er konnte und wollte ihren Tiraden nicht folgen, aber darauf kam es gar nicht an. Was zählte und was ihn berührte, das war die kühne Freiheit, die sie lebte. Und so konnte er manches großsprecherische Wort widerspruchslos hinnehmen. Er fühlte sich keineswegs peinlich berührt, wenn sie bisweilen – wie auch in ihrer Mail – erzieherische Aufgaben meinte übernehmen zu müssen. Eine gemeinsame Asien-Reise mit ihr? Das Abitur war zwar noch fern, aber die Vision, mit ihr in einem überfüllten Zug durch Indien oder Burma zu reisen, erregte ihn. Janniks Blick verlor sich dabei im Unbestimmten, denn was kannte er schon von Asien? Oder ging der Reiz vielmehr von Clarisses Seelenhaushalt aus, jener ungewohnten Ordnung der Dinge? Möglicherweise spielte hier eines ins andere, und die Hauptsache war, dass Clarisse für Jannik einfach neue Möglichkeiten bedeutete. Sie war ihm in ihrer Mail im richtigen Augenblicke beigesprungen.

Im Postfach fand sich zudem eine Mail seines Vaters. Jannik öffnete sie schlechten Gewissens, denn er hatte auf frühere Post nicht geantwortet. Doch kein Wort des Vorwurfs, der Vater setzte mit einem neuen Einladungsversuch an. Er, Jannik, möge ihn doch in den Herbstferien für ein paar Tage in Berlin besuchen. Er sei jetzt eingerichtet in seiner kleinen Wohnung in Berlin-Mitte, da gäbe es viel zu entdecken für ihn, Berlin sei eine phantastische, aufregende, sehr jugendliche und internationale Stadt. Wenn er wolle, könne er mit einem Freund zusammen kommen, es werde dann zwar etwas eng in der Wohnung, aber dennoch. Der Vater würde ihnen die Redaktion zeigen, sie könnten einmal hinter die Kulissen schauen, und überhaupt gäbe es da ein interessantes Projekt der Zeitung, an dem er möglicherweise mitarbeiten könnte. Es gehe um das Thema Gerechtigkeit, das in der ehemals geteilten Stadt besonders brisant sei, weil selbst über fünfundzwanzig Jahre nach der deutschen Wiedervereinigung die sozialen Verhältnisse immer noch das Gefälle von West und Ost spiegelten. Doch nicht nur das: Aus den vielen Leserbriefen der letzten Jahre habe man den Eindruck gewonnen, auch in den Köpfen bestünden systempolitisch bedingt – Jannik fragte sich, was sein Vater damit meinte – verschiedene Gerechtigkeitsvorstellungen. Man wolle einfach ergründen, wie nachhaltig die beiden verschiedenen Geschichten, die ost- und die westdeutsche, die Köpfe beschäftigten. Daraus solle dann eine große Serie im Feuilleton werden, die in vier aufeinanderfolgenden Wochenendausgaben publiziert werden würde. Es sei eine wirklich große Sache, die er, der Vater, angeleiert habe, und darin läge auch eine tolle Chance für ihn, Jannik. Er könnte in seinen jungen Jahren schon mal seine Füße in den Journalismus stecken …

Das schmeckte Jannik schon. Allerdings gab es da einige neuralgische Punkte, die ihm sauer aufstießen. So ist er nun mal, mein Vater, so selbstbezogen!, dachte er. Ein leiser Schmerz durchfuhr ihn. Jahrelang war seinem Vater die gewünschte berufliche Anerkennung versagt geblieben, in jedem seiner Artikel war er ihr hinterhergelaufen. Und wenn auch

Janniks Lehrer sich lobend über des Vaters journalistische Tätigkeit ausgelassen hatten, Jannik sah vor allem die Schleifspuren, die der jahrelange Kampf um Anerkennung in der Seele hinterlassen hatte. Immer war der Vater nämlich ein wenig abwesend, nie war er wirklich unbefangen und heiter. Immer dann, wenn der Vater unumgänglich seine Rolle zu spielen hatte, bei Kindergeburtstagen, beim Holen und Bringen von Klassenkameraden, bei schulischen Festen – stets dann vermisste Jannik an ihm eine lockere Hand. Er war nicht so, wie ein Vater sein musste. Er blieb immer irgendwie fremd. Nicht aus Dünkel, keineswegs, eher aus Menschenscheu.

Gleichwohl bewunderte er seinen Vater wegen dessen Durchhaltevermögen, sein Durchbruch war mit einer prämierten Artikelserie in einer überregionalen deutschen Tageszeitung erfolgt. Kurz darauf kam das Angebot aus Berlin, fünf Minuten vor zwölf, wie der Vater erleichtert sagte. Nun hatte er mit 49 Jahren endlich eine feste Stellung, doch getrieben schien er noch immer, sich und seine Fähigkeiten unter Beweis stellen zu müssen. Wieder und wieder las Jannik die Mail. Vergeblich suchte er darin nach warmen Worten. Ein Satz jagte den nächsten, beladen mit einer Eitelkeit, die Jannik an ihm noch nicht kannte. Jannik rümpfte die Nase. Keineswegs wollte er das Publikum seines Vaters sein. Über die Enttäuschung hinweg überwog aber doch die Aussicht, seinen Vater in Berlin zu besuchen. Jannik hielt schon einige Stücke auf ihn, aber er musste sie jedes Mal allererst durch ein verkrautetes Gestrüpp von Enttäuschungen eigens aufsuchen. Nichts war klar zwischen ihnen, aber heute wollte Jannik die Dinge leichter als sonst nehmen, vielleicht, weil er im Blick auf Seema nach eigenem Adel suchte. Auch in meiner Familie gibt es starke Persönlichkeiten, durchströmte es ihn warm. Zwar passten deutsch-deutsche Geschichten nicht zum augenblicklichen

Stand seiner Forschungen in Dingen Philosophie des Geistes, aber mit den beiden Mails blickte er auf seinen eigenen Schimpansenspiegel, der mit Berlin und Asien glänzend poliert war. Jannik stand im Begriff, sein seelisches Gleichgewicht wiederzufinden.

Er war aus einem bedrückenden Schatten herausgetreten. Und urplötzlich wehte ihn eine unbändige Kraft an, die alle Zweifel und alle Kleinheit in einem mächtigen Optimismus verbläst. »Ich allein bin wirklich!«, murmelte er. Overbecks Satz schien ihm nun alle Anstößigkeit verloren zu haben, mit ihm ließ sich sogar dem Mädchenkreis um Seema die kalte Schulter zeigen. Jetzt habe ich ihn verstanden, dachte er. In ihm lag die Lust auf Freiheit und alles andere wurde zweitrangig. Jetzt plane ich mein Leben, jetzt mache ich mein eigenes Ding.

Apoll und Dionysos oder friedlicher Ausflug mit kriegerischem Ausgang

Innerlich widerstrebend war Clarisse der Einladung Overbecks gefolgt. Zwar war sie ohne feste Pläne hierher gereist, alles würde sich irgendwie ergeben, – aber dennoch. Es widerstrebte ihr, sich auf fremde Menschen einzulassen. Heute Morgen nach dem Frühstück hatte sie ihrem Neffen eine E-Mail geschrieben, und anschließend war sie in Tagträumen versunken. Sie sah ihn noch einmal über die Jahre hinweg: die Einschulung mit dem Familienfest unter der Septembersonne am Ebnisee. Die gemeinsame Fahrradreise nach Holland, das große Familienfest anlässlich des sechzigsten Geburtstages ihres Vaters –

Jannik war damals gerade auf das Gymnasium gewechselt. Die Nachmittage, die sie mit ihm im Kindertheater verbracht hatte. Dann Janniks erster Auftritt dort mit seiner Jugendgruppe um Frau Donati. Und als sie die Masken des Faschingsumzuges in Rottweil bestaunten. Wie sich urplötzlich das erste politische Gespräch entspann, damals, als Jannik noch einen halben Kopf kleiner war als sie.

Laute Stimmen im Treppenhaus des Hotels schreckten sie aus ihren Gedanken auf. Es war halb zehn Uhr, Zeit zum Aufbruch. Wenn sie Nietzsches Auftrag folgen wollte, dann müsste sie jetzt hinunter zur Gruppe, die sich gerade vor dem Haus versammelte. Clarisse fügte sich seufzend in ihr Schicksal. Vom Seminarleiter wurde sie mit einer Herzlichkeit begrüßt, die nirgendwo an die Trübung des späten Abends erinnern ließ.

Schnell hatten sie den ersten steilen Anstieg durch die Schlucht hinter sich gebracht und befanden sich nun auf einer großen freien Wiese, die den Blick freigab auf die umliegenden Bergketten. Overbeck bat mit einem Handzeichen um Aufmerksamkeit.

»Die Musik ist Nietzsches Obsession gewesen. Man kann noch so klug über ihn reden, man kann noch so belesen sein in seinem Werk – wenn man nicht die Bedeutung erkennt, die die Musik für Nietzsche gehabt hat, dann verfehlt man ihn.«

Clarisses Sonnengläser verbargen ihren lauernden Blick.

»Von allen Künsten übt die Musik den größten Zauber auf uns Menschen aus. Wenn man sich ihr hingibt, dann vergisst man Zeit, Raum und schließlich auch sich selbst. Der musikalische Moment löst alles auf: Sorgen, Ängste, Konflikte. Für den kurzen Augenblick des musikalischen Erlebens sind wir weit hinausgetragen über die Niederungen des Lebens. Wo sind wir, wenn wir Musik hören?«

Overbeck hielt inne und ließ seinen Blick durch die morgenstille Landschaft streifen. Sein Lippenspiel zuckte ein wenig, doch was ihn wirklich bewegte, das ließ sich durch die dunklen Sonnengläser hindurch nicht erkennen.

»Nietzsche erwartete von der Philosophie ebendies: dass sie nicht nur Wort bleibe, Argument und Deduktion. Nein, mitreißen soll uns das Denken, aufscheuchen aus unseren Alltagen, Sterne soll es gebären in einem gottlosen Raum. Dazu aber fehlt dem mitteilenden Wort die mitreißende Kraft. Und auch die Vernunft kann das Wort nur in Maßen temperieren. Richtig heiß wird das Wort erst, wenn ihm die Musik die nötige Suggestion verleiht. Gelänge ihm dies, so träumt Nietzsche seinen Traum einer musikalisch-philosophischen Poesie, dann würde keine andere Philosophie vor der seinen bestehen können. Er hätte sie alle abgeräumt – durch das unüberbietbare, konkurrenzlose Zusammenspiel von Argument und Melodie.«

Clarisse war seltsam berührt. Widerstrebend musste sie sich halbwegs gestehen: Overbecks Ansprache gefiel ihr. Seine kräftige Stimme schwebte im großen, stillen Raum des Fextales, breitbeschwingt flog sie hinaus in die Weiten dieser Naturbühne und kehrte, aufgeladen mit ferner Fülle, zu Clarisses Ohren zurück. Clarisses Widerstand schwand bei solcher Rhetorik. Nietzsches Auftrag geriet in Gefahr.

»Musik also war Nietzsches Schicksal. Sie war die Messlatte für sein Philosophieren. Er hat sie jedes Mal gerissen, mit Ausnahme des *Zarathustra* vielleicht. Auf ihn hielt er die größten Stücke, – ich persönlich hingegen nicht. Mich stört der prophetische Gestus dieses Werkes, sein biblischer Stil und auch manches in seiner gleichnishaften Bildlichkeit. Aber das ist mein persönliches Geschmacksurteil, es zählt nicht viel. Was Nietzsche anbelangt: Er hat sich zeit seines Lebens mit Musikern umgeben. Zunächst mit Richard Wagner und dann, nach dem Bruch mit dem Maestro, mit Peter Gast alias Heinrich Köselitz. Und er selbst hatte musikalische Ambitionen ja auch, mit sieben Jahren schreibt er seine ersten Kompositionen. Es sind sehr konventionelle Stücke, schnell sieht er ein, dass es ihm an Talent mangelt. Nun also Wagner: Mit 24 Jahren lernt er den 31 Jahre Älteren kennen, Nietzsche hatte gerade in Basel angeheuert. Wagnerianer, so gesteht Nietzsche selbst in seiner späten autobiografischen Schrift *Ecce homo*, Wagnerianer sei er seit dem Moment an gewesen, wo es einen Klavierauszug des Tristan gegeben habe. Nietzsche erspürt den Geist Schopenhauers in Wagners Werk, und tatsächlich, schon bei der ersten Begegnung in Tribschen kommt die Sprache auf Schopenhauer. Welche Bedeutung hat Schopenhauer für die Musik, für das Schicksal Nietzsches also?«

Keiner der Teilnehmer zeigte Anzeichen, die Frage aufzugreifen. Clarisse hätte antworten können, aber sie sollte doch eher zuhören – und wachen.

»Die Musik befreit uns aus dem Käfig unserer raumzeitlichen Existenz. Er habe noch nie ein solches andauerndes Gefühl der Entrücktheit erlebt, notiert Nietzsche nach einem Konzertbesuch 1868, als er kurz vor der Begegnung mit Wagner die Ouvertüren zu den *Meistersingern* und zum *Tristan* hört. Er bringe es nicht fertig, sich gegenüber dieser Musik kritisch-kühl zu verhalten. Schopenhauer hatte ihm eine Erklärung für seine Verzückung angeboten, eine Erklärung, die ihn, den musikalischen Philosophen, regelrecht elektrisiert hat: Die Musik betrachtet die Welt nicht mehr aus dem Blickwinkel eines an Raum, Zeit und Kausalität gebundenen Bewusstseins, sondern sie blickt hinter die Kulissen und erkennt das Drehbuch allen Geschehens, den Weltwillen, der in der Natur pocht als dunkler und verborgener Herzschlag des Weltprozesses. Wenn wir uns der Musik überlassen, dann fallen wir aus Raum, Zeit und Kausalität heraus, wir sind entspannt und entpflichtet. In entrückter Erregung können wir nun dem Weltwillen in seine pulsierenden Herzkammern schauen, und wir hören, wie er das gesamte Weltgeschehen aus vielerlei Grundstoffen komponiert: aus Kampf, Liebe, Selbstaufgabe, aus Freude, Triumph und Verzweiflung, aus Hoffnung und Enttäuschung, Anfang und Ende. All das hörte Nietzsche in Wagners Musik. – Machen Sie doch den Versuch«, setzte Overbeck nach kurzer Pause hinzu und strich dabei mit der ausgestreckten Hand über die entfernte Bergkette, »machen Sie doch den Versuch, das Landschaftsbild, das Sie hier gerade sehen – die Wiese im Morgenlicht, die einzelnen Wolken, die darüber ziehen, das Tal dort unten, aus dem wir heraufgestiegen sind, das entfernte Läuten der Kuhglocken – dieses Landschaftsbild mit einer Musik zu vertonen …«

Overbeck verstummte. Das Schweigen der Landschaft war vollkommen, kein Laut drang herauf aus dem Tal, das sie doch eben erst verlassen hatten. Clarisses innerer Widerstand gegen Overbeck war dahingeschmolzen. Sie ließ sich mitreißen von seinen Metaphern und Bildern, mit denen er Gedanken kolorierte, die ihr nicht wirklich neu waren, die ihr aber auch nicht vertraut klangen. Ja, es war schon *ihr* Nietzsche, aber die Beleuchtung war eine andere. Oder war es der Gleichklang von Geistigem und der sie umgebenden Natur, der sie friedfertiger machte, empfänglicher auch für die Schönheiten der Gegenwart? Sogar Overbecks kritische Bemerkung über den *Zarathustra* hatte sie durchgehen lassen. Der junge Tag hatte sie mit einer Helligkeit bestürmt, die das gestrige düstere Ankunftswetter vergessen machte. Geistig schwamm sie in einem eigentümlich glasigen Zustand, sie war weder in ihrem Ich zu Hause noch in der äußeren Welt, und auch von Overbecks Worten ließ sie sich willfährig treiben. Und so kam sie widerstandslos Overbecks Aufforderung nach und es schwebten ihr Bruckner-Klänge ein, sie senkten sich ihr einfach herab, wurden lauter und voller, das Orchester schwoll an, und plötzlich war es da, das Motiv des zweiten Satzes aus der vierten Symphonie. Es schwoll an und bald dominierte es über das Landschaftsbild, Clarisse war, als wäre die Musik über die Natur hinausgewachsen, als habe sie sich ihrer kommentierenden Rolle entledigt und diese Landschaft hier im Fextal würde nun aus der Musik heraustreten als deren ureigene Bildlichkeit. So als habe Bruckner das Fextal gemeint mit seiner Romantischen Symphonie, und Clarisse lauschte hingerissen, kein Gedanke griff nach ihr, willenlos vergaß sie ihren Auftrag, ihr Dasein. Da drang Overbecks Stimme wieder an ihr Ohr und zerriss ihre zart gesponnene Welt aus Klang, Licht und Natur.

»Für Nietzsche muss Schopenhauers Musiktheorie wie eine Erleuchtung gewesen sein, denn sie kam ihm mit dem Versprechen daher, es gebe einen Generalschlüssel zur Welt. Und danach suchen die Philosophen ja immer wieder, das ist wie eine Obsession, die wir nicht abschütteln können. Nietzsche, aber auch schon Schopenhauer, sie setzten dabei nicht mehr auf die philosophische Vernunft. Sie war ihnen zu begrenzt. Auch das Wort allein kam nicht mehr in Betracht. Zwar liebte Nietzsche das Wort nach wie vor, er wollte es nicht preisgeben, und so kam er auf die Idee, das Wort mit Musik zu intonieren. Wie das gelingen könnte, das war ihm zunächst alles andere als klar, – doch diese kühne Vision entzündete sein philosophisches Interesse an Wagners Opernkunstwerk. Die Welt der Oper könnte der neue philosophische Schauplatz sein, so ging es Nietzsche durch den Kopf, als er noch Wagnerianer war. Die Macht der Melodie intensiviert die Rhetorik und verleiht dem Wort eine neue und unerhörte Sinnfälligkeit. Im Klangraum der Musik werde die Philosophie ein zweites Mal geboren, und mit dem neu gewonnenen Schub werde das Denken die Kultur und Gesellschaft verändern. Das erhoffte sich Nietzsche von Wagners Musikdrama.«

Noch lange hallten Overbecks Worte in Clarisse nach, als sich die Gruppe wieder in Bewegung setzte, um den letzten Anstieg zur Alm Fex Crasta zu bewältigen. Im Gehen fügte sie Overbecks Rede eigene, abgerissene Gedanken hinzu und phantasierte Nietzsches philosophischen Hammer auf die Bühne eines beplüschten Opernhauses. Mit welcher Energie ließe sich da inszenieren! Ihr schwebten grazile Tänzer in hautengen Kostümen über die Bretter, leicht und dennoch gehaltvoll die Darbietung, nicht von dieser Welt, aber diese Welt bedeutend. Ja, so müsste es sein, das wäre unwiderstehlich, es wäre …

»Also ehrlich gesagt, ich kann mit Wagner nicht sehr viel anfangen. Zu germanisch, finde ich, und auch seine Musik ist mir zu disharmonisch. Und seine Texte, richtig kindisch: walle, weia, walle und so. Aber was Herr Overbeck über das musikalische Erlebnis gesagt hat, das ist doch wirklich wunderbar! Obgleich ich da nicht alles verstanden habe …«

Eine hagere Frau, die wohl hoch in den Fünfzigern stand, hatte sie angesprochen.

»Ach, wissen Sie«, gab Clarisse in schnippischem Ton zurück, ein wenig gereizt wegen der unwillkommenen Unterbrechung ihrer heiligen Gedanken. »Mit Verstehen kommt man Nietzsche nicht bei. Da suchen Sie vergebens.«

»Ich … ich verstehe Sie nicht, Frau …«

Clarisse verweigerte stumm. Unbeirrt fuhr ihr Gegenüber fort:

»Ich meine die Sache mit dem Weltwillen. Was soll ich mir darunter nur vorstellen? Mir ist das zu herrisch. Meiner Meinung nach spricht das Göttliche in der Musik. ›Die Kunst ist die Nabelschnur, die uns mit dem Göttlichen verbindet.‹ Wissen Sie, wer das gesagt hat?«

Clarisse schüttelte den Kopf.

»Nikolaus Harnoncourt. Sie wissen schon, der Wiener Dirigent. Und Gustav Mahler wollte mit seiner Musik der ganzen Natur seine Stimme geben, und dann fand er, dass nicht eigentlich er selbst komponiert habe, sondern eine göttliche Kraft. Also, ich finde, der schlagendste Beweis für Gottes Existenz liegt in der Musik!«

Clarisse schaute ihre Begleiterin aus den Augenwinkeln heraus an. Die Dame ruderte jetzt aufgeregt mit ihren Armen. Begeisterung hatte sie ergriffen, ihr Gesicht war gerötet, was ihr nicht vorteilhaft stand, fand Clarisse.

»Ich habe da beim Umsteigen in der Bahnhofsbuchhandlung in Zürich ein kleines Büchlein gefunden, das ist voller wunderbarer Schätze, sage ich Ihnen. Kleinodien, sage ich Ihnen, sagenhaft.«

Clarisse zuckte zusammen, als ihre hagere Gesprächspartnerin unerwartet maskulin durch die Zähne pfiff und sie am Arm packte.

»Warten Sie einen Moment, ich habe es bei mir. Hier, hier ist es …« Sie kramte in ihrem Rucksack und brachte ein schmales Bändchen zum Vorschein. »Ich habe da so vieles gefunden, was das eigene Herz überquellen lässt. Hier zum Beispiel: Bruno Walter. ›Ich glaube sogar, dass dem Menschen kein unmittelbarerer Zugang zum Erahnen des Logos und seines Wirkens gegeben ist als durch die Musik, die von seinem göttlich schöpferischen und ordnenden Wesen tönende Kraft gibt.‹ Ist das nicht … sagen Sie doch! Und das hier, immer noch Bruno Walter: ›Diese Wirkung der Musik als Erhöhung der Feierlichkeit kann, glaube ich, nur daraus verstanden werden, dass sie nach *oben* weist; der tröstende Einfluss, den sie auf leidende Menschen ausübt, mag daher rühren, dass der oft als sinnlos und quälend empfundene *Text* des Lebens – um in Schopenhauers kühner Metapher zu bleiben – in der Deutung durch die *Melodie* als sinnvoll erahnt wird.‹ Ist das nicht umwerfend, so sagen Sie doch!«

Clarisse wand sich zwischen Ablehnung und Hinwendung. Edle Gedanken würden entwürdigt, wenn sie aus gemeinem Munde kämen, urteilte sie hart. Andererseits, gab sie zu, war es *richtig*, was die Hagere sagte, es war *gut*. Und schon setzte die hagere Dame mit dem geröteten Teint und den zünftigen Wanderhosen weiter:

»Also ich finde wir haben viel zu wenig Musik in unserem Leben. Es stünde um den Menschen, und nicht nur um ihn, verehrte …«

»Clarisse, Clarisse Lantermann.« Sie lächelte säuerlich.

»Sehr erfreut, Beate Pölzer, nennen Sie mich doch bitte einfach Bea, so halten es alle meine Freunde. Also, wo waren wir stehen geblieben? Ach ja, die Musik. Die Gesellschaft wäre besser, ich meine wärmer und gerechter, wenn wir mehr Musik hätten …«

Und Bea ergoss eine Flut gesellschaftskritischer, moralinsaurer Sonntagsworte über Clarisse, die gespickt waren mit langatmigen familiären Exkursen. Dabei kam sie immer mehr außer Atem, der Aufstieg schwang sich steil auf bei den letzten Metern zur Alp, und plötzlich blieb sie stehen und ergriff pustend Clarisse erneut am Arm.

»Ich verstehe wirklich nicht, was Sie da sagten. Man könne Nietzsche nicht verstehen? Ist das tatsächlich Ihre Ansicht?«

Clarisse seufzte unhörbar. Erbarmungslos mitteilsam war diese Frau! Die stille Schönheit des Fextales zertrümmert unter den Dampfhämmern von Schlagworten. Ohne ihren Willen brach es aus ihr heraus mit leisen Worten:

»Nein, man kann Nietzsche nicht verstehen. Man muss ihn *erleiden*, und dann muss man sich ihm *aussetzen*.«

Das war etwas Heiliges. Bea stutzte, Stille, endlich. Ja, das war das Geheimnis, das war der Auftrag: Die inneren Worte zur Welt bringen, mit der Macht eines heiligen Willens, und das Gerede ersticken. Clarisse nickte sich zu, wandte sich abrupt von Bea ab und gesellte sich zur Gruppe, die sich vor der kleinen Kapelle gegenüber dem Hotel *Sonne* versammelt hatte. Da fiel ihr Blick auf eine rothaarige Frau mit ausgeprägten weiblichen Formen. Ihre spitze Nase mit den vollen Lippen gab ihrem Gesicht etwas Offenes, Fröhliches, ja sogar – das sprach Clarisse sofort an – etwas Sinnliches.

»Wir können jetzt hier eine kleine Kaffeepause einlegen«, wandte sich Overbeck an seine Gruppe. »Suchen Sie sich doch bitte einen Platz auf der Sonnenterrasse, vielleicht sitzen wir alle so zusammen, dass Sie mich hören können, ich möchte Ihnen gerne noch mehr über Nietzsches Kunsttheorie erzählen. So früh am Vormittag haben wir die Terrasse für uns allein und wir werden ungestört sein. Genießen Sie den Blick hinein ins Fextal bis hinten zum Gletscher, schauen Sie doch!«

Es wurden Tische zusammengestellt und Stühle gerückt, eine eilends herbeigelaufene Bedienung schaute dem lauten Treiben der Gruppe mit skeptischer Distanziertheit zu, die Arme über der Brust gekreuzt. Clarisse hielt sich in der Nähe der Rothaarigen und achtete darauf, auf einen Stuhl neben ihr am Tischeck zu gelangen.

»Ach, wie geht es uns doch gut!«, entfuhr es Clarisses Nachbarin in fränkischer Mundart. »Da sitzen wir jetzt inmitten der Berge, lassen uns von der Sonne bescheinen, hören bewegende Dinge und sind mit lauter interessanten Leuten zusammen. Nein, wie fad ist dagegen mein alltägliches Leben! Ich nehme einen Milchkaffee«, gab sie der Bedienung ihren Wunsch auf.

»Ich bin ja hier nur Gast für einen Tag«, entgegnete Clarisse bescheiden. »Einen Kräutertee bitte! Wenn ich bemerken darf, wir kennen uns ja nicht, entschuldigen Sie daher meine Direktheit, aber auch der Alltag sollte doch ein Fest des Lebens sein!«

Clarisse wunderte sich selbst über ihre Worte, die sie lachend kundgab, damit sie nicht belehrend klängen. Überhaupt war sie erstaunt über den so raschen Wechsel ihrer Stimmung. Urplötzlich fühlte sie sich entspannt, ja heiter fast.

»Je nun, manchmal ist es fei gut, sich nicht zu kennen. Da kann man freier über sich reden. Auch das genieße ich hier in der Gruppe. Ach wissens, ich bin einfach glücklich, hier zu sein!«

Und zur Bekräftigung ihrer Worte warf die Rothaarige ihre Arme in die Höhe. Clarisse fing ihren fröhlichen Blick auf und eine Welle von Sympathie schwamm durch sie hindurch. Sie betrachtete ihre Nachbarin genauer. Sie mochte einige Jahre jünger sein als sie, vielleicht Anfang vierzig, aber Rubensfiguren waren schwer zu schätzen. Dabei war sie nicht übermäßig füllig, doch ein großer Busen zeichnete sich unter ihrem roten Pullover ab, Clarisse registrierte es mit einer Mischung aus Neid, Bewunderung und Begehren. Auch Hüfte, Schenkel und Arme waren nicht schlank, aber das feine Gesicht nahm ihrer Figur die Schwere. Auf ihren dunkelrot gefärbten, mittellangen Haaren lag ein seidiger Glanz, und auch die großen braunen Augen mit ihren langen Wimpern gaben zusammen mit Mund- und Nasenpartie ihrem Gesicht, ja ihrer ganzen Erscheinung eine körperliche Präsenz, die Clarisse in Bann zog.

»Darf ich um Ihre Aufmerksamkeit bitten!« Overbeck schlug mit dem Löffel an seine Kaffeetasse.

»Nachdem der frisch gekrönte Professor Nietzsche seine Antrittsvorlesung mit einem braven Thema absolviert hat – er doziert über *Homer und die klassische Philologie* – greift er nun nach den Sternen. Vorderhand möchte er sich seinem Basler Publikum mit einem genialen Wurf empfehlen, hinter den Kulissen geht es um mehr: Er will die gesamte abendländische Kulturgeschichte in gänzlich neuen Strichen zeichnen, um die angestaubte Altphilologie philosophisch zu einer beißenden Kulturkritik der gegenwärtigen Zivilisation aufzurüsten. Dabei blickt er stets auf Wagner, dem er weisen möchte, wo er, Wagner, weltgeschichtlich mit seinem Opernkunstwerk steht.

Nietzsche gibt seinem Erstlingswerk den schwungvollen Titel *Die Geburt der Tragödie aus dem Geiste der Musik*. Schon das ist Musik! Und tatsächlich träumte Nietzsche von der Möglichkeit, die Wissenschaft, sei sie nun Philologie oder Philosophie, aus dem Geiste der Musik zu betreiben, – was ganz konkret bedeutet: Wissenschaft in musikalischer Sprache auszudrücken. Wie kam Nietzsche auf diesen befremdlichen Einfall? Die Antwort darauf ist im Tragödienbuch zu finden. In ihm entfaltet er seine berühmte Kulturtheorie des Apollinischen und des Dionysischen. Zunächst bezieht er sie nur auf das Wesen der Kunst: Die Entwicklung der Kunst, meint Nietzsche gleich zu Beginn seines Tragödienbuches, wird von zwei Kulturkräften angetrieben, dem Apollinischen und dem Dionysischen. Das Apollinische steht für die bildnerische Kunst, das Dionysische für die unbildliche, worunter Nietzsche vor allem *eine* Kunstgattung versteht: die Musik. Apollinisch ist auch die Welt des Traumes, in der uns Bilder entstehen und verwehen, es ist die Welt des Scheins, und da man ja die Kunst auch immer wieder als die Welt des schönen Scheins bezeichnet hat, so ist das Apollinische ein Grundcharakter der Kunst.

Aber die Kunst ist mehr und will mehr sein als eine schöne Illusion. Man hat vergessen, nein: Man hat *verdrängt*, dass ihr Urgrund das Rauschhafte, das Ekstatische ist. Die Musik und der Tanz, mit ihnen haben die Menschen in ihren frühen Tagen den Kontakt zum Göttlichen gesucht, und vielleicht haben sie bis heute davon nicht abgelassen. Man musste dazu das Gehäuse der Konventionen verlassen, das gesellschaftliche Ich, die Herrschaft von Raum und Zeit, man musste aus der eigenen Individualität heraustreten. Für diese Möglichkeit menschlichen Daseins stand im alten Griechenland der Gott Dionysos, dessen lateinisches Plagiat Bacchus eher flach daherkommt, denn Bacchus ertränkt die Abgründigkeit des Dionysos im Wein. Nichts gegen ein Glas Rotwein, doch das Dionysische ist weit mehr als ein alkoholisierter Rausch. Dionysos ist Taumel und Ekstase, Vergessenheit und Unterwerfung, Lust und Unberechenbarkeit, Fest des Augenblickes und der Orgasmus einer Sehnsucht, die so unvergleichlich viel stärker und elementarer ist als alle Erwartungen, die wir vernünftigerweise hegen können. Ich wüsste keinen modernen Kopf, der Dionysos besser porträtiert hätte als Michael Köhlmeier. ›Das Starre und das Wilde‹, sagt er, ›das Außersichsein, das fordert dieser Gott Dionysos. Er gibt den Liebenden nichts, er heilt die Leidenden nicht, er dankt nicht, er tröstet nicht, er wärmt nicht. Er verspricht nur eines: Das Leben mit ihm wird außerordentlich werden.‹«

Overbeck machte eine Kunstpause. Er atmete tief, er badete im Köhlmeier.

»Man hat verdrängt, dass die Kunst von Dionysos beseelt ist, sagte ich vorhin, lassen Sie mich daran wieder anknüpfen. Man hat Dionysos zensiert. Doch wer war dieses ›Man‹, der Zensor der Kunst? Wollen Sie Nietzsches Antwort darauf hören? Sie erraten es nicht, denn es ist – Sokrates!«

Overbeck lehnte sich zurück und schwieg. Die Bedienung erschien mit einem Tablett voller Getränke. Über der lauten

Geschäftigkeit, mit der die Bestellungen ihren Platz fanden – »Café Crème?« »Hier bitte!«, »Aperol Spritz?« »Ja das war meiner!« – erstarb die konzentrierte Stille, die Overbecks Vortrag verbreitet hatte. Jetzt regierte die Welt der Dinge.

»Dionysos kommt in Gestalt eines Arvenschnaps«, beschnarrte ein älterer Herr das Gläschen, das ihm die Kellnerin reichte.

»Für mich kommt der wandelbare Gott sogar in Engadiner Tracht«, setzte eine beleibte Dame mit sonnengerötetem Gesicht hinzu. Clarisse versteifte sich und blickte pikiert und schmallippig in die Runde.

»Mit Sokrates hebt bekanntlich das philosophische Zeitalter, ja das Zeitalter der Wissenschaftskultur an. Von nun an gilt nur noch das, was sich auf gute Gründe berufen kann. Ich frage Sie: Ist das nur gut? Ist vielleicht etwas dabei … auf der Strecke geblieben? Ja, meint Nietzsche, etwas Kurzblühendes, Fragiles, Einmaliges, die griechische Tragödie nämlich. Als die Sokratische Philosophie sich an die Spitze der Kulturleistungen putschte, da habe sie einen besonderen Weltaugenblick, einen *kairos*, zerstört. Im antiken Griechenland habe sich für einen Moment in der Weltgeschichte das Apollinische mit dem Dionysischen fruchtbar vereinigen können: ein tragischer Stoff, in dem der einzelne Held zerrieben wird von den Schicksalsmächten des Lebens, dargebracht in apollinischer Bilder- und Wortwelt. Der Auftritt der griechischen Tragödie auf der Bühne der Kunst sei eine zur rechten Zeit abgeschlossene Versöhnung zwischen Apoll und Dionysos gewesen, und diese Versöhnung sei der wichtigste Moment in der Geschichte der griechischen Kultur gewesen, denn er begründete die griechische Kultur. Der Grieche, so fabuliert Nietzsche weiter, hätte sich die Faszination an Wildheit und Ekstase, am Leiden und am Untergang bewahren können und dabei doch die Forderungen der Zivilisation einlösen können, nämlich Bürgersinn, Verlässlichkeit und Verantwortungsbereitschaft. Er wusste irgendwie, dass er seine dionysischen Energien in den Käfig der Kultur einsperren musste, aber er gab dabei nicht seine Hingabe an das Ungezügelte, das Schreckliche preis und auch nicht – und dies ist Nietzsche besonders teuer! – an die über alle Maßen stehende Freude, an jene homerische Heiterkeit, die nicht von dieser Welt ist.

Es muss ein Moment eines tiefen Glückes gewesen sein, so phantasiert sich der Altphilologe in jene Tage zurück, als die antiken Theater sich abendlich füllten und die Zuschauer sich einem Schauspiel überließen, in dem sie im tragischen Geschehen auf der Bühne halbbewusst das ewige seelische Drama inszeniert sahen, das in jedem Individuum sich ereignet. Ein Drama, in dem zwei Extreme miteinander ringen: Sich als Individuum zu finden, sich heroisch herauszustemmen aus dem Fluss der Begebenheiten, ›ich allein bin wirklich!‹. Und dann, zum anderen, erwächst im tragischen Scheitern des Helden an Verstrickungen, die mächtiger sind als der eigene Wille, die Lust auf eine höhere Vereinigung. Über die Menschen hinaus mit allem Seienden, über alles Seiende vielleicht gar noch hinaus zu einem höchsten Sein, und möglicherweise – man wagt es kaum auszusprechen – mit dem Abgrund und dem Tod. Rückgang ins Ungeborene also, und das könnte dasselbe meinen wie die Vereinigungslust mit dem Höchsten, wer weiß, die Worte kommen da nicht heran an das, was mit ihnen gesagt sein soll. Auf jeden Fall gibt es sie, eine rauschhafte, ekstatische, alle Grenzen sprengende Lebensenergie, wer könnte das leugnen? Und wer wollte bestreiten, dass die tiefste Lust *gerade nicht* in den ruhigen Zonen des Lebens zu Hause ist, *nicht* in der apollinischen Bilderwelt, *nicht* im ruhigen schönen Schein, sondern im, wie Nietzsche und Schopenhauer es sagen, im *Orgiastischen*, im Rausch, im Schmerz, im plötzlich sich Ereignenden, in der Gefahr und in der Selbstaufgabe?

Diese und andere abgründige Wahrheiten über den Menschen wollte die Sokratische Philosophie nicht mehr dulden. Alles sollte von wohltemperierter Vernunft beschienen sein. Das apollinische Licht der Philosophie sollte auch den dionysischen Taumel noch entzaubern. Die Philosophie habe sich mit Sokrates zum Zensor der Kunst aufgeworfen, mit ihm beginne das apollinische Zeitalter. Doch heute, meint Nietzsche, heute erleben wir mit der Heraufkunft des Nihilismus die große Krise des apollinischen Zeitalters. Und so schickt sich Nietzsche an, die sokratische Vorherrschaft des Apollinischen zu korrigieren, das Dionysische in die Philosophie einzuschreiben und – von einem musiktreibenden Sokrates zu phantasieren! Das Dionysische also wieder in seine alten Rechte einzusetzen …«

Der ältere Herr mit seiner schnarrenden Stimme unterbrach den Redefluss Overbecks. »Ich verstehe nicht, weshalb Sie nun die Philosophie apollinisch nennen. Das war doch ursprünglich eine Bezeichnung für die Kunst, denke ich. Der Gott Apoll stand dafür, und Sie haben vorhin doch selber gesagt, das Apollinische sei das Scheinhafte!«

»Sehr gute Bemerkung, Herr Pastorius, sehr gute Bemerkung, schwer darauf zu antworten.« Overbeck rieb aufgeregt seine Hände. »Apollon ist der Gott des Lichtes und der Klarheit, des geistigen Lebens, der Weissagung, der Künste und insbesondere der Musik, ja das stimmt. Nietzsche allerdings war der Auffassung, Apoll erschöpft das Wesen der Kunst nicht. Wahre und tiefe Kunst sei immer das Ereignis, wo Apoll auf Dionysos trifft, und das war in der Antike vorrangig in der Tragödie der Fall. Und tatsächlich war Dionysos der Schutzgott der Theater gewesen. Die antike Tragödienkunst war durch und durch dionysisch gewesen. Im Kontrast dazu steht Apollon vor allem in seiner Klarheit und seinem Licht, und das ist der eigentliche Grund, weshalb Nietzsche die Philosophie apollinisch nennt. Apollinisch ist sie ihm aber auch noch aus einem anderen Grunde: der Idealismus – und ihn hat Nietzsche stets vor Augen, wenn er von der apollinischen Philosophie spricht – ist ein scheinhaftes Gebilde. Warum? Nun, weil der Idealismus Metaphysik betreibt, weil er von der Welt der ewigen Ideen träumt. Die lange Epoche der idealistischen Philosophie ist Nietzsche nichts weiter als ein langer Traum, aus dem wir gerade erwachen. Ich könnte es auch anders sagen, nämlich so: Wir erwachen und nehmen wahr, dass wir einen Körper haben. Dass jedes Leben ein Akt ist im ewigen Drama von Körper und Geist. Dass alle wahre Philosophie sich ihren Weg zu Wahrheit und Freiheit durch dieses Dickicht erkämpfen muss.«

Overbeck verschränkte seine Hände hinter seinem Kopf und dehnte seinen Oberkörper. Clarisse hatte nicht alles von dem mitbekommen, was Overbeck zur Sprache gebracht hatte, immer wieder hatte sie ihre Nachbarin verstohlen von der Seite angeschaut. Das Minenspiel der Rothaarigen fesselte sie weitaus mehr als das komplizierte Geflecht aus Dionysos und Apoll. Sie wollte teilnehmen am verborgenen Geschehen hinter den feinen Bewegungen der Augenbrauen, der Nasenwurzel und der Lippen. Clarisse erkannte Zustimmungen in verschiedenen Schattierungen, skeptische Tonlagen, dann wieder wehte ein Ausdruck von Unverständnis über das volle Gesicht. Sie war in Bann gezogen von der reifen Fülle des weiblichen Lebens, die ihre Tischnachbarin verkörperte. Es war eine Reife, die kurz vor dem körperlichen Abstieg ihre Tage feiert, sich selber unerkannt vielleicht, und darum desto schöner anzuschauen von außen. Da ist alles noch fest und voll, aber da ist auch schon Ruhe eingekehrt, Gelassenheit und jene Prise Melancholie, die das Leben adelt. Und doch ist noch nichts abgeklärt, alles steht noch offen, es ist die Zeit eines kurzen Augenblicks, in dem das Alter noch jugendlich und die Jugend schon alt geworden ist. Clarisse bestaunte in der Rothaarigen einen *kairos* des Lebens.

Overbeck blies zum Aufbruch, und kurze Zeit darauf wand sich die Gruppe auf schmalem Pfad über die Wiesen hinauf zum Waldrand, wo sie auf einen Weg trafen, der sich in konstanter Höhe über dem Fextal hielt. Mal ging es durch dichten Wald, dann wieder taten sich Lichtungen auf mit weiten Blicken gen Silvaplana und St. Moritz. Man wanderte hintereinander, der Weg bot keinen Platz für zwei. An einer Tränke hielt die Rothaarige an, um frisches Wasser in ihre Flasche zu füllen. Clarisse war die ganze Zeit hinter ihr gegangen und hatte sich ihren eigenen Träumen weiter hingegeben.

»Wie schön er das gesagt hat, nicht wahr?«, sprach die Rothaarige sie an, währenddessen ihr das Wasser über die Hand lief.

»Was meinen Sie …«, fragte Clarisse und kramte ihre Trinkflasche aus dem Rucksack.

»Das Wasser ist so klar und rein hier, schmeckt ganz anders als bei uns zu Hause, gell? Ich meine das mit dem Dickicht von Körper und Geist, wo wir durchmüssen. Also, ich finde das mitreißend, auch wenn ich es so richtig nicht verstanden habe.« Sie schaute versonnen ins Tal. »Man muss nicht für alles gute Gründe haben, so sagte Herr Overbeck doch, oder? Wie verstehen Sie ihn?«

Clarisse zögerte mit der Antwort. Sie fühlte sich, um genau zu sein, auf dem falschen Fuß erwischt. Schließlich war sie ja in einem anderen Film, und nur schwer fand sie zurück zu Overbecks Vortrag, überhaupt hatte ihr die Wende zu Körper und Geist nicht gefallen, sie hielt es lieber mit dem diony-sischen Krieg gegen das Konventionelle, dem erregenderen Gedanken der Selbstaufgabe, dem Mut zum Tragischen. Aber all das wollte sie jetzt nicht sagen, es kam ihr unpassend vor. Körper und Geist? Es lag irgendwie näher, gab sie zu. Die Rothaarige schickte sich an, ihren dicken roten Pullover aus-zuziehen, die Sonne hatte den Tag jetzt aufgeheizt, selbst hier auf zweitausend Metern Höhe. Darunter trug sie ein ebenso rotes ärmelloses T-Shirt, sie wirkte nun mit ihren Rundungen von Schultern und Oberarmen fülliger als vorher, und auch ihre Hüften hatte der Pullover zuvor verschlankt. Aber gerade jetzt gefiel sie Clarisse noch mehr, jetzt, wo ihr großer Busen sie noch prächtiger schmückte.

»Ja, er macht das gut, dieser Herr Overbeck«, äußerte Cla-risse ein wenig gegen ihre Überzeugungen. »Man muss übri-gens nicht immer alles verstehen, das finde ich auch. Wichtiger ist, dem Strom der Gedanken nahe zu sein, ihn zu hören, sich in ihn zu verlieren. Overbeck hat es ja selbst gesagt: Nietzsche ist der musiktreibende Sokrates.«

»Der musiktreibende Sokrates … Was das meinen soll? Overbeck ist mir manchmal zu vage, zu unklar, zu … zu po-etisch, obgleich ich das auch wiederum liebe. Geht es Ihnen auch so?«

»Nennen Sie mich einfach Clarisse.«

»Lea. Lea Vitalis.«

»Ihr Name ist Programm, ja wirklich«, scherzte Clarisse. »Herr Overbeck lässt die Landschaft beispringen, wenn die Worte nicht mehr weiterführen …«, warf sie lachend ein, amüsiert über ihren Einfall.

»Ja richtig, ach wie schön ist es hier! Vielleicht müssen die Worte so im Ungefähren schweben bleiben, damit die Natur dazu auch noch etwas zu sagen hat …«

Clarisse hatte es zwar anders gemeint, trotzdem nickte sie Lea zu. Nietzsches Auftrag, er war Schnee von gestern, für den Moment jedenfalls. Clarisse gefiel sich auch im Klima des Ungefähren. Darin wurde alles leichter und verträglicher, das war von großem Vorteil, so wehte es Clarisse an, als sie Lea wieder auf dem schmalen Weg folgte, der sich nun über ein Hochmoor schlängelte. Nach weiteren zwanzig Minuten standen sie alle dicht gedrängt auf einem kleinen Plateau, das einen grandiosen Blick freigab auf den tief unter ihnen liegenden Silser See. Die Konturen der Berge auf der gegenüberliegenden Seite lagen im spätsommerlichen Dunst. Dort, wo der Inn entspringt, ballten sich Wolken, vom Malojawind herangetrieben und nun wie festgeklebt an die Felswände. Silbrig brach das Licht hinein in das Hochtal, auf dem See glänzten die Wellen wie Schuppen einer Fischhaut. Manche der Gruppenteilnehmer zogen ihre Pullover und Jacken hervor, um sich gegen den frischen Wind zu schützen, der geräuschvoll in das Blattwerk der Bäume griff.

»Wenn Sie hier stehen, dann können sie erahnen, was Nietzsche am oberen Engadin so sehr liebte«, wandte Overbeck sich an die Gruppe. »Diese Landschaft ist die bildliche und atmosphärische Entsprechung zu seiner Kunsttheorie. Sie ist gewaltig, diese Landschaft, aber sie erdrückt nicht, sie hat auch etwas Sanftes. Schauen Sie nur, dieses einzigartige Licht! Es hat etwas Südliches, dort, hinter dem Maloja-Pass, steigt es gen Italien hinab zu Palmen und Zypressen. Und kontrapunktisch dazu die Natur mit ihren Bergabstürzen und Gletschern, da ist etwas Heroisches, Erhabenes und Einsames. Hier spielt das Dionysische mit dem Apollinischen, hier trifft das Ungeheure, Gewaltige auf das Milde, das Friedliche, und beides fügt sich ins gerundete Maß.«

»Natur und Zivilisation, Norden und Süden«, ergänzte Clarisse leise, zu Lea gewandt.

»Kommen Sie, weiter unten ist ein windgeschützter Platz, da können Sie sich auch alle setzen. Ich möchte Ihnen dort das Finale unseres heutigen Themas vortragen!«

Zwei Kehren weiter unten deutete Overbeck auf eine kleine vorspringende Anhöhe, davor lagen verstreut etliche kleinere Feldbrocken im Gras wie aufgelockerte Sitzblöcke eines natürlichen kleinen Theaters. Die Gruppe verteilte sich auf einzelne Steine, manche, wie Clarisse und Lea, streckten sich im Gras aus. Overbeck kletterte auf einen größeren Fels und setzte sich rittlings auf ihn.

»Mit der griechischen Aufklärung begann die apollinische Vorherrschaft des theoretischen über das tragische Bewusstsein, so lautet Nietzsches Diagnose über den Weltlauf der Zeiten. Seitdem beanspruchen die Wissenschaften die Deutungshoheit über Mensch, Kultur und Natur. In dieser Epoche leben wir heute noch. Nietzsche nennt sie die sokratische Kultur, oder auch das alexandrinische Zeitalter, das Zeitalter also, das sein Wissen in Bibliotheken archiviert. Damals im ägyptischen Alexandria – aber ich schweife ab, Nietzsche jedenfalls hat für die alexandrinische Wissenskultur, so sehr er sie als Wissenschaftler und Philosoph schätzte, auch beißenden Spott übrig. Der Aufstieg des Wissens habe einen neuen Menschentypus erzeugt: den ›Kritiker ohne Lust und Kraft‹, einen Bibliothekar und Korrektor, der an Bücherstaub und Druckfehlern erblinde. Das von Wissenschaftseuphorie infizierte Bewusstsein begründe einen Lebensoptimismus, der in seichtem Wasser treibe, denn sein ›Ja‹ zum Leben kenne nicht den tieferen Sinn des Lebens, der sich uns erst dann aufschließe, wenn wir den, so sagte es Nietzsche einmal, Weg zum Himmel über den Weg durch die eigene Hölle suchen. Und die entscheidende Figur, die der abendländischen Zivilisation den Weg aus der tragischen Weltsicht gewiesen habe, erkennt Nietzsche in Sokrates. Auch von ihm hat Nietzsche ein zwiespältiges Bild: er würdigt ihn über alle Maßen, den Geist der Kritik. Aber Sokrates habe auch das tragische Weltbild bekämpft, die sokratische Lust des Erkennens begründe den Wahn, durch das Wissen die Wunde des Daseins zu heilen. Gibt es heute, so fragt Nietzsche, Anzeichen dafür, dass die Epoche der Dominanz optimistischer Wissenschaft über die tragische Weltanschauung einem Ende zugeht? Stehen wir vor einer Renaissance des Tragischen? Könnte ein musiktreibender Sokrates der künftige Menschentypus sein?

Die Anzeichen dafür stehen nicht schlecht. Denn heute schaut der wissenschaftliche Mensch unvermeidlich auf die Grenzpunkte des Wissens, er schaut, wie Nietzsche sagt, in das *Unaufhellbare*. Als Kronzeugen für diese Krise des theoretischen Menschen führt Nietzsche Schopenhauer und Kant an, beide hätten diejenige Wirklichkeit, welche die Wissenschaft sich anschickt zu ergründen, die physikalische Welt also – als die Wissenschaft der Maja, des Scheins, entlarvt. Beide, Schopenhauer wie Kant, hätten also der Welt der wissenschaftlichen Objekte eine ungeheure andere Welt entrungen, eine Welt nämlich, die sich nicht den Erkenntniswerkzeugen unseres Intellekts aufschließe, eine Welt jenseits von Raum, Zeit und Kausalität. Nietzsche phantasiert hier nicht wenig, er stutzt sich dabei – das sei kritisch angemerkt – seine Kronzeugen für eigene Zwecke zurecht, vor allem Kant verbiegt er, und dabei folgt er unkritisch dem Kant-Bild seines Schopenhauer, Nietzsche hatte Kant nie im Original gelesen. Und so flacht Nietzsche Schopenhauers Kant-Kritik noch einmal ab, man kann den Königsberger in Nietzsches Lesart kaum wiedererkennen. Nein, es ist eine schlecht begründete These von der Krise des Wissens, auf der Nietzsche hier reitet, doch das sind Korrekturen, die jetzt nichts zur Sache tun, auch will ich nicht«, hierbei lachte Overbeck auf, »… den Zorn von Frau Lantermann auf mich ziehen!«

Clarisse gefror ihr Lächeln auf den Lippen, und urplötzlich war sie wieder da, die kriegerische Stimmung vom gestrigen Abend. Ihr stiegen die Säfte. Verräter!, Erschleicher! so hallte es ihr durch die Schächte ihres wutentfachten Nervengeflechtes. Sie fühlte sich hinters Licht geführt von Overbeck, lange, zu lange war sie ihm gefolgt, hatte ihm Gehör geschenkt und dabei ihren Auftrag zurückgestellt. Alles hat er auf seiner Seite geschickt zu versammeln gewusst: die Tragödienschrift, seine Eloquenz, die kunstvollen Pausen, die Hochschätzung seiner Jünger, sogar die unschuldige Landschaft und den heiteren Septembertag hat er vor seinen Karren gespannt! Clarisse war empört. Das Gefühl eines wonnigen, tragischen Schmerzes pfropfte sich ihrem Zorn auf. Denn war es nicht so, dass sie für ihn, Nietzsche, litt? Er hing am Kreuz, von Judas Overbeck verraten, und sie übernahm *seine* Schmerzen und *sein* Leid. Da hatte sie ihn wieder, ihren Auftrag, jetzt sah sie die ganze folgerichtige Logik der Ereignisse vor sich. Sie hatte ihm, Overbeck, auf den Leim gehen müssen, sie hatte überrumpelt werden müssen, nachdem Overbecks schöne Worte sie beinahe eingelullt hatten und nachdem … Clarisse warf einen schmerzvollen Blick auf Lea hin … *diese* da sie bezirzt hatte mit ihrem lebensprallen Körper. Oh, es war bitter, sich wieder herauswinden zu müssen aus ihrem entflammten Begehren, es war wie eine Amputation. Doch jetzt hieß es, stark zu sein, zu verzichten um eines höheren Gutes willen. Sie, Clarisse, war Leib nun, Leib Nietzsches, den eine spitze Bemerkung Overbecks kreuzigte, allen anderen unbemerkt, weil keiner, keiner auch nur im Entferntesten … Clarisse keuchte vor Aufregung, Lea wich vor ihr zurück und betrachtete sie verstört.

»Beruhigen Sie sich, das war doch nett gemeint!«

»Was wissen Sie denn schon davon!«, zischte Clarisse zurück. »Sie sind doch nur … Kulisse.« Clarisse hatte sich wieder gefangen, die letzten Worte stieß sie mit leiser, erstickender Stimme heraus, Lea wird sie schwerlich gehört haben können, denn schon hob Overbeck erneut an:

»Schenken wir also Nietzsche seine schlecht begründete These von der Krise des Wissens, um auf seinen Haupttext einzuschwenken: Der Sokratischen Wissenskultur sei eine ernstzunehmende Herausforderung in der deutschen Musik entstanden, in jenem ›Sonnenlauf von Bach zu Beethoven, von Beethoven zu Wagner‹. Der Geist dieser Musik behaupte sich gegenüber allen Zugriffen der vernünftigen Ratio. Und die gelehrten Musikkritiker, die Kenner, die Feuilletonisten mit ihrem stutzerhaften Geschwafel? Pah, die analytische Musikkritik bleibe allenfalls an der ästhetischen Oberfläche, den Dämon der Musik erreiche sie nicht! Einen großen Geistesverwandten habe die deutsche Musik in der deutschen Philosophie, die ebenfalls die apollinische Wissenskultur subversiv untergraben habe mit ihrer kühnen Sicht auf die Grenzpunkte des Wissens, auf das *Unaufhellbare*. Nietzsche stimmt hierbei deutsche Töne an, keine deutschnationalen allerdings, denn Nietzsche bleibt betont unpolitisch, ja antipolitisch. Das Politische sei deutschen Wesens nicht, raunt er, das Politische sei eine Erbschaft der romanischen Kultur, ja, man höre: der romanischen Kultur, die dem Deutschen immer ein Fremdkörper geblieben sei. Nietzsche schaut dabei kritisch auf die französische, aber auch die englische Tradition, die sich ja tatsächlich stets politischer gebärdet haben. Das Deutsche sei durch Edleres und Tieferes definiert als durch die Politik, ja das Unpolitische sei ein Charakterzug der deutschen kulturellen Identität. Dieser Gedanke Nietzsches führt den frühen Thomas Mann während des Ersten Weltkrieges zu seinem großen Essay *Betrachtungen eines Unpolitischen*, in dem er die Kunst vor der Politisierung des Lebens zu retten versucht. Thomas Mann skizziert darin die Lage Deutschlands als die ›deutsche Einsamkeit‹ zwischen Ost und West, zwischen den ›romanischen‹ Zivilisationen des Westens und dem archaisch-despotischen Russland. Nietzsche allerdings wirft das weltgeschichtliche Netz seiner Betrachtungen noch etwas weiter aus, wen wundert es, unser Held spielt immer nur die allergrößte Münze. Deutschland bilde nicht nur die Mitte zwischen Ost und West, sondern auch zwischen Vergangenheit und Zukunft. Der Westen, das ist für Nietzsche Rom, wo Apoll zur unumschränkten Herrschaft gelangt sei, der staatenbildende Gott, wie Nietzsche ihn auch versteht. Nach dem Ende christlicher Dominanz hätten die Zivilisationen des Westens das römische Projekt einer Verweltlichung des Lebens fortgesetzt. Der Osten, das ist für Nietzsche Indien, wo Apoll dem entfesselten Dionysos keine Stirn bieten konnte. So musste dort eine Kultur entstehen, in der die Lust auf das Nichts alles überwog. Und nun, im Blick auf diese beiden Enden der Weltzivilisationen, auf Rom und Indien, nun kommt Nietzsches Husarenstück …«

Overbeck holte tief Luft und unterbrach kurz seinen rasenden Sturmlauf durch die Weltgeschichte. Schneller und schneller war er geworden in seiner Erzählung, den letzten Satz hatte er förmlich aus sich herausgeschrien. Und nun die Stille, der nahe Malojawind brauste wieder auf hinter der kleinen Senke, dort, wo der große Raum sich ins Tal öffnete. Die Zuhörer warteten auf das Ende der Kunstpause, manche gebannt, manche verstört über Inhalt und Darbietung. Die großen Ideen kommen auf Taubenfüßen daher, flüsterte Clarisse ihrem Nietzsche halblaut zu und stellte sich schützend vor ihn. Alles in ihr war in Aufruhr und Ablehnung. Richtig vielleicht, *vielleicht* in der Sache, aber falsch, gemein und niedrig in der Absicht, dachte sie, das ist das Gefährliche an ihm. Ich muss ihm die Maske vom Gesicht reißen, es geht hier alles auf krummen Wegen, aber ich, ich bin der Wächter meines Adlers. Endlich hat alles wieder seine Ordnung, ha, Husarenstück, Hurenstück! Große Welt, kleine Welt, nicht umgekehrt, auch wenn die Gunst der Stunde Ihnen zufällt, das haben Sie nicht schlecht inszeniert, Kompliment, aber vor dem Forum der Zeiten zählt das nichts. Nicht den Zeitgenossen, sondern den Nachgeborenen ein Stern sein. Das Ungeborene gebären, das ist der Maßstab, das ist Größe. Ihr muss man sich demütig fügen, demütig, ohne dabei etwas für sich zurückzubehalten für eigene Zwecke. Ja, so stimmen die Dinge zusammen!

»… Nietzsches Husarenstück …«

»Ein musiktreibender Sokrates verlangt einen musiktreibenden Overbeck!«, unterbrach Clarisse rau. Overbeck hielt verdutzt inne.

»Ah, die Sache mit den Interpreten, ja, wir hatten schon einmal das Vergnügen«, Overbeck suchte Fassung zu gewinnen. »Ich dachte, ich wäre gerade auf dem Wege dorthin!«, fügte er nach kurzem Überlegen hinzu.

»Da haben Sie sich aber kräftig verlaufen. Sie addieren Motive, Sie schwelgen in Bezügen, aber Ihre Lieder, Herr Overbeck, Ihre Lieder sind … *falsch*!«

Clarisse war nicht mehr bei Sinnen. Allgemeine Unruhe, »unverschämte Person«, »wer ist sie überhaupt, was macht sie hier?«, »machen Sie bitte weiter, Herr Overbeck!«.

»Entschuldigen Sie die Szene«, wandte sich Overbeck mit zitternder Stimme an seine Gruppe. »Ich muss Ihnen da etwas erklären, fürchte ich …«

»Was Sie erklären *müssen*«, schnitt Clarisse ihm das Wort ab, »und zwar hier und jetzt …« Clarisse rang nach Worten, das Herz schlug ihr bis zum Halse, »als Philosoph, als Nietzsche-Kenner, so wie Sie sich auszuweisen belieben, wissen Sie doch, dass ein Nietzsche-Kurs *völlig unmöglich* ist …«

Man wollte Erklärung, man forderte ein Durchgreifen Overbecks. Doch der hielt sich liberal zurück und bedeutete Clarisse, sich zu erklären. Man wolle hören, und er zog das Verbum zu großer Länge, man wolle *hö---ren*, was Frau Lantermann gegen ein Nietzsche-Seminar vorzubringen habe, und er persönlich sei dankbar für jede Anregung, wie er sich musikalischer verhalten könne. Overbeck hatte sich wieder gefangen, selbstgefällig gab er der Sache den Vorzug vor disziplinarischen Maßnahmen. Sein jovialer Tonfall goss erneut Öl in Clarisses Feuer, und so zog sie vom Leder und wandte sich mit überschlagender Stimme an die Gruppe. Wer denn ein wirkliches Interesse an dem leidenden Silser Philosophen habe? In Wahrheit lasse man sich doch nur berieseln, man wolle schöne Stunden, man hänge einer Kultur der Behaglichkeit an, Nietzsche würde weinen, wenn er diese Truppe hier sähe. Er habe das starke Leben gewollt und keine Jünger eines Meisters, der seine fußlahmen Halbsenioren auf den hiesigen Almen mit vormittäglichem Prosecco bewirte, und vor allem sei es total daneben, wenn man sich Nietzsche apollinisch nähere und sein Wissen stauben ließe. So, nun sei es gesagt, sie wolle die Sonntagsruhe hier nicht weiter stören, und so empfehle sie sich. Clarisse erhob sich, warf einen letzten Blick auf die völlig verstörte Lea und schlug den Weg nach Isola ein.

Das Husarenstück oder Deutschland und Europa

Clarisses starker Abgang hatte alle verstört und empört, so viel ist sicher. Unruhe hatte es gegeben, und Overbeck war aus der Spur geraten. Er hätte es einfach abtun können als einen selbstgerechten Affekt einer in die Jahre gekommenen Frau. Doch er sah mehr darin. Tatsächlich war er getroffen und verunsichert, – nicht so sehr durch Clarisses Worte. Aber der Auf- und Abtritt dieser seltsamen, schmalen und willensstarken Person, auf die ihm kein Prädikat wirklich zu passen schien, das beschäftigte ihn über Gebühr. »Das Husarenstück!«, erging der Ordnungsruf, man wolle es kennenlernen, nun, wo man wieder unter sich sei. Und Overbeck fing sich und erzählte von Wagner, so wie Nietzsche ihn sah: als einen inkarnierten Alexander, der die Welt erneut hellenisiere, nachdem sie zweitausend Jahre um die Achse Rom – Jerusalem gekreist sei. Die deutsche Kultur, vor allem aber Wagners Musik habe die Erbschaft Athens angetreten, gleichwohl nicht in direkter Linie, nein, der antike Mittelpunkt der Welt sei von Athen über Rom nach Norden versetzt. Erneut treffe in Wagners Opernkunstwerk Apoll auf Dionysos, das Wort auf die Musik, und weltgeschichtlich ereigne sich damit Ungeheures, denn in Wagner treffe die romanische Kultur des europäischen Westens auf die indische Kultur der Todesbereitschaft und der tieferen, der leidenschaftlicheren Verstrickungen. Wagner sei ein weltgeschichtliches Ereignis ersten Ranges, Wagner knüpfe die Fäden wieder zusammen, er sei ein neuer Alexander, eine neue Mitte. Dass er, Wagner, wiederum einen philosophischen Mentor brauche, damit ihm der Weg frei werde in der Welt, das hielt Nietzsche für ausgemacht, und natürlich empfahl er sich und seine Philosophie für diesen Job.

Das Husarenstück?

Nun, eben dies. Mit Wagners Musik trete die deutsche Kultur ins Zentrum der Welt, in die Mitte zwischen dem apollinisch-dionysischen Griechenland und dem todestrunkenen Indien. Die deutsche Kultur übernehme die Erbschaft der Welt. Mit unendlich mäandernder Musik, die sich leitthematisch um den dramatischen Gesang nordischer Mythen schlingt, öffne Wagners Musikkunst eine neue Sicht auf die Welt. In der Musik vollende sich die Philosophie. Das war Schopenhauers Vision, Nietzsche griff sie auf und sah sich und Wagner darin gezeichnet. Das Husarenstück: der Mittelpunktwahn, mit dem Nietzsche die deutsche Kultur zum Herzstück der Welt erklärt und ganz nebenbei sich und seiner eigenen Philosophie die Krone aufsetzt. »Erst von mir an gibt es auf Erden *große Politik*«, verkündet der halb blinde Professor. Es gebe also eine Zeit vor und eine Zeit nach Nietzsche.

Overbeck hielt inne, nahm die Sonnenbrille ab und massierte sich die Augen. Dann fuhr er fort:

»Nietzsches Mittelpunktwahn hat eine unselige Spur durch die neuere Geschichte gezogen. Doch unter großer Politik verstand Nietzsche keineswegs einen nationalen weltherrschaftlichen Wahn und auch keine verbale Rechthaberei wie die, deren Zeuge man gerade geworden ist. Große Politik – das war ihm die große Kommunion von philosophischem Wort, von nordischem Drama und Wagnerscher Musik. Dem würde an Kraft und Vitalität nichts widerstehen können, Nietzsche würde den philosophischen Stall ausmisten wie einst Herakles das Gehege des Augias. Aber die Wege trennten sich, Wagner schlug deutschnationale Töne an, die vor dem Antisemitismus nicht Halt machten. Nietzsche dagegen gebärdete sich als Europäer. Spätestens mit der Uraufführung des *Parzifal* in Bayreuth kam der Bruch. Im Karfreitagszauber des vierten Aktes der Oper sinke Wagner zu Kreuze nieder, im Antisemitismus verkenne Wagner die kulturtragende Rolle des europäischen Judentums. Nietzsche, der Staatenlose, ist aus protestantischer Enge ein Europäer geworden. Und sein Musikgeschmack ändert sich nun, er wechselt von der nordischen Schwere der Wagnerschen Musik zur heiteren, leichteren südländischen Erotik der Musik Georges Bizets.«

Geist und Körper

»Nee, so was geht gar nicht, du! Wir wollten das doch zusammen machen. Dacht ich jedenfalls. Und dann das, so ein abgekartetes Spiel mit Brandes! Überraschungscoup, Glückwunsch. Und wo bleiben wir? Und ich?«

Jannik biss sich auf die Unterlippe und blieb Seema das Dementi schuldig.

»Und dann hast du mich sogar ausgenutzt. Und beklaut, aus dem Abend hier bei mir. Die Sache mit dem *anatman* und, wie heißt es noch …«

»*Atman-brahman* …«

»… ist doch überhaupt nicht auf deinem Mist gewachsen. Nein, lass mich ausreden. Wir hatten was anderes abgemacht. Stattdessen kommst du her, lässt dich bewirten, schnappst hier und da voll interessante Gedanken auf für dein Referat, das du im Geheimen schon vorbereitest. Du hast die ganze Zeit über nur an deinen eigenen miesen Vorteil gedacht. Wie übel gemein du sein kannst!«

Jannik war wie vor den Kopf gestoßen. Der Telefonhörer lag ihm schwer in der schweißnassen Hand.

»Du hast mich doch die ganzen Tage danach total ignoriert!

Ich war doch Luft für dich, Seema. Du hast mich ja gar nicht mehr … Ich, ich hab immer wieder versucht … und dann habe ich mir gedacht …«

»… so, du hast ausnahmsweise mal was gedacht?«

Jannik schluckte. »Jetzt gib mal Ruhe Seema, im Ernst, ich habe immer wieder versucht, mit dir ins Gespräch zu kommen. Aber nach dem Abend bei dir warst du wie ausgewechselt. Schroff und megacool … und dann warst du die letzten Tage ja auch krank.«

»Du hättst mich anrufen können, mich besuchen können, oder mich zu dir einladen können, ja warum denn nicht? Ich war ja gar nicht so krank. Stattdessen bist du einfach fort und schickst mir so fade sms. Du hättest …« Seemas Stimme fiel ins Schluchzen. »… wenigstens ein bisschen kämpfen können …«

Jannik verstummte. Er war mit einer Welt konfrontiert, zu der er keinen Zugang hatte. Alles war dort so verkrautet, so wirr verdrahtet, so nass verschluchzt. Dagegen war das Terrain, das er in den letzten zehn Tagen erkundet hatte, ein Hort der Transparenz gewesen. Er hatte sich mit vollem Elan in das Bewusstseinsproblem hineingewühlt, nachdem er es aufgegeben hatte, näher an Seema heranrücken zu können. In der darauf folgenden Woche fiel der Philosophiekurs aus, weil Herr Brandes mit der Neunten auf Klassenfahrt war. Jannik las noch zwei weitere Artikel auf der Webseite Overbecks, einen über die klassische Sicht auf die Bewusstseinsthematik und einen anderen über die neurobiologische, was ihn veranlasste, sich ein aktuelles Heft der Zeitschrift *Gehirn und Geist* zu kaufen. Biologie war eines seiner Lieblingsfächer, und so fiel es ihm nicht allzu schwer, den Abhandlungen dort zu folgen. Er berichtete seiner Tante vom Stand seiner Nachforschungen und Clarisse antwortete in einer langen, aber wenig zielführende Mail, in der sie bizarre Sätze auf ihn herunterregnen ließ. All unser so genanntes Bewusstsein sei ein mehr oder weniger phantastischer Kommentar über einen unbewussten, vielleicht unwissbaren, aber gefühlten Text, schrieb sie, es sei ein Oberflächenphänomen, der Mensch ruhe auf dem Erbarmungslosen, dem Gierigen, dem Unersättlichen und dem Mörderischen. Glücklicherweise habe die Natur den Schlüssel weggeworfen, um solches zu sehen, und in unserem Nichtwissen ritten wir gleichsam auf dem Rücken eines Tigers und hingen unseren humanen Träumen nach.

Typisch Clarisse, dachte Jannik, starke Worte, sicher wieder aufgelesen bei ihrem Guru. Aber es hat was, zweifellos, das musste er zugeben, es war kräftige Musik. Und nach der Lektüre einiger Aufsätze in *Gehirn und Geist* ahnte er dunkel, dass sich Clarisses Nietzsche auch noch anders formulieren ließ als in dicken Tinten. Jannik stolperte tagelang im Nebel herum, sog Artikel um Artikel in sich hinein, und als die Landschaft übervoll geworden war mit halb verstandenen, unverdauten Details, folgte er einer plötzlichen Eingebung und kehrte zum wurmstichigen Gehirn des Bankangestellten zurück, um von dort aus das ganze Material zu ordnen.

Was also waren die großen Linien? Die Fäden, die zusammenzubinden wären zu einer plausiblen Erzählung über Bewusstsein, Geist, Ich und Selbst? Jannik nahm Stift und Papier und schrieb die Stichworte auf, die ihm besonders in Erinnerung geblieben waren aus den Gesprächen im Kurs und mit Seema. Dann ergänzte er sie mit weiteren aus dem merkwürdigen Text Overbecks, fügte Gedankensplitter vom Abend bei Seema hinzu und notierte zudem Punkte, die ihm einfach so in den Sinn kamen. Dabei sortierte er die Stichworte in zwei Gruppen, die er unter dem übergreifenden Titel ›Selbstbild‹ erfasste. Bei manchen konnte er keine eindeutige Zuordnung finden, er schrieb sie der Einfachheit halber auf beide Seiten:

Selbstbild

Sinn für Möglichkeit entdecken wollen	Sinn für Wirklichkeit funktionieren wollen/müssen
Zweifel	Gewissheit und Konvention
Gefühle, Spiegelneuronen, Qualia	?evtl. auch Qualia? »Angeln« von außen über Sprache – wieder Konvention?
Kunst, Musik	Alltag, Wissenschaft
Todesbewusstsein	Realitätsbewusstsein
Nicht-Ich (anatman) buddhistisch Atman und Brahman hinduistisch	Descartes »Cogito ergo sum« (Ich denke, also bin ich)
»Ich allein bin wirklich« – auch hier das Cogito? Auf jeden Fall: Freiheit eines Autors. Sein Leben wie in einem Roman führen	Schimpansenspiegel, Sozialkontrolle
Ek-sistenz	»Ich trage einen Namen und bin anonym«
Undurchsichtigkeit des Selbst für mich?	Undurchsichtigkeit des Selbst für andere, Qualia
Raga und Augenblick	

Dann machte er sich an die Arbeit. Aus allem müsse nun ein sinnvolles Ganzes werden, und erneut befragte er daraufhin seine kürzlich gelesenen Texte. Mit dem Resultat meldete er sich im Philosophiekurs gleich zu Beginn der Stunde.

»Du hast die ganze Zeit über nur an deinen eigenen Vorteil gedacht. Was bist du doch eitel! Wenn ich eins nicht leiden kann, dann das! *Atman-Brahman*, alles nur Gerede«, warf sie ihm durch den Telefonhörer ans Ohr.

Das war nicht fair. Denn während seines philosophischen Husarenritts sprengte er nicht nur über Architektur und Funktion des Gehirns dahin. Seema spukte springlebendig in seinem eigenen Kopf herum und narrte seine Synapsen. Urplötzlich konnte sie erscheinen, dann beanspruchte sie die ganze Bühne seiner Aufmerksamkeit. Nur ich allein bin wirklich, gab sie ihm dann zu verstehen, berückend schön war das, aber es fühlte sich auch an wie ein schwerer Kloß, der ihm durch die Speiseröhre rutschte und schwer auf den Magen drückte. Willenlos gab sich Jannik ihr in solchen Momenten hin, schmerzend lustvoll schöpfte er aus einem Pool von Bildern, die er zu kleinen Erzählungen gruppierte, zu Geschichten, die hoffen ließen wie auch zu solchen, die einfach nur bitter schmeckten. Das ging so lange, bis ihn die kreisenden Wiederholungen erschöpften. Dann erst konnte er sich gegen sie stemmen, verbissen redete er sich dann ein, sein eigenes Ding durchzuziehen. Bis spät in die Nacht verlor er sich in den Welten der Wikipedia, machte sich Notizen und las kreuz und quer, bis er den Überblick vollends verloren hatte. Das machte ihn wieder anfällig für eine neue Welle seematischen Leids, das aus städtischer Halbhöhenlage in sein Gemüt schwemmte. Und wieder trieb er über Erwartung und Enttäuschung dahin und fand keinen Anker im Treibsand des Geschehens. Und wenn er es fertigbrachte, für kurze Zeit festen Stand in einer Hoffnung zu nehmen, dann verblies ihm sehr bald ein zweifelnder Wind die Bilder seiner zarten Zuversicht. Mitunter war er morgens von seinen Kämpfen so erschlagen, dass er wieder ins Bett fiel und die Schule schwänzte, wenn seine Mutter sich auf ihren Weg zur Arbeit machte. Nach kurzem, flackerndem Schlaf warf er sich dann erneut auf seine Aufzeichnungen und wühlte sich trotzig zurück in die Materie. Er ritt auf dem Rücken eines Tigers, in dessen Eingeweiden ein deutschindisches Wesen mit südbraunen Augen rumorte. Er war wie im Rausch in jenen Tagen, er suchte in der Philosophie Zuflucht vor Seema und wurde dabei ein Opfer einer ihm bislang unbekannten Dialektik aus Lust und Leid.

Er sei eitel, er habe die ganze Zeit nur an seinen Vorteil gedacht. Er habe nicht um sie gekämpft, es hagelte auf ihn herab, Seema zeigte sich ausgesprochen eloquent im Jargon der Klage, echte Empörung trieb sie an. Aber auch sie war verstrickt in ihre eigene Blindheit, und blind für die Befindlichkeiten des anderen machte jeder sein eigenes Ding. Janniks war es, sich in einem rauschhaften mehrtägigen Schub artistisch im Hochtrapez durch die Welt der Synapsen zu schwingen.

Und die war kompliziert genug. Denn sie führte in graue Vorzeit zurück, in die Evolution des Lebens. Dort suchte Jannik seinen Einstieg, und er zeichnete im Philosophiekurs die Entwicklung der Arten nach unter der Leitfrage, wie sich Bewusstsein zunächst aus der räumlichen Orientierung primitiver Lebewesen entwickelt habe. Denn diese Aufgabe habe am Beginn gestanden, das hatte er aus *Gehirn und Geist* aufgeschnappt, die einfachen Mehrzeller hätten sich zwecks Nahrungsaufnahme im Raum orientieren müssen, in ihrem Milieu. Später dann, als der Raub eine Strategie des Lebens wurde, musste das Leben sich auch eine zeitliche Orientierung erfinden – es galt zu lauern und auf den richtigen Moment zu warten. Immer aber sei es dem Leben um Fortpflanzung sowie um Selbsterhaltung gegangen, zwei komplementäre Strategien jeden Lebens, die die Lebewesen auf eine Interaktion mit ihrer Umwelt programmiert hätten. Immer noch lud er aus *Gehirn und Geist* nach. Und eben diese Interaktion sei durch unglaublich viele Lernschritte immer komplexer ausgebildet worden. Eine regelrechte Revolution habe sich dabei ereignet, als die Natur vor 650 Millionen Jahren die Neuronen erfand,

Zellen, die elektrochemische Signale senden und empfangen können. Daraus entwickelten sich die ersten Gehirne, die Natur erprobte sie zum ersten Mal an Plattwürmern. Immer mehr Neuronengruppen bildeten immer komplexere Gehirne aus, die höher entwickelten Tierarten wie auch der Mensch seien so die bisherigen Endglieder einer Lernkette, die mit der Ausbildung einer Großhirnrinde einen weiteren Entwicklungsschub erfuhr. Zur Entwicklung eines Cortex kam es, erklärte Jannik, weil diejenigen Lebewesen, die über ein Nervensystem verfügten, ihre gut entwickelten Sinnesorgane koordinieren mussten, um einen weiteren Entwicklungsvorteil zu erzielen. Der Cortex integriert alle Nervenbahnen der Sinnesorgane auf einer einheitlichen Ebene zu einem neuen Wahrnehmungsbild. So gelangten die Lebewesen über weitere Schritte zu einem globalen Körperschema. Wenn der Vogel sich putzt, dann wisse er, dass die Federn, die er mit seinem Schnabel greift, die seinigen sind. Dieses farbige Beispiel hatte er aus einem Youtube-Video. Spannend sei natürlich die Frage, wann in der Evolution zum ersten Mal ein Organismus sich von einem anderen Organismus abgrenzen konnte, aber das sei wohl schon sehr früh geschehen. Bei Tieren und bei Menschen jedenfalls sei das Schema ›Eigenes und Fremdes‹ voll ausgebildet, sie hätten ein Selbstbild, und damit sei er beim prämierten Schlüsselwort der letzten Kursstunde angelangt. Jannik lächelte säuerlich, es schien ihn immer noch zu wurmen, dass nicht er es gewesen war, der die Trumpfkarte gespielt hatte.

Das Selbstbild von Homo sapiens sei ein grundlegend anderes als das der Tiere, wenngleich es hierbei gleitende Übergänge gebe. Schimpansen könnten sich wohl auch im Spiegel selber wiedererkennen, aber bei Menschen sei der Schimpansenspiegel doch sehr geweitet, auf das gesamte soziale Umfeld nämlich. Jannik nickte seine Anspielung hinüber zu Seema.

Ihr spöttischer Gesichtsausdruck bei hoch aufgeworfenen Lippen verunsicherte ihn. Es begann, in den Eingeweiden seines Tigers zu wühlen. Für einen Moment stockte er in seiner Erzählung. Der Professore räusperte sich zu einem ansetzenden Kommentar, und unter dem Gewicht dieser Drohung fand Jannik sein Gleichgewicht wieder und fuhr fort. Vor allem könnten Menschen ihr Selbstbild gegen das Fremdbild, das die anderen in der Umgebung von ihnen entwürfen, verteidigen. Womit das Schema ›Eigenes und Fremdes‹ sich zu einem komplexeren Schema ›Wirkliches und Mögliches‹ auswüchse. Auf diesen Gedanken war Jannik besonders stolz, denn er meinte, ihn ganz eigenständig entwickelt zu haben. Erneuter Blick hinüber zur Königin seiner durchgearbeiteten Nächte, ihm kamen ihre Lippen nun etwas weicher vor. Und wiederum, ergänzte er, eng mit dem Schema ›Wirkliches und Mögliches‹ sei eine weitere Variation verbunden, die von Sein und Nichts nämlich, und so sei das Todesbewusstsein ein gewaltiger Mitspieler im Selbstbild von Homo sapiens. Gewaltig, weil das Todesbewusstsein eine nachhaltige – Jannik legte pathetisch Betonung auf das Prädikat – kulturelle Triebkraft sei. Das erinnerte er aus dem Psychologiekurs des letzten Jahres. Überhaupt hatte er seine Informationen, die er zum Besten gab, aus allen möglichen Quellen zusammengeklaubt. Aber das Garn seiner Erzählung, das hatte er selbst gesponnen. Und das trug ihn weiter.

»Die Antennen für anderes Bewusstsein, die möglichen Welten und das Todesbewusstsein – das menschliche Selbstbild greift voll weit über das nackte Ego raus. Nee, andersrum ist es: Ein menschliches Selbst entsteht erst, wenn das Bewusstsein fähig ist, Interesse an anderem Leben zu nehmen und in möglichen Welten zu denken. Ein Wissen vom eigenen Tod zu haben. Der mit dem Prothesengehirn hat da doch nur sehr eingeschränkte Talente. Überall klemmt es doch bei ihm.« Jannik zählte an den Fingern: »Er hat keine Empathie, er sieht nur die nüchternen Fakten, was darüber raus geht, dafür hat er kein Gespür. Er will normal sein, will nach Möglichkeit unerkannt bleiben, er ist ein Gefangener der Konventionen, würd ich mal vermuten. Deshalb verspürt er auch keine Neugier auf Neues, er kann mit philosophischen Phantastereien nichts anfangen. Nie und nimmer könnte er sagen: ›Nur ich allein bin wirklich!‹ Er würde mit seinem Leben nicht experimentieren wollen. Er hätte keine Ader für kühne, weltstürzende Gedanken wie den des buddhistischen *anatman*, nee, gar nicht, man hat ihm alle Kreativität wegoperiert.«

Jannik hatte sich in einen wahren Rausch hineingedichtet, die Worte eines fremden, angelesenen Vokabulars flogen ihm nur so zu. Aufgelesen und zusammenmontiert zu einer Achse, in der sich ihm sein frisch erworbenes Verständnis drehte. Und gerade jetzt kam da noch manches zusammen beim Reden. Nichts Fertiges rief er in sich ab, er sprang über die Themen und vergaß dabei, sich zu fragen, ob die Klasse seiner sprudelnden Erzählung folgen könne. Es hatte ihn in eine andere Realität gespült.

»Jannik …« Mit leiser Stimme rief Seema ihn zur Ordnung. Für einen kurzen Moment tauchte Jannik wieder auf aus seinem Erzähltunnel, doch gleich darauf riss es ihn wieder zurück.

»Das *anatman*, ich muss das näher erklären.« Jannik klang wie gehetzt jetzt. »Dahinter steckt die Annahme, alle unsere mentalen Zustände wären nicht angebunden an ein zentrales Selbst. Nur noch Lichteindruck, Gefühlswelle, ein Protokoll des Augenblicks. Ist es nicht merkwürdig, dass das Prothesengehirn auf dem Weg zu solchem Zerfall ist? Ihm zerreißt der Erinnerungsfaden, er klagt über ein taubes Realitätsgefühl. Er verliert die Einheit seines Bewusstseins, weil er nicht mehr über die Ränder des Realen zu schauen vermag. Woraus zu folgern wäre, dass die Einheit des menschlichen Selbstbildes, die Wirklichkeit unseres Egos, von den Fäden des Möglichen, Fiktiven, Irrealen zusammengehalten wird. Wir erzählen uns unser Leben, und dabei ziehen wir an diesen Fäden die Puppe unseres Selbst. Das Prothesenhirn kann das nicht.«

Jannik war wieder etwas ruhiger geworden.

»Aber wie erklären sich denn eigentlich seine Defekte? Ich habe mir da ein paar Gedanken zu gemacht. Ich habe nämlich gelesen, dass unser Selbstbild ein neurologisches Korrelat hat, so sagt man, und man meint damit: Unser Selbstbild lässt sich aufseiten der Hirnaktivität als ein großes Schwingen vieler Neuronengruppen nachweisen. Das trifft übrigens für jeden mentalen Zustand zu: Da sprechen alle jeweils aktiven Neuronen miteinander und erzeugen so etwas wie Musik im Kopf. Man hört sie nicht, aber es ist so. Und diese Musik ist eine große Gleichzeitigkeit neuronaler Aktivität. Die Ausfälle unseres Bankangestellten deuten darauf hin, dass er bei bestimmten Aufgaben Gleichzeitigkeit herstellen kann. Wahrscheinlich liegt das daran, dass die eingepflanzten Module nicht die Leistung erbringen wie das natürliche Hirngewebe. Ich vermute, dass das nicht nur eine Frage der Rechenleistung ist. Denn das Gehirn arbeitet auf eine wahnwitzig irre Weise. Es gibt da zwar einige Zentren für bestimmte Leistungen, für das Riechen etwa oder das Sprechen oder für die optische Wahrnehmung, ja auch für ethische Gefühle und Urteile hat man ein Areal gefunden. Aber dennoch ist alles miteinander verwoben, und die Neuronengruppen können eine Vielzahl von Aufgaben übernehmen. Multitasking. Eine andere Melodie für einen anderen mentalen Zustand, dann wiederum eine andere Melodie und so weiter. Das gibt eine mentale Welt von gigantischer Komplexität. Ich meine damit: Niemals kann ein

Rechenchip ein System von natürlichen Neuronengruppen ersetzen. Ein Gehirn ist keine Maschine, und selbst wenn kranke Hirnpartien maschinell ersetzt werden, dann wird ein solches Prothesengehirn niemals die Leistung der Natur erbringen können. Niemals, das ist prinzipiell nicht möglich. Und wisst ihr, warum nicht?«

Jannik blickte triumphierend in die Runde. Ihm schwoll der Kamm an, und nach kurzer Kunstpause gab er selbst die Antwort: »Weil das Programm des Gehirns die gesamte Hirnanatomie ist. Bei einem Rechner aber wird das Programm auf die Anatomie, nämlich die Hardware, aufgespielt. Es ist gleichsam ein Gemachtes, die Software eines Rechners. Die Software eines Gehirns aber ist mit der Hardware identisch. Das Programm des Gehirns schreibt sich gleichsam selbst immer weiter, indem das Gehirn mit anderen Gehirnen kommuniziert. Das ist der große Unterschied künstlicher und natürlicher Intelligenz. Und wisst ihr, was das bedeutet? Das bedeutet, dass dem Mann mit dem Prothesenhirn eine Intelligenz anderer Ordnung eingepflanzt wurde. Und das – ist sein Problem ...«

Das laute Geräusch eines umfallenden Stuhles unterbrach ihn. Seema war abrupt aufgestanden, hatte ihre Tasche ergriffen und eilte mit erregten Schritten zur Tür. »Intelligenz anderer Ordnung, das ist dein Problem, Aufschneider! Du bist nämlich ziemlich dumm!«

Jannik fing noch ihren wütenden Blick auf, bevor sie die Tür hinter sich zuwarf. An einen gerundeten Abschluss seiner Ausführungen war nicht mehr zu denken, er warf hin und quittierte die fragenden Blicke seiner Mitschüler mit einem Achselzucken. Es war ein Erfolg, der keine Freude machte.

»Es war einfach so kompliziert mit dir, Seema, und da ...«, gab er in den Telefonhörer.

»… hast du dich in die überschaubare Welt der Gehirne zurückgezogen!« Seemas Stimme klang spöttisch und um eine Spur versöhnlicher.

»Glaube mir, ich hätte das auch sehr gern mit dir gemacht!«

»Sooo?«, lachte Seema. »Der kühne Eroberer, na dann ein Szenenwechsel! Also, geh doch mal auf Skype. Geh auf Skype und melde dich in fünf Minuten!«

Wieder bekroch Jannik das bekannte Gefühl, auf einer parallelen Spur überholt zu werden. Eben war er noch gleichauf, zwar in Verteidigung, dann ein plötzliches Einlenken, das Steuerrad herum und – zack! – bin ich hintendran. Wie macht sie das nur?

Als die Verbindung hergestellt war, begrüßte ihn Seema in einer zartrosa Bluse mit gerafften Falten. Locker und luftig kleidete sie sie, Seema hatte die oberen Knöpfe offen gelassen und bot ihrer Webcam einen tiefen Blick dar. Auf dem Kopf trug sie einen kecken Hut, unter dem ihre fülligen Haare auf die Schultern fielen. Selbst in der Verpixelung war das noch aufregend.

»Hi!« Seema schob auffordernd ihre rechte Schulter vor.

»Bist du noch zornig?«

»Und wie!« Seema verzog ihren Mund zu einem Schmollen. »Aber lassen wir das jetzt, Jannik. Wir sind hier in einer anderen Realität. Nur wir beide. Jetzt kannst du um mich kämpfen!«

Das Bild auf Janniks Monitor war relativ klar, die Verbindung stand hervorragend. »Kannst du mich gut sehen?«

»Es geht. Etwas blass. Lässt sich aber bestimmt noch optimieren. Hast du noch etwas anderes zum Anziehen, Jannik? Etwas Cooleres?«

Jannik blickte an sich herab. Er trug ein kariertes Oberhemd, das ihm mit einem Mal sehr nach Mutters Auswahl vorkam. Aber er hatte da doch … ja das könnte gehen. Plötzlich überkam ihn die Lust auf Verkleidung. Er ging zu seinem Klei-

derschrank und nahm eine alte, abgestoßene Lederjacke vom
Bügel. Er zog das Hemd aus und warf sich das Leder über die
Schultern. Das Futter der Jacke fühlte sich aufreizend an auf
der nackten Haut. Sie war ihm ein wenig zu klein geworden,
eng lag sie an und ließ Brust und Oberkörper frei, wenn er mit
einer geschickten Armhaltung die Seiten der Weste öffnete
und seine jugendlich-glatte Haut zeigte.

»Wow! Straßengang, you are the hero! Gangster, wangster,
ghettokids.«

»Du siehst super aus, Seema!« Jannik biss sich auf die Lippe.
Hätte er doch viel früher sagen können. Was war ein verbum-
meltes Kompliment denn schon noch wert? Er nahm sich vor,
achtsamer auf den Augenblick zu sein.

»Daaaanke!« Seema zog das Wort keck in die Länge und
beugte sich vor. Jannik nahm einen tiefen Einblick, achtsam
hingegeben an den Augenblick.

»Fühlt sich gut an, so auf nackter Haut«, sagte er.

»Woher weißt du das? Kannst du sie denn sehen?«

»Äh, ich meine …«, stammelte er, aus der Bahn geworfen
durch die neue Adresse. Nein, zu korrigieren war das nicht,
sie hatte vorgelegt und er musste mitspielen und überholen
mit einem Coup, so auf dem Niveau seiner Lederjacke. Er
sammelte alles an maskuliner Tatkraft, was er in sich vorfand.
Ihm schlug das Herz bis zum Hals, als er sich mit rauer Stimme
sagen hörte:

»Nur erahnen, aber ich will sie sehen. Zeig sie mir, jetzt!«

Das ging voll daneben. Seema schrak mit bestürztem Blick
zurück. Doch sofort fing sie sich und setzte ein überlegenes
Lächeln auf.

»O là là, Monsieur, wie ungeduldig! Erotik beginnt im
Kopf! Das Verborgene lockt, nicht das Nackte, das solltest du
doch wissen!«

Lachend sprang Jannik auf den neuen Zug auf. Ihre elegante Parade erzwang nur einen leichten Wechsel im Kurs, und so sagte er:

»Okay, dann locke mich, verführe mich, variiere deine Vierteltransparenz.«

»»Hey, nicht immer so einseitig, Mann! Wenigstens, was sind das für Forderungen. Auch Frauen wollen verzaubert sein von … zum Beispiel von einem schönen Männerkörper wie deinem. Jedenfalls was ich hier so sehe, das macht mich an.«

Seema kicherte albern und warf den Kopf nach hinten. Jannik strich sich unwillkürlich über seine Brust, so als ob er mit seinen Händen Seemas Augenpaar führte. Durch diesen kleinen schwarzen Knopf am oberen Ende seines Laptops schaut sie jetzt, dachte er, da kommt sie zu mir, es ist voll geil. Und überhaupt: Die verschiedenen Räume und die Cyberwelt machen den Kick.

»Was denkst du?«, unterbrach Seema Janniks Gedanken.

»Hm, ich sehe die kleine Kamera an meinem Rechner, sie ist das Auge zu dir, und umgekehrt genauso, und hinter diesen Augen sitzen wir und inszenieren uns. Es ist genauso wie mit dem dünnen Informationsfluss, den unsere Sinne in den Cortex rieseln lassen, und dort wird dann mit großem Aufwand die volle Wirklichkeit inszeniert.«

»Lass das jetzt, Jannik, das ist unerotisch«, entgegnete sie streng. »Und falsch. Denn die volle Wirklichkeit, oho, die ist hier bei mir!« Seema erfasste mit beiden Händen ihre Brüste. »Ich habe die Auslöser deiner neuronalen Aktivitäten hier im Griff!«

Jannik schlug sein Herz bis zum Hals.

»Siehst du«, lachte sie und packte ihre Brüste fester. Ihn ergriff ein leichter Schwindel, doch dann fand er seine Sprache wieder und kehrte zurück zur verbalen Arena.

»Dein Sieg ist allein auf Anatomie gebaut. Ist doch klar, dass ich mit deiner Größe da nicht mithalten kann.«

»Schon gespickelt, mein kühner Straßenhero? Soso, du stehst also auf großen Brüsten? Sind dir meine etwa zu klein?«

Seema streckte ihren Oberkörper zu einem Hohlkreuz und zog ihre Bluse straff über ihren Oberkörper. Unter dem dünnen Stoff zeichnete sich Jannik deutlich die Form ihres nackten Busens ab. Seemas körperliche Argumente verwiesen ihn auf die Plätze.

»Keineswegs«, stotterte er hilflos, er klang verlegen. Irgendwie zappelte er im Netz. Plötzlich sprang ihm eine Intuition bei, er würde einfach in spröder Sachlichkeit entschärfen. »Ideal, so aus der Ferne betrachtet. Alles andere ist eine Sache der Aura, und die erlebt man doch nur in einem gemeinsamen Raum. Hier enden leider die Möglichkeiten informationstechnischer Übertragung.«

Seema schüttelte tadelnd den Kopf: »Aura … Immer so anspruchsvoll, diese Männer. Aber doch, diesmal liegen wir auf gleicher Welle, endlich.« Und sie nickte in plötzlicher Eingebung. »Aura, ist auch meine Überzeugung, Erotik ist eine Übung in Me-ta-phy-sik. Das Verborgene, weißt du? Du könntest dir daran ein Beispiel nehmen und dich etwas mehr in Pose setzen, dimm dein Licht ab und spiele für mich ein wenig mit Licht und Schatten. Erotik ist eine Übung in Ästhetik, dein Oberkörper ist dämmerungstauglich.« Seema kicherte anzüglich. »Deine wahre Größe bleibt mir ja verborgen.«

Jannik war sprachlos. Nie und nimmer hätte er diese Frivolität von ihr erwartet. Er selbst hatte unter Freunden manchmal mitgezogen, wenn sie sich in Zoten ergaben. Aber die Lust, die ihn dabei antrieb, blieb aufgesetzt, galt eher der eigenen Bestätigung, kam aus gemeinschaftlicher Gockelei. Jetzt aber stieg sie wirklich aus seinen Lenden auf, angefacht von Seemas Vorstoß in eine Zone, die bislang eher wortstill geblieben war in seinem Umgang mit dem anderen Geschlecht. Von ihrer Keckheit fühlte er sich angemacht, und so schwenkte er die Schreibtischlampe, um das Licht schräger einfallen zu lassen. Sein muskulöser Oberkörper gewann dadurch an Profil. Er konnte das im kleinen Kontrollmonitor an der rechten Bildschirmseite beobachten. Jannik war aufgeregt, tiefe Atemzüge bewegten seinen Brustkorb, setzten sich fort bis ans andere Ende der Leitung, in ein Jugendzimmer einer freistehenden Villa hinein, wo Seema sich am Spiel von Licht und Schatten auf ihrem Monitor berauschte. »Wow«, flüsterte sie leise, »jetzt bringst du meine Neuronen zum Tanzen, Jannik!«

Der Sturz

Hier ist es also geschehen, dachte Jannik, als er mit leichtem Schritt auf den Bahnsteig des Frankfurter Hauptbahnhofs trat. Genau so ein alter Intercity, mit dem Fuß muss sie in den schmalen Spalt zwischen Waggon und Plattform geraten sein. Wie tief würde man da fallen? Ihn schauderte bei der Vorstellung, wie unerwartet in einem Moment von Unachtsamkeit der Fuß keinen Halt mehr fände und das Bein am eisernen Trittbrett und am Beton des Bahnsteigs entlangschürfe. Der Oberkörper muss vornüber auf den nackten Stein geschlagen sein, der Kopf seitwärts mit zerbrechendem Kiefer. Nein, man kann sich das im Detail nicht ausmalen, dachte Jannik, es ist in einem Sekundenbruchteil geschehen, mit einem Mal und nicht in einem qualvollen Nacheinander.

Jannik wandte sich ab und ließ sich mit dem Strom der Passagiere Richtung Bahnhofshalle treiben. Als er am Gleisende ankam, hatte er Mühe, den querenden Fluss hastender Menschen zu passieren und zu den Rolltreppen zu gelangen, die hinunter zu den U-Bahnen führen. Noch nie hatte er so viel Eile gesehen, in Frankfurt schien die Lebensgeschwindigkeit eine völlig andere zu sein als in seinem gemütlichen Provinzstädtchen. Als er nach einigen Stationen wieder in die Oberwelt gespült wurde, stand er vor einem großen Komplex aus weißem Beton. Auf einem Plan, der die Anordnung der Klinikgebäude zeigte, fand er den Weg zur Psychiatrie.

»Ich möchte zu meiner Tante, Clarisse Lantermann.«

Die Angestellte am Informationsdesk befragte ihren Computer und nannte Jannik Stockwerk und Zimmer. »Die Aufzüge finden Sie dort drüben!« Sie wies mit ihrer Hand quer durch die Eingangshalle des Krankenhauses. Jannik durchquerte mit langen Schritten die Stille der Halle, die plötzlich, nach dem Lärm und der Hektik der Stadt, über ihm zusammengeschlagen war. Natürlich, Stille ist Medizin für die kranke Seele, fuhr es ihm durch den Kopf, doch ihm kam die verordnete Schweigsamkeit des Ortes bedrückend vor. Und augenblicklich spürte er eine unangenehme, dumpfe Schwere in der Magengrube bei dem Gedanken, seine Tante hier zu besuchen. Zum ersten Mal wurde ihm richtig bewusst, dass er eine andere Clarisse antreffen würde. Ein schmerzvoller Stich traf ihn. Seine Schritte wurden langsamer, als er sich der Zimmernummer 412 näherte. Wenn er dort einträte, würde sein Verhältnis zu Clarisse nicht mehr das sein, was es bislang gewesen war: kleiner würde sie sein, zerbrechlicher, und er größer und erwachsener. In der Psychiatrie, dachte er, betritt man die Schwelle zur Unmündigkeit, darüber helfen auch die sauberen Gänge nicht hinweg. Er zögerte, als er die Klinke in der Hand hielt. Der Schritt fiel ihm schwer.

Doch die Entscheidung dazu hatte er schon vor ein paar Tagen getroffen, als seine Mutter ihm von Clarisses Unfall erzählte. Für Jannik stand sofort fest, dass er sie besuchen würde. Seine Mutter war, nachdem die Klinik sie angerufen hatte, direkt nach Frankfurt gefahren, empört darüber, dass man sie erst zehn Tage nach Clarisses Sturz informiert hatte. Und man hatte Clarisse zudem aus der Chirurgischen Abteilung in die Psychiatrie verlegt, nachdem sie rebellisch geworden war und das gesamte Personal gegen sich aufgebracht hatte. Man solle nach einem Overbeck fahnden, er habe sie aus dem Zug gestoßen. Nachdem die Klinikleitung die Polizei eingeschaltet hatte, die tatsächlich Overbeck nach einigen Tagen ausfindig machte, stellten sich Clarisses Anschuldigungen als blanker Unsinn heraus, weil sich Overbeck zur besagten Zeit in der Schweiz aufgehalten hatte. Clarisse insistierte weiterhin, Overbeck tarne sich geschickt hinter Worten, man solle ihm nicht auf den Leim gehen, mit diesem Trick habe er auch schon Friedrich Nietzsche erledigt. Sie sei die Zweite auf seiner schwarzen Liste, überhaupt sei es ein Komplott gegen sie, und die Klinikleitung stecke mit Overbeck unter einer Decke. Man wolle sie mundtot machen, was ihnen ja auch gelungen sei, indem sie ihr den Kiefer zerbrochenen hätten, nicht persönlich zwar, aber dennoch und sie würde weiter kämpfen und jetzt erst recht. Die Dinge trieben auf eine Entscheidung zu, alles sei im Grunde große Politik und so weiter. Die Krankenschwestern beschimpfte sie als Huren im Dienst der herrschenden Klinikmacht, die das Volk im Würgegriff halte mit dem übelsten Instrumentarium überhaupt, der repressiven Unterscheidung von Normalität und Wahnsinn. Und als sie den Oberarzt bei den Schwestern mit der Anschuldigung anschwärzte, er habe sie während einer Nachtschicht vergewaltigt, wurde sie in die Psychiatrie verlegt, sobald es ihr Zustand erlaubte. Von alldem erzählte Janniks Mutter ihrem Sohn nur das Nötigste, sie brachte es ja selbst nicht in eine sinnvolle Ordnung, aber es reichte, um ihn zu seinem Entschluss zu bewegen, seine Tante umgehend zu besuchen.

Jannik drückte die Türklinke nach unten und betrat das Krankenzimmer. Gedämpftes Licht drang durch die zugezogenen gelborangenen Vorhänge, von den beiden Betten war nur eines belegt. Clarisse schlief mit seitwärts geöffnetem Mund, mehrere verschorfte Schrammen und die gelben Flecken in ihrem Gesicht deuteten noch auf den Sturz hin. Ihr Gesicht schien ihm um Jahre gealtert, wie er mit Schrecken bemerkte, vielleicht lag es aber auch nur an ihrem ungepflegten Zustand. Jannik näherte sich ihr lautlos, rückte einen Stuhl an ihre Bettkante und setzte sich. Jetzt erst fiel ihm der eingegipste Arm auf, der nach Schülerart über und über mit Schriftzeichen beschrieben war. Jannik beugte sich vor, um etwas darauf zu entziffern. »Nicht nur fort sollst du dich pflanzen sondern hinauf«, hieß es, und: »Was mich nicht umbringt macht mich härter«. Unwillkürlich musste er schmunzeln. Humor hat sie also noch, dachte er. Sanft fasste er sie an den dünnen Fingern, die bleich aus dem Gips herausragten wie Krallen eines großen Greifvogels. »Keiner ist so verrückt dass er nicht noch einen Verrückteren findet der ihn versteht« war quer über die Gipshand in kleinen Buchstaben geschrieben. Leise rief er sie an und drückte dabei ihre Finger. Clarisse öffnete die Augen, es fiel ihr schwer, zur Welt zu kommen. Verwundert blickte sie ihn an.

»Clarisse, ich bin's, Jannik!« Er biss sich auf die Lippen und unterdrückte die konventionelle Frage nach ihrem Wohlergehen. Clarisse bewegte ihren gesunden Arm und fasste sich an ihren Kopf.

»Was machst du denn hier?«, fragte sie blechern.

»Mama hat mir gesagt, was passiert ist.« Jannik hob beschwichtigend die Hände.

»Nichts weiß sie, nichts.« Clarisse schleppte sich mit verwaschener Aussprache über die Silben. »Nichts, nur dass jemand mich umbringen wollte. Aber das glaubt keiner hier. Sie stecken alle unter einer Decke, mein Junge.«

Clarisse wirkte wie benebelt, wahrscheinlich hatten sie sie mit Psychopharmaka vollgepumpt. Jannik nickte verständnisvoll.

»Jetzt werde erst einmal wieder gesund.« Er drückte seine Hände wie auf einen imaginären, plastischen Gegenstand, so als ob er das Strittige zunächst niederhalten wollte, des Konsenses wegen.

»Nein, Jannik, es gibt Wichtigeres.« Mit wirr flackerndem Blick irrte sie durch das Zimmer. »Da im Schrank ist meine Handtasche, gib sie mir mal bitte.« Jannik stand auf und kehrte mit einer braunen, abgestoßenen Handtasche zurück. Clarisse kramte darin herum und brachte ein schwarzes Notizbuch zum Vorschein.

»Das hier, Jannik, das musst du jetzt an dich nehmen. Hier ist es nicht mehr sicher. Sonst drehen sie mir daraus noch einen Strick. Bei dir ist es gut aufgehoben.«

»Und … was soll ich damit machen?«

»Du sollst …«, Clarisses Blick verlor sich im Ungefähren. Sie verstummte und zog ihre Stirn in schmerzvolle Falten. Mit ihrem getriebenen Blick, den fettigen Haaren und ihrem zerschundenen Gesicht kam sie ihm zwar wie ein Häufchen Elend vor, aber ihr starker Wille lebte noch, auch in dieser Verfassung.

»Heb es erst einmal auf, bis ich komme. Nein, lesen sollst du's. Wirst dann wissen, was zu tun ist. Jetzt kommt deine Stunde. Die Entscheidungen liegen jetzt bei dir. Jetzt gilt's. Ruf mich an, ja? Hier, hier ist meine Nummer.« Mit zitternder Hand griff sie nach einem Notizblock und reichte ihn Jannik.

»Die Nummer steht auf dem Apparat, notier sie dir. Dein Vater ist doch jetzt ein wichtiges Tier bei der Zeitung, vielleicht kann er was tun.«

»Ja, ich werde sehen, was sich machen lässt«, murmelte Jannik halblaut. Er schrieb die Nummer auf den Block und riss das Blatt ab.

»Du bist ein guter Junge, Jannik. Ich kann mich auf dich verlassen. Es geht jetzt ums Ganze. Ums Ganze, hörst du!«

Jannik wusste nicht, wovon sie sprach, aber er nickte zustimmend. Instinktiv spürte er, dass sie genau das jetzt brauchte. Und mit einem Mal erkannte er das ganze Ausmaß ihrer Verlorenheit. Der Unfall im Frankfurter Bahnhof war ein psychischer Absturz gewesen, dachte er. Also war die Psychiatrie doch richtig? Jannik kannte nicht die medizinischen Zusammenhänge, und ebenso wenig wusste er von den Wirkungen der Psychopharmaka auf die Botenstoffe der Neuronen. Vielleicht konnte man so heilen. Aber ob die Medikamente die eigentliche Dimension ihrer Erkrankung erreichten? Die Wurzel lag doch im Inneren ihres Selbst. Dort also, worüber er sich die letzten Wochen so viele Gedanken gemacht hatte. Im Kern der Persönlichkeit, dort, von wo aus die Linien in die Welt hinausziehen. Und ihrer war anders geknotet als bei all denen, die in einer Normallage zu Hause waren. Er bekräftigte es ihr mit einem Händedruck. Und das, genau das hatte ihn immer zu ihr hingezogen, seit seinen frühen Kindertagen, es wehte stets eine frische Brise unbekümmerter Freiheit auf, wenn sie ihn besuchte. Wohltuend unterbrach sie die betulichen Linien zu Hause, die später immer mehr zu einer Fassade wurden, als der elterliche Streit nicht mehr unter dem Deckel zu halten war. Ohne große Worte war sie da zu einer nahen Vertrauten geworden. Und jetzt – all das entgleist? Ihn überkam die Sorge, die Medikamente könnten sich in ihren Persönlichkeitskern hineinfressen und aus Clarisse eine andere machen. Die Angst vor einem Verlust bekroch ihn. Er nahm das Notizbuch an sich und steckte es in die Tasche seiner Jeansjacke. Und er fühlte sich ein wenig wie ein Verschwörer dabei.

»Jetzt werde erst einmal wieder gesund, Clarisse«, sagte er tonlos.

Verächtlich winkte sie ab, und ihm war, als gälte davon ein Teil auch ihm. Er blickte ihr fester in die Augen, die jetzt um eine Spur weniger müde schienen. Er hatte nun einmal diesen Auftrag. »Werd erst mal wieder gesund«, wiederholte er, ihm fiel nichts Besseres ein.

Sie schwiegen sich beide an, jeder in anderer mentaler Verfassung. Clarisse fielen die Augen wieder zu vor Müdigkeit. Vor Janniks innerem Auge zogen Erinnerungen auf, die atmosphärisch um ein Zentrum kreisten: in Clarisses Gegenwart hatte er sich immer leicht gefühlt, sie hatte die Gabe, sich in seine Welt zu begeben, ja, sie lebte geradezu auf, wenn sie mit ihm spielte. Ihr Selbst ist im Kinderland zu Hause, oder wenigstens ein Teil davon, dachte Jannik. Erst in den letzten Jahren hat sie die unangenehmen Seiten der Erwachsenen übernommen, hat mich ermahnt, bevormundet und mit ihren Lebenserfahrungen aufgetrumpft, um mich zu besseren schulischen Leistungen aufzurufen. Und jetzt, wo sie so vor mir liegt, zu Fall gebracht und deutlich angezählt, jetzt gibt sie mir die Stafette in die Hand. Jannik fühlte nach dem Notizbuch in seiner Tasche. Es bleibt bei der verschwiegenen Solidarität zwischen uns, so wie es immer war, Clarisse, ich finde einen Weg, versprochen!

Und dann rief er der schläfrigen Clarisse ihre gemeinsamen Stunden in Erinnerung. Manchmal huschte ein zustimmendes Lächeln über ihre Lippen, dann wiederum zeigte sich eine Stirnfalte, die Zweifel oder Erstaunen signalisierte, doch im Großen und Ganzen war sie tief eingesunken in ferne Abwesenheit. Jannik störte sich nicht daran, er fühlte sich so mit ihr sogar vielsagender verbunden. Er genoss die intime Stille als Zeichen eines innigen Einklangs zwischen ihnen, und es fiel ihm leicht, Worte für die besondere Bedeutung zu finden, die sie für ihn hatte. Vielleicht quoll es auch deswegen so flüssig aus ihm, weil er ihre Einwände gleich mitformulierte und dadurch zusätzlichen Schwung gewann. Und welchen Anlauf er nahm! Er sprang von seiner Kindergartenzeit kreuz und quer durch sein junges Leben, das ihm aus seiner Perspektive ja wie eine große Zeitmasse vorkam. Mitunter verlor er sich ein wenig in abseitigen Details und steckte fest, dann rief er mit einem Blick auf ihr aschgraues Gesicht sich selbst zurück und fand den Weg zurück zur Hauptlinie. Am Ende langte er bei Seema an und er erklärte der im Halbschlaf dämmernden Clarisse, wie sehr er sich in Seema verliebt hatte. Zum ersten Mal wusste die Welt nun von seiner Leidenschaft, es war ein verschworenes Coming-out. Mit einem kurzen Zucken ihrer Augenbrauen kommentierte Clarisse sein Bekenntnis. Jannik drückte wieder leise ihre Hand. Clarisse blieb stumm, und als Jannik seinen Griff wiederholte und nur die schwache Andeutung einer Antwort bekam, meinte er, hier wäre nun nichts mehr für ihn und für Clarisse zu tun, schaute auf seine Uhr und kramte den Ausdruck mit den Verbindungen aus seiner Jeanstasche. Er würde den Direktzug noch bekommen, er könnte Seema heute Abend noch treffen. Über WhatsApp gab er ihr Nachricht von seiner Ankunftszeit und bat sie, in das *Café des Illusions* zu kommen, ein beliebter Treff bei Schülern und Studenten. Leise wie er gekommen war stand er auf, legte Clarisse zum Abschied die Hand auf die Stirn und ging aus dem Zimmer.

Berufsverkehr, der Pendlerblock war unterwegs. Vor den Waggontüren des ICE nach Stuttgart stauten sich die modernen Arbeitsnomaden wie Bienen vor dem Flugloch. Nach einiger Suche fand Jannik einen freien Platz. Er griff in die Jeansjacke und fühlte nach dem Heft. Was bezweckte sie eigentlich damit? Der Schriftzug über die Verrücktheit auf Clarisses Gipshand … Nein, das war er gewiss nicht. Ein Vertrauter, das schon. Wie ernst sollte er ihren Willen überhaupt nehmen? Nein, daran darf ich nicht zweifeln, dachte er, das habe ich ihr am Krankenbett versprochen. Für einen Moment kämpfte in ihm Scheu mit Neugier, doch sehr bald öffnete er das Heft. Es war ein schwarzes Moleskine, so wie es reisende Schriftsteller und Künstler im 20. Jahrhundert mit sich führten, stolz sprach ein kleines Faltblatt davon, das Jannik beim Öffnen entgegengefallen war. So wirr, wie ihre Worte heute waren, so kunterbunt waren auch ihre Einträge hier, stellte er beim Durchblättern der Seiten fest. Clarisses Schrift war klein und unruhig, krakelig und schwer zu entziffern, da gab es kleine umrahmte Kästchen mit einzelnen Sätzen, dann wieder einzelne Zeichnungen, eingeklebte Postkarten, Tickets und Restaurantrechnungen. Bisweilen teilten dickere Striche einzelne Partien, doch nirgendwo war ein Datum vermerkt. Jannik klappte das Notizbuch zu und schaute in die aufziehende Dämmerung hinaus. Er scheute den intimen Blick in Clarisses ungeordnete Seele. Auch war da durch die Mitwisserschaft etwas durcheinandergeraten mit dem natürlichen Abstand, den zwei Generationen trennen. Die sechsundzwanzig Jahre, die Clarisse älter war – Jannik wäre froh gewesen, hätte es dabei bleiben können.

Doch dann öffnete er es. Aus Taktgefühl begann er mit den letzten Seiten, als wäre das am ehesten noch erlaubt, halbwegs Gegenwart, dafür hatte er ja die Zulassung ausdrücklich bekommen. Clarisse hatte auf die letzte Doppelseite eine Bleistiftskizze gezeichnet. Jannik erkannte einen Berg, in dessen Frontseite ein Gesicht hineingemalt war, ein Mann mit Brille und Schnurrbart. Er blickte auf eine Wiese herab, auf der eine Gruppe von Menschen im Gras saß. Schwarze Vögel kreisten über ihnen, einige hatten anscheinend zum Angriff angesetzt. »Die Lämmer sind den großen Raubvögeln gram« hatte Clarisse in den Himmel geschrieben. Und unter dem Bild stand in tanzenden Buchstaben: »Von jeder Stelle aus gesehen ist die Irrtümlichkeit der Welt, in der wir zu leben glauben, das Sicherste und Festeste, dessen unser Auge noch habhaft werden kann.« Das Zentrum des Satzes hatte Clarisse in Graffiti gesetzt.

Ihr Silser Mitbringsel, dachte Jannik. Vor den neugierigen Blicken seiner Sitznachbarin, einer Dame mittleren Alters, schirmte er seinen Fund ab. Er musterte das Bild. Clarisse hatte Nietzsche durchaus getroffen, fand er, mit wenigen Strichen hatte sie das charakteristisch Düstere seines Gesichts gut herausgebracht.

Er blätterte zurück, wieder eine Doppelseite, diesmal in Hochformat, beschrieben mit mehreren Sätzen, die aus dem Inneren eines großen, weit aufgerissenen Mundes stürzten. Zwei Ströme in blutroten Sätzen ergossen sich über die geschwärzte Zunge: »Du seist verflucht mit Wahnsinn, Blindheit und Rasen des Herzens und wirst tappen am Mittag, wie ein Blinder tappt im Dunkeln« und, weiter rechts: »Der Tod soll den mit seinen Schwingen erschlagen, der die Ruhe des Pharao stört«. Mit seinen Zähnen und der heraushängenden Zunge hatte das Bild etwas verstörend Aggressives. Verschreckt klappte Jannik das Moleskine zu. In welche Welt war er geraten? Das war nicht die Clarisse, die er kannte.

Im Waggon breitete sich Unruhe aus, mehrere Passagiere machten sich zum Ausstieg im nahenden Mannheim bereit. Jannik betrachtete zerstreut die Gestalten und Gesichter. Würde eine Clarisse sich unter ihnen befinden, dachte er, sie wäre ihm nicht besonders aufgefallen in Statur und Ausdruck, – mag es unter diesen hier auch solche wütenden Seelen geben? Vielleicht aber, so gingen seine Gedanken weiter, putzt jeder seine Oberfläche und verbirgt dahinter eine ganz andere Person? Innen und Außen. Schon möglich, grübelte er weiter, aber man müsste doch bei genauer Beobachtung im Äußeren immer auch eine Spur des Inneren lesen können. Vielleicht die beiden markanten Falten im Gesicht der Frau, die nun neben ihm stand im Gang in der wartenden Ausstiegsschlange. Falten, links und rechts der Nasenwurzel in die Stirn hineinwachsend, im Zusammenspiel mit den nach unten gezogenen Mundwinkeln … Der junge Soldat in seinem khakifarbenen Armee-Outfit hinter ihr, einen Kopf größer. Sein glattes, bartloses Gesicht war mit Pickeln übersät, Jannik konnte sich ihn zwar des Abends mit Freunden in einer Kneipe vorstellen, aber das war doch nur etwas Äußerliches. Oder? Er betrachtete genauer seine Züge, aber sie öffneten Jannik kein Fenster ins Innere. Und wenn ich bekannte Personen nehme?, fragte er sich. Sehe ich da die Schrift der Seele? Von Clarisse etwa oder von meiner Mutter oder … hier stockte er, weil aufschießende Gefühle seine Gedanken unterbrachen … Seema? Seema … Er imaginierte ihr Gesicht und überließ sich ihren sanften Linien. Er wanderte von ihren rehbraunen Augen über ihre Nase zu ihren vollen, lila-braunen Lippen, er umkreiste ihr Kinn mit der leicht eingebogenen Mitte, er wanderte über die Wangen seitwärts der schwarzen Haare hinauf zu ihrer hohen Stirn mit dem dichten Haaransatz. Da waren nirgendwo Falten, die erzählen konnten, woran sollte er sich halten? Er könnte mit ein wenig Anstrengung ihr Gesicht in Bewegung setzen, ja es funktionierte!, und er studierte ihre Mimik. Und jetzt bekamen ihre Augen auch den Glanz, der ihn so sehr faszinierte, von hier aus müsste es möglich sein, die Welt ihrer Qualia zu erkunden, dachte er. Das Innere der Seele. *Seele* – selten zuvor war er dem Wort so nahe gewesen. Gleichwohl, es klang ein wenig altmodisch, aber das war es gerade, was es ihm so sprechend machte. *Seele* – er dehnte das Wort über die Vokale, und es klang ihm hell und rein. Zuckerguss der Sprache, dachte er, dunkel ist ihr Inhalt bei Clarisse. Und bei Seema? Die beiden kulturellen Wurzeln, er müsste begreifen lernen, was das aus ihr macht und wo sie steht dabei. Und was der Seele eine solche Superschönheit bedeutet, ganz bestimmt hatte Seema schon als kleines Kind die Herzen der Erwachsenen im Sturm erobert. Auf jeden Fall lagern sich Vergangenheiten dort ab, in der Seele, unter ihrem weißen Zuckerguss, über das eigene Leben hinaus zu dem, was vorher war, die Familienlinie entlang zu unbekannten Vorfahren, ja über den Evolutionsbogen zu Primaten, Kröten und Echsen. War sie unsterblich, die Seele? Jannik glaubte nicht daran – würde Seema es? Er würde sie fragen wollen, ach, es gab so viel zu besprechen, die Themen stapeln sich mir gerade schneller auf, als wie ich sie abtragen könnte. Und all die Fragen und all die möglichen Antworten, gehören sie vielleicht dem Land der kleinen Ewigkeit an, wo nur der Geist zu Hause ist? Größer, weiter, erhabener, edler als die kurze Endlichkeit meines einzelnen Lebens?

Im *Café des Illusions*

Seema saß schon wartend vor ihrer Cola, als Jannik in das *Café des Illusions* eintrat. Sie nickte ihm zu, ihre zu einem dichten Pferdeschwanz gebundenen Haare wippten aus einer dunkelgrünen Baseballkappe. Jannik sah zum ersten Mal ihre kleinen

Ohren. Sein zweiter Blick galt dem hautengen Minikleid in schillerndem Grün und Dunkelgelb, das sie über schwarzer Strumpfhose trug. »Wow, jetzt bringst du aber meine Neuronen zum Tanzen!«, flüsterte er ihr nach dem Begrüßungskuss ins Ohr.

»Sportlich, sportlich! Sprint oder Langstrecke?«

»Salsa und Tango Argentino, wenn du Kondition hast, die ganze Nacht!«

»Angeber!«

Die Verschnupfung, die Seema nach ihrem Skype-Gespräch gezeigt hatte, war verflogen und sie zog seinen Kopf energisch an den ihren. Jannik hatte ihr nämlich am folgenden Tag etwas plump zu verstehen gegeben, er sei an einer freizügigen Fortsetzung interessiert, worauf sie nur schnippisch geantwortet hatte, Wiederholungen seien ›suboptimal‹. Und überhaupt sei sie nicht sein Pin-up-Girl, die könne er im Pirelli-Kalender suchen. Er solle lieber seine eigene Phantasie pflegen. Immer schroffer war ihr Ton geworden, Jannik hatte längst das Heft des Handelns abgegeben. Er war rhetorisch entwaffnet und konnte nicht mehr parieren. Abgebürstet stand er herum im Pausenhof der Schule. Zwar hatte sie noch eingelenkt, aber eine Missstimmung in erotischen Dingen war geblieben. Das war vor drei Tagen gewesen.

»Ich möchte mich bei dir nochmal entschuldigen für meine blöde Zickerei«, gab sie auf Janniks lateinamerikanisches Bekenntnis zurück. »Gefalle ich dir?«

»Du bist der Aufmacher in meinem eigenen Kalender.« Jannik konnte sich die Anspielung nicht verkneifen.

Seema warf ihre Unterlippe auffordernd auf. »Und welche Girlies finden sich auf den anderen Seiten?«

»Tja«, dehnte Jannik. »Alles noch frei. Möchtest du dich bewerben?«

Er gefiel sich dabei, den Macho zu geben. Die Frankfurter Ereignisse hatten ihm einen Schub versetzt. Er kramte sein Handy aus der Jeansjacke und schaute sie fragend an. Seema nickte und warf ihren Kopf posierend auf. Jannik schoss drei Bilder. Kichernd beugten sie sich über das Display.

»Und jetzt erzähl!«

Jannik atmete tief durch.

»Sie ist schon sehr schräg drauf, Seema«, begann er. »Du weißt ja von ihrem Unfall. Sie sieht sehr angeschlagen aus, Schorf im Gesicht und Flecken von Blutergüssen und so. Aber ich glaube, dass das gar nicht so sehr das Problem ist.«

»Sondern?« Seema ergriff Janniks Hand.

»Eher etwas Psychisches. Sie liegt jetzt in der Psychiatrie.«

Seema riss ihre Augen weit auf.

»Nein, es ist nicht so, wie du dir das vorstellst, so mit irre wackelnden Köpfen und weißer Zwangsjacke«, beruhigte sie Jannik. »Du kannst das von einer normalen Station eigentlich gar nicht unterscheiden. Sterile Flure, Zimmer mit Tisch und Fernseher. Aber dennoch«, Jannik senkte seine Stimme. »Es ist übel bedrückend, sag ich dir. Sie ist bis zur Halskrause voll mit Psychopharmaka. Ich konnte mich mit ihr gar nicht wirklich unterhalten. Ihr fallen ja ständig die Augen zu. Aber ich war ihr trotzdem sehr nahe. Und sie mir, merkwürdig war das. Dicht und voll und … und schön und bewegend«. Jannik schaute seiner Begegnung mit Clarisse hinterher. Dann schüttelte er sich.

»Und dann ist da noch etwas …«

Seema schaute Jannik gespannt an. Er zögerte einen Moment. Wie weit sollte er sie ins Vertrauen ziehen? »Zwei Dinge, aber sie bleiben unter uns!?«

Seema nickte. Da war er wieder, der schimmernde, geheimnisvolle Glanz in ihren Augen. Bislang hatte Jannik in ihm nur ihre weibliche Erscheinung gesehen und als einen Widerschein darin sein eigenes Begehren. Jetzt aber lag mehr darin. Für einen Moment war ihm, als spiegelten sich in ihrem Augenfilm die Dinge so, wie sie ihr erschienen. Seemas Weltfenster, Jannik schaute hinein. Seema blickte konzentriert und ganz auf den Augenblick fokussiert, und beide teilten jetzt einen entrückten Weltmoment miteinander, hier im *Café des Illusions*, der Rest der Welt versank dabei in Bedeutungslosigkeit. Hätte Jannik Worte für dieses Gefühl der Entrückung gehabt, dann wäre die Formel »Wir allein sind wirklich!« ein verführerischer Treffer gewesen. Jeder Verliebte kennt das. In einem solchen Augenblick verschmilzt das Schöne, Gute und Wahre zu einer unauflöslichen und unbezweifelbaren Einheit. Und die Intensität dieser Weltsekunde schwemmte alle Skepsis hinweg, die Jannik etwa hätte davon abhalten können, Seema ins Vertrauen zu ziehen.

»Sie hat eine Paranoia. Sie wirkt gehetzt und fühlt sich verfolgt. Vielleicht hängt das mit ihren Erlebnissen in Sils Maria zusammen. Sie hat mir von dort eine Mail geschrieben und absurde Andeutungen gemacht.«

Seema schaute ihn fragend an.

»Ich kann mir auch keinen Reim draus machen. Sie müsse da Leute in ihre Grenzen verweisen.« Jannik zeichnete mit seinen Fingern Anführungsstriche in die Luft. »Weißt du, sie hat ein abgöttisches Verhältnis zu Friedrich Nietzsche. Völlig irrational. Sie sieht sich als seinen wahren Nachlassverwalter.«

»Seinen *was* …?«

»Ja, sie sucht ihn dort in Sils Maria immer wieder auf, glaube ich. Auf jeden Fall war ihr Unglück am Bahnsteig ein, wie soll ich es sagen? … ein seelischer Sturz, glaube ich. Das Physische war nur äußerlich, glaube ich.«

»Ich verstehe nicht recht, Jannik.«

»Ich ja auch nicht. Aber manchmal sind doch äußere Begebenheiten ein Abbild von etwas Innerem. So wie … wie

Hautkrankheiten etwa. Na, das ist ein schlechtes Beispiel. So wie wenn jemandem, der eine Tunnelangst hat, schlecht wird, wenn er mit der U-Bahn fährt. Auch wieder kein gutes Beispiel. Aber Clarisses Sturz, der ist ein gutes.«

»Glaubst du wirklich daran, Jannik?«

Jannik nickte. »Da ist schon was dran. Ich glaube, dass wir vieles von dem, was uns im wirklichen Leben begegnet, von unserer Psyche her …« Jannik suchte nach dem richtigen Wort, »… steuern. Und damit auch irgendwie vorherbestimmen. Ja, Bewusstsein und Welt sind eine Einheit. Darauf bin ich in der letzten Zeit immer wieder gestoßen.«

Seema nickte. »So wie wir uns auch gefunden haben! Na, so richtig haben wir uns ja noch nicht, Jannik, Skype hin oder her, da fehlt schon noch Einiges!« Sie entzog ihm ihre Hand, setzte sich kerzengerade auf, bog ihm ihren Busen entgegen, stemmte beide Arme in ihre Hüften und wiegte ihren grüngelb schillernden Oberkörper vor seinen Augen. Lachend warf sie ihren Kopf an seine Schulter. Janniks Neuronen feuerten, und ein feiner Duft, der in seine Nase stieg, blies wie ein heftiger Wind in trockenes Reisig.

»Und das Zweite?« Seema rückte zurück in Dialogposition.

»Ja, das Zweite«, setzte sie nach, als Jannik verdutzt schwieg. »Du hast zwei Dinge angekündigt, die unter uns bleiben sollen!«

»Ach ja, richtig. Sagte ich. Das ist der eigentliche Hammer, glaube ich. Das Tagebuch. Sie hat mir ihr Tagebuch gegeben.«

Er griff in seine Jeanstasche und zog das Moleskine hervor.

»Du hast es gelesen?«

Jannik schüttelte den Kopf. »Es sind Zeichnungen darin und einzelne Sätze, Zitate von ihrem Meister, nehme ich an. Seema, es ist der Inhalt eines verrückten Hirns in diesem Heft.«

»Wow!«, hauchte Seema. Und nach einer Pause setzte sie hinzu: »Glaubst du, sie ist verrückt?«

»Schon ein bisschen. Nach allem, was passiert ist …« Jannik schluckte. »Aber weißt du, Sema, das mit dem Verrücktsein, das ist so eine Sache. Ich glaube, sie sucht einfach nach Höhepunkten im Leben. So wie wir auch, nur anders eben. Und das ist wieder ganz und gar normal.«

»Ja, stimmt.« Und dann platzte es aus ihr heraus: »Schau dir doch mal die Spießer hier an im *Café des Illusions*!« Sie schwenkte ihren Arm hinaus in das nur spärlich besuchte Bistro. »Wir sitzen hier in französischem Flair, mit alten Sartre- und Beauvoir-Fotos an den Wänden. Und das da drüben, sind das Fotos von Cartier-Bresson? Ich kenne sie von Mama. Und hier wird es kopiert, aber für welches Publikum denn? Unter den Illusionen eines Paris der fünfziger Jahre plaudern die Leute über ihre Einkäufe bei H&M! Das ist lächerlich, Jannik. Eigentlich ist es doch die Normalität, die verrückt ist.«

»Ver-rückt … das Wort hat einen Klang. Da ist etwas aus seiner Mitte gerückt, und einen Sprung hat es auch, so wie ein alter Teller …«

»…und in eine andere Mitte hinein, in die Mitte des Systems. Die Matrix. Du kennst den Film?« Jannik nickte, *Matrix* war Kult. »Wir sollen alle Mitspieler sein, Jannik, ökonomische Mitspieler, das ist unsere Scheiß-Matrix, in der wir hängen. Und die dekoriert auch den Raum hier«. Sie schwenkte über die angejahrte Einrichtung des Bistros hinweg, über die runden Marmortische, die Wandspiegel, die zerlesenen Zeitungen an den Wandhaken und die Fotos, die das Pariser Leben von den dreißiger bis sechziger Jahren zeigten. »Unter diesen Requisiten sollen wir uns wohlfühlen«, presste sie heraus.

»Ja warum denn nicht? Ist doch nett hier. Alles Illusionen,

aber was macht's? Das Café ist ehrlich. Aber – was hat das mit Clarisse zu tun?«, fragte Jannik.

»Die Mitte eben. Ich glaube, es geht um die Mitte. Vielleicht sucht Clarisse eine Mitte, nur anders als hier eben. Eine wirkliche Mitte, mein ich, nicht als Illusion oder Kopie oder Zitat, sondern echt. Und das macht sie so anders. Könnte doch sein, oder?«

»Ich denke, die Sache mit der Mitte ist übel kompliziert.« Jannik berührte seine Nasenspitze mit dem Zeigefinger und bog sie nach oben. »Nein, auch die Köpfe, unter denen wir hier im *Illusions* sitzen, haben nie die Mitte gebildet. Sie waren damals ebenfalls Außenseiter. Und ich wette, schon im alten Athen war die Mitte immer außen gewesen, schließlich wurde Sokrates doch hingerichtet. Eine Mitte, gesellschaftlich gesehen, die ist bieder, wie du sagst.«

»Ich spreche doch von der persönlichen Mitte, Jannik.«

»Clarisse jedenfalls hat sie nicht gefunden.«

Jannik legte das Moleskine zwischen ihnen auf den Tisch. Er tippte mit dem Finger auf den schwarzen Umschlag. »Das hier ist ein Kriegstagebuch. Ich habe zwar nur die letzten Seiten angeschaut, aber ich fürchte, sie sind alle so, mehr oder weniger.«

Er schlug das Bild mit dem wütenden Gesicht und den beiden herausströmenden Sätzen auf. Seema beugte sich darüber und entzifferte das Geschriebene. »Wow, ist das verschickt«, flüsterte sie.

»Und schau hier!« Er blätterte um und zeigte ihr die Zeichnung von Nietzsche-im-Berg, den schwarzen Vögeln und den kleinen Leuten auf der Wiese. »Was sagst du dazu? ›Die Lämmer sind den großen Raubvögeln gram‹ und hier: ›Von jeder Stelle aus gesehen ist die Irrtümlichkeit der Welt, in der wir zu leben glauben, das Sicherste und Festeste, dessen unser Auge noch habhaft werden kann.‹«

»Dieses Bild …« Seema schlug die Hände zusammen. »Weshalb hat sie es dir gegeben?«

Jannik zuckte die Schultern.

»Dann lies es doch!«

Er schüttelte stumm den Kopf. »Sie ist für mich hier eine andere.« Er tippte wieder auf das Moleskine. Und dann erzählte er ihr von Clarisse, von seiner Clarisse. Von entfernten, hellen Kindertagen, von seiner Einschulung, von der gemeinsamen Fahrradtour nach Holland, von der ›anderen Wirklichkeit‹, die Clarisse für ihn bedeutet hatte. Er stieg hinab in Welten der Erinnerung, die Worte kamen wie von selbst. Von Clarisse sei für ihn immer eine Art Heil ausgegangen, sie habe sich auf phänomenale Art in ihn hineinversetzen können. Habe ein Ohr gehabt für Dinge, die ihr doch eigentlich völlig fern liegen, wie ein Streit mit einem Spielkameraden etwa oder seine Ritter- welten, von denen er als Zehn- oder Zwölfjähriger so fasziniert war. Ja, er wusste von ihrer Reiseleidenschaft, und sie habe davon auch erzählt, aber von Krieg war darin nie die Rede. Was sie ihm mit nach Hause brachte, das sei stets warm verpackt gewesen. Er jedenfalls habe den Eindruck gewonnen, sie wäre dort draußen auch immer irgendwie auf der Suche nach einem Mitbringsel für ihn gewesen, im geistigen Sinne meine er das.

»Und jetzt«, beendete Jannik seinen Bericht, »jetzt sehe ich das!« Er klang bitter, Seema hörte sogar eine Spur von Anklage darin. »Weißt du, Clarisse zieht sich wie ein roter Faden durch mein Leben«, fügte er leise noch hinzu.

Anstelle einer Antwort umschlang sie ihn mit ihren Armen und gab ihm einen Kuss, einen richtigen, einen langen und zärtlichen. Diskret wendet sich der Blick von ihnen ab und hält sich an der Bedienung fest, die hinter dem Tresen gerade die Spülmaschine leert. Müde wirken ihre Bewegungen nach einem langen Tag, vielleicht zählt sie insgeheim die Minuten bis zum nahenden Feierabend. Eng benachbart zwei verschiedene Welten ohne Grenzverkehr. Mit teilnahmsloser Miene beobachtet sie, wie beide wieder auftauchen in die altgelbe Lichtflut des schläfrigen *Cafés des Illusions*. Ihr entgeht der einvernehmliche Blick, mit dem beide sich erheben und sich ihr nähern, um ihre Getränke zu bezahlen. Eilig verlassen sie das Café und schlagen den Weg in den kleinen Stadtpark ein. Unter einer großen Kastanie machen sie Halt, Jannik presst Seema eng an sich. Er genießt den leichten Druck ihrer Brüste gegen seinen Oberkörper, mit der Hand drückt er gegen ihr Gesäß und zieht sie fest gegen seine Lenden, sie kann sein erwachendes Geschlecht spüren. Mit der anderen Hand ergreift er ihren Nacken, streicht sanft mit seinen Lippen über ihre warmen Wangen und küsst sie auf ihre geschlossenen Augen. Unter dem nachtdunklen Mantel der Welt findet er ihre weichen Lippen. Unzählige Male an ebenso unzähligen Orten springt jetzt, gerade jetzt die Zeit aus ihrem Räderwerk. Nichts Besonderes also in der Weltsumme, für die Liebenden aber ist ein solcher Moment einzig, eine Weltminute, die aufsteigt aus dem Meer der Zeit.

Doch nicht immer ist die Choreografie stimmig. Nicht immer passt das Spiel der Hände zum Spiel der Lippen.

»Wir haben alle Zeit der Welt, Jannik, bitte. Nicht hier, ich will das nicht.«

Seema nahm Janniks Hand von ihrer Brust und zog sich ihr knappes Kleid wieder über ihre Hüften. »Bitte nimm es mir nicht übel, aber ich möchte eine andere Situation dafür mit dir. Es soll … es geht mir zu schnell, verstehst du?«

Selbst im Dunkel der Nacht konnte sie sehen, dass er errötet war vor Hitze und auch vor Scham. Er nickte einverständlich, doch ein Kloß in seinem Hals hinderte ihn am Sprechen.

»Und dann muss ich dir noch etwas sagen.«

Janniks Herz pochte wild.

»Ich fliege morgen mit meiner Mutter nach Delhi. Ich begleite sie zu einer Konferenz an der Uni. Die letzte Woche Schule vor den Ferien schwänze ich. Ich wollte es dir schon früher sagen, aber ich habe mich nicht getraut.« Sie lachte verlegen. »Wäre wohl besser gewesen, jetzt fällt es mir ja noch schwerer. Wir werden uns zwei Wochen nicht sehen. Bitte, Jannik, sag jetzt nichts. Wir haben alle Zeit der Welt. Und wenn ich zurückkomme, dann machen wir eine Bettparty, ja? Ich will dich stundenlang erkunden …«

Jannik war wie vom Donner gerührt. Er fühlte sich trotz der blendenden Zukunftsaussichten wie abgebrochen. Mit heiserer Stimme sagte er: »Ich bin vom Himmel herab auf die Erde gestürzt, Seema. Ich … zwei Wochen sind sooo lang!«

Seema legte ihm einen Finger auf die Lippen. »Psst. Ich weiß. Viel zu lang. Wir werden uns erotische Mails schreiben, wir werden skypen. Und dann …« Sie schüttelte ihn.

Sie wand sich aus seinen Armen und begann, ausgelassen über die Wiese zu tanzen. Ihr breiter Schal flatterte an ihren ausgebreiteten Armen und hüpfend drehte sie sich mehrfach um ihre eigene Achse. Laut jauchzend ergriff sie mit einer Hand den steif dastehenden Jannik und zog ihn hinein in ihre Kreise. »Ich bin verliebt, ich bin verliebt bis über beide Ohren!«, rief sie, und Jannik fiel mit seinem tiefen Bass ein: »Ich begehre dich, ich verehre dich, ich bin ganz wild nach dir!« Tanzend stürmten sie lautstark durch die Fußgängerzone, drehten sich hier und dort um einen Laternenpfahl und erstaunten die wenigen Passanten, die so kurz vor Mitternacht noch unterwegs waren, mit spontanen philosophischen Miniaturen wie: »Ver-rückt, ver-rückt und ohne Mitte!« oder »Nur wir beide sind doch wirklich!« Den Altstadtring überquerten sie in prächtigster Laune, und erst einen Straßenzug vor Seemas Haus hielten sie inne.

Zweiter Teil
Die Metropole oder Außenpolitik des Selbst

Jugendkultur

»Wow!« Bewundernd glitt Janniks Blick am eleganten stahl-
gläsernen Gewölbe des Berliner Hauptbahnhofs entlang. Eine
milchige Sonne durchflutete die offene Halle. Ihn erfasste ein
berauschendes Raumgefühl. Groß kam es daher, aus ferner
Weite, und uferlos dehnte es sich über sein junges Leben. Es
blies Jannik durch seine inneren Räume und entfachte ihm
einen heftigen Welthunger. Stromeintritt, schoss es ihm in
plötzlicher Eingebung durch den Kopf, ein Wort, das an jenem
buddhistischen Abend bei Seema gefallen war und das sich
seitdem verdeckt in ihm einquartiert hatte. Nun trat es hervor,
gewann Farbe und eigenen Bezug. In einem Moment ange-
haltener Zeit bildete Jannik mit seinem Rucksack eine Insel
im Fluss der Reisenden, die ihre Koffer hinter sich herziehend
den Rolltreppen zuströmten.

Mehrere Male atmete er tief ein und schmeckte die un-
gewohnte Atmosphäre, dann nahm auch er seinen Weg zur
Rolltreppe und schwebte die Etagen des Bahnhofs bis zum
Erdgeschoss hinab. Sorry, hatte ihm sein Vater vorhin noch auf
sein Handy geschickt, es würde doch erst gegen 18 Uhr werden,
ein unabwendbares Meeting, dann wie besprochen im *Café
Einstein*, Nähe U-Bahn Nollendorfplatz, er solle sich ein wenig
die Beine vertreten. Er hatte also noch fast vier Stunden Zeit,
er könnte sich einfach ein wenig treiben lassen über Reichstag,
Brandenburger Tor, Tiergarten zur Siegessäule. Deren gold-
glitzernde Ferne hatte er auf einem Foto bestaunt, das große
Menschenmassen anlässlich des Berlin-Besuchs von Barack
Obama zeigte, der damals seine Präsidentenkampagne mit
Kennedys Mythos geschmückt hatte. Den Rucksack würde er
im Schließfach lassen, das gäbe Gelegenheit, später am Abend
noch einmal unterwegs zu sein. Jannik hatte Hunger auf Räume.

Als er die Spree überquerte, konnte er sein Ziel in naher Ferne ausmachen. Er schlenderte am Fluss entlang und betrachtete dabei die Passanten. Viel junges Volk war unterwegs an diesem warmen Oktobertag, immer wieder stauten sich kleine Aufläufe vor Musikern und Porträtmalern. Ganz Babylon schien hier versammelt, Jannik genoss das Stimmengewirr, es war ihm, als wäre er ins Freie getreten. Manche der Sprachen, die an sein Ohr drangen, konnte er sicher identifizieren, andere dagegen nur halb, er suchte dann Aufschluss in der Mimik der Gesichter. Dann gab es auch transkaukasische Laute, gutturale Wellen aus fernsten Niemandsländern. Jannik schwamm im Datenstrom von Auge und Ohr. Und überhaupt drängte sich ihm immer wieder der Vergleich zu seinem süddeutschen Städtchen auf. Er begann, seines Vaters Begeisterung zu erahnen, mit der er in seinen E-Mails und Telefonaten aus Berlin berichtete. Es war ein Enthusiasmus, in dem stets unüberhörbar der Tonfall von Erleichterung und Aufbruch mitschwang. Jannik begann zu begreifen, dass mehr dabei im Spiel war als nur die Erlösung von der Bürde einer ungesicherten wirtschaftlichen Existenz, viel mehr.

»Please, can you make a photo?« Ein junger Mann stand plötzlich vor ihm und unterbrach Janniks schwereloses Dahintreideln. Sein Englisch war stark spanisch gefärbt und nicht von großer Belastbarkeit, denn als Jannik nachfragte, wie er das Foto komponieren sollte mit Hintergrund und Format, da rührte er heftige Handbewegungen in seine karge Antwort hinein. »Dis bilding in de beck«, und er deutete auf den Reichstag. Jannik schoss gleich drei Fotos von ihm und seiner braun gelockten Begleiterin. Als er den Fotoapparat zurückgab, fragte er ihn, woher er komme. »Spein, Andalusia, siti of Granada.« Seine Begleiterin lächelte scheu. Ob er Berliner sei, fragte der Spanier, nein, leider nicht, gab Jannik zurück, und als er in leutseliger Beglückung hinzusetzte, er sei gerade erst angekommen aus dem Süden Deutschlands und kenne sich hier überhaupt nicht aus, aber gerade seine Unkenntnis errege ihn und ob es ihnen auch so ginge, da konnte Jannik den Verständnisfaden in den ratlosen Gesichtszügen des Andalusiers abreißen sehen. Er heiße Jannik, baute er schnell eine Brücke, die das spanische Pärchen mit sichtbarer Erleichterung betraten: »Mai neim ies Javier änd mai Gierl frind is Carla.« Jannik nannte den seinen, dann wünschte man sich gegenseitig noch eine gute Zeit in Berlin und fertig war die erste Begegnung von interkultureller Tiefe.

Sein Ziel sollte Jannik heute nicht mehr erreichen. Er wird es schlichtweg aus dem Blick verlieren, das bunte Treiben der Stadt wird ihn mit sich ziehen und einen Programmwechsel erzwingen. Denn die touristischen Highlights am Wege wurden ihm zunehmend zur Kulisse für die Happening-Kultur der Stadt. Willig überließ sich Jannik dem Zauber der Jugendkultur, flanierte am Reichstag vorbei und wurde auf der großen Wiese des Platzes der Republik von laut schallender Reggae-Musik angezogen. Eine Gruppe junger Menschen campierte dort um ausgelassene Rastafaris. Jannik setzte sich an den Rand der Gruppe und bald wiegte auch er sich im Takt der rhythmischen Musik. »Gimme, gimme, gimme just a little smile, that's all I ask of you, gimme, gimme, gimme just a little smile, we got a message for you. Sunshine, sunshine reggae, don't worry, don't hurry, take it easy. Sunshine, sunshine reggae. Let the good vibes get a long stronger.«

Die Musik plätscherte so dahin, ihre heitere Botschaft tanzte in Melodie und Takt alle Sorgen der Welt hinfort. Jannik wurde lockerer, schaute vergnügt umher und fing den Blick einer jungen Frau auf, deren volles, lockiges schwarzes Haar unter einem breitkrempigen Lederhut hervorquoll und ihr auf die

Schultern fiel. Sie mochte vielleicht drei, vier Jahre älter sein als er und trug eine Jeansjacke mit aufgesticktem Judenstern. Es hatte den Anschein, als gehöre sie einer Gruppe an, jedenfalls kreiste dort ein Joint und sandte zarten Marihuanaduft hinüber. »Hey man, you wonna smoke?«, rief ihn ein Mann an. Jannik lächelte scheu und schüttelte den Kopf. Die Frau zuckte bedauernd die Schultern. Er hatte schon mal gekifft, und damals hatte es ihn unheimlich aus den Schuhen gehoben. Auf eine Wiederholung hatte er so schnell keine Lust mehr, zumal nicht jetzt, so kurz vor dem Treffen mit seinem Vater. Er wollte noch eine erklärende Geste hinterherwerfen, aber was hätte er denn mit einer Armbewegung schon auf den Weg schicken können? Da hatte sie sich schon von ihm abgewandt. Ein wenig verdrossen schaute er umher. Weiter rechts tanzte ein Pärchen zur Musik. Der Mann hielt eine Bierflasche in der Hand und kreiste anzüglich mit seinem Becken, sie schwenkte die Arme in Schulterhöhe zur Musik in ›good vibes‹, sie bewegte sich wie eine von fernen Kräften bewegte Puppe in schlafwandlerischer Pose. Weiter vorn, zur Schlange der ernsthaft und geduldig auf ihren Einlass zur Reichstagskuppel Wartenden hin – Jannik stand auf, um besser zu sehen – turnten zwei Breakdancer vor ihren aufgebauten Lautsprechern, dünn tönten die schnellen Rhythmen herüber. Ein Polizeiauto umkreiste mit heruntergedrehten Scheiben den Platz, ein gelber Doppeldecker-Bus hatte eine Traube von Menschen entladen, die sich kamerabewaffnet der Szene näherten.

Fasziniert schaute Jannik dem Treiben zu. Der Charme hier besteht nicht in den einzelnen Szenen, dachte er, sondern in dem blumigen Zugleich aller. Das bunte Leben inszeniert sich erfrischend exhibitionistisch, vielleicht ist es das, was man meint, wenn man sagt, in Berlin ginge viel ab. Jeder kann hier sein eigener Clown sein. Und er schweifte ab zum kleinen

Stadtpark seines Städtchens. Weshalb soll ich mich denn verunsichern lassen?, redete er sich zu. Das Prinzip ist doch immer dasselbe. Das menschliche Leben will sich feiern, vielleicht in der Großstadt exzessiver als anderswo. Er zuckte die Achseln. Man will aus der Menge heraustreten – und plötzlich sprang ihn das Wort ›ek-sistere‹ an. Wo hatte er es nur aufgeschnappt? Ja, im ›Ich allein bin wirklich‹. Jannik erinnerte den bizarren Traum Overbecks. Heraustreten aus dem Namenlosen, aus dem Teppich des Gleichen, Blicke auf sich ziehen, ein Zentrum bilden und Zuschauer des eigenen Lebens gewinnen, um sich selbst etwas zu bedeuten, so war das hier wie dort. Jannik staunte kurz über diese Trivialität, dann sprang plötzlich der Skype-Abend ins Bild. Der Trieb zur Verkleidung, das Spiel mit der Andeutung. Die prickelnde Lust, die entsteht, wenn Scherz in Ernst umkippt, unerwartet und auch unkontrollierbar. Das, genau das ist das Salz des Lebens, ein Körnchen davon wiegt den ganzen großen Rest auf. Das, nur das macht das Leben wertvoll, macht aus der Reihe schaukelnder Tage ein Abenteuer. Und nun war sie vollends da, ein brennender Strahl, der sich in seinen Magen ergoss: die Sehnsucht nach Seema. Der Tiger war wieder erwacht.

Sein Herz pochte heftig und kurz ergriff ihn ein leichter Schwindel. Es war so still um sie geworden, außer ein paar nichtssagenden Mails hatte sich nichts Verbindendes ereignet, kein Telefonat, kein Skype. Jannik hatte bislang immer warten können, doch nun war er wie infiziert vom Bazillus Leben. Es war ihm, als drehte ihm jemand mit der Hand alle Organe um, von der Brust bis in die Magengrube. Jannik setzte sich in Bewegung, das Gehen beruhigte ihn ein wenig, seine drängende Erregung konnte in die Schritte abfließen. Für nichts in der Welt hätte er sich jetzt erneut hinsetzen mögen. Zwei Stunden noch bis zum Treffen mit seinem Vater, er würde seine seelische Unordnung durch fortgesetztes Gehen unter Kontrolle halten müssen. Zwei Stunden! Wie sollte er sich auf etwas anderes konzentrieren können als auf das bohrende, schmerzhafte und doch unendlich erfüllende Gefühl, das ihn mit Seema verband? Aberwitzig türmte sich ihm ihre Abwesenheit im fernen Delhi auf.

Im *Café Einstein*

»Ja, ich denke wirklich, Jannik, in den nächsten Jahren wird das Thema Gerechtigkeit zum Leitthema unserer Gesellschaft. Gerechtigkeit ist ein scharfes Schwert, und das schneidet tief ins soziale Fleisch jeder Gesellschaft. Weltweit und überall.« Der Vater lehnte sich zurück und rührte gedankenverloren in seinem Kaffee. »So wie in den zurückliegenden Jahren das Thema Umweltschutz«, fügte er hinzu.

»Es wird immer Leute geben, die sehr viel mehr haben als andere, ungerechtfertigterweise, Papa.«

»Sicher. Aber Gerechtigkeit bedeutet ja auch nicht Gleichheit. Und außerdem ist das nicht das Problem. Es geht um faire Verteilung der Güter und um Gleichheit in den Chancen, damit die eigene Leistung auch wirklich Früchte tragen kann.«

Jannik dachte nach. Insgeheim ärgerte er sich über den oberlehrerhaften Ton, ließ sich aber nichts anmerken. Er sog am Strohhalm seines Fruchtsaftgetränkes und schickte seine Augen durch das *Café Einstein*. Es musste etwas Besonderes sein, ein Ort mit spezieller Geschichte, das hatte er schon beim Hereinkommen erspürt. Das Café lebte davon und erlaubte sich den Luxus, sein Inneres darüber zu vernachlässigen, das hässliche Braun von Polsterung und Holztäfelung verströmte den Charme einer Wartehalle. Jetzt, am frühen Abend, war es nur bis zu einem Drittel gefüllt von Leuten aller Altersstufen. Eine Jugendkultur war das hier nicht mehr.

»Jetzt hast du den Ausdruck Gerechtigkeit durch den Ausdruck Fairness ersetzt, Papa. Und dann hast du über Chancengleichheit den Ausdruck Gleichheit wieder eingefügt. Drehst du nicht im Kreis?«

»Überhaupt nicht. Gleichheit bei Verteilung von Wohlstand und Chancengleichheit sind zwei verschiedene Schuhe.«

»Aber das lässt sich doch nicht voneinander trennen. Glaubst du wirklich, ein Arbeiterkind hätte bei einer Bewerbung bei deiner Zeitung dieselben Chancen wie der Freund der Tochter eures Chefredakteurs? Ich gehe mit dir jede Wette ein: Die sozialen Ungleichheiten werden immer die Chancengleichheit untergraben.«

»Möglich«, gab der Vater trocken zurück. »Aber willst du sagen, Gerechtigkeit sei ein Hirngespinst und deswegen lohne es sich nicht, dafür zu streiten?«

»Nein, natürlich nicht«, brummte Jannik. »Ich will nur wissen, wofür ich kämpfe, und dazu muss ich wissen, was Gerechtigkeit ist! Man müsste sie … definieren vielleicht.«

Der Vater nickte anerkennend. Endlich war ihr Gespräch in Fluss geraten. Schwierig war der Beginn gewesen, verhalten hatten sie sich umarmt, der Vater hatte sogar dabei einen leisen Widerstand gespürt. Seine persönlichen Fragen nach dem Wohlergehen Janniks liefen ins Leere, und Jannik zeigte kein besonderes Interesse am neuen Leben des Vaters. Cool hier, meinte er lakonisch, als sich der Vater nach seinen ersten Berliner Eindrücken erkundigte. Jannik hatte ihn seit drei Monaten nicht mehr gesehen, er hatte ihn nicht wirklich vermisst, seine Gefühle zu ihm waren kompliziert und verworren. Keine einzelne Linie fand da den geraden Weg zu ihm, stets wurde eines durch das andere infrage gestellt. Zwar schätzte Jannik des Vaters Intellektualität, nicht aber seinen gallig-überheblichem Tonfall und seine bisweilen populistischen Formulierungen, die wohl ein Tribut an seine Leser waren. Aufs Konto der Anstößigkeiten setzte Jannik nun noch eine Berliner Novität, den feinen Anzug nämlich, der dem Vater etwas Geckenhaftes gab. Und peinlich waren ihm auch die jovialen Gesten, mit denen der Vater die Bedienung herbeiwinkte, um seine Bestellung aufzugeben, er schien auf Wirkung bedacht. Wieder stolperte Jannik über den Gedanken, das Urbane leide an stärkerem exhibitionistischem Zwang als die Provinz, doch schnell verbat er sich alle weitere Besinnung darauf, er fürchtete, seinen Tiger zu wecken.

»Ja, du hast schon Recht, Jannik, man sollte schon wissen, was Gerechtigkeit eigentlich ist. Aber weißt du, wir Journalisten bewegen uns mehr auf der sozialen und politischen Seite der Wirklichkeit. Dort spüren wir Trends auf. Und manchmal machen wir mit unseren Themen Wirklichkeiten. Das sind dann die journalistischen Sternstunden.«

»Ich glaube, ich bin mehr daran interessiert, wie sich ...« Jannik suchte einen Gedanken, den es noch gar nicht gab, ihm war es impulsiv um ein Paroli zu tun gewesen, er suchte Augenhöhe. Zudem wollte er gegen die Prise Selbstgefälligkeit halten, die er herausgehört hatte im journalistischen Sprechgesang seines Vaters. »Ich interessiere mich mehr dafür, wie sich die Wirklichkeiten in unserem Kopf erzeugen, meine ich.«

Der Vater schaute ihn fragend an, er schien nicht recht zu verstehen. »Ich bin mehr in der Philosophie zu Hause als in der Politik«, schlug Jannik auf den Busch, aber ihm war nicht ganz wohl dabei.

»Du hältst also die Philosophie für ein unpolitisches Geschäft? Wie sagte doch Aristoteles? Der Mensch ist ein *Zoon politikon*.«

Jannik erinnerte sich des Ausdrucks. Das war doch der alte Grieche, der Schüler des Platon, der den Menschen … Suchend kramte Jannik in seinen fragmentarischen Kenntnissen.

»Der Mensch ist ein gemeinschaftsbildendes Lebewesen, und zwar seiner Natur nach«, dozierte der Vater weiter. »Seiner natürlichen Anlage nach. Du könntest auch sagen: Die Natur wollte es so. Nur in Gemeinschaft lebend kann der Mensch seine Potenziale realisieren. Als Einzelner verkümmert er.«

»Die Frohe Botschaft des Aristoteles?«, spottete Jannik. »Die Essenz eines Denkerlebens, na denn!«

Der Vater lachte, amüsiert über Janniks Schlagfertigkeit. »Er topft sie nochmal um, das macht die Frohe Botschaft, wie du sie nennst, zu einer politischen Philosophie. Nein, im Ernst, das ist alles andere als trivial.«

»Mag ja sein, Papa, aber weißt du, ich beginne ja eben erst mit der Philosophie, und da interessiere ich mich mehr für den … existenziellen Bezug, ich meine, für das, was mich auch ganz persönlich angeht. Das Gesellschaftliche ist für mich kein Problem«, entgegnete Jannik in wieder aufflammender Verärgerung über die Belehrung.

»Tatsächlich?« Der Vater spielte auf Enttäuschung. Jannik fühlte sich in die Ecke gedrängt und griff zu großer Waffe: »Weißt du, was Tante Clarisse dazu sagt? Wenn die Philosophie nicht unsere Herzen erreicht, dann taugt sie nicht. Wenn sie uns nicht erhebt und stark macht, dann ist sie falsch, oder so ähnlich sagt sie.«

»Soso, Clarisse …« Demonstrativ abfällig zog der Vater seinen Kommentar in die Länge. Jannik beschloss, ihn vorerst nicht über ihren Zusammenbruch zu informieren. Doch ein wenig piksen wollte er ihn schon.

»Was hast du gegen Clarisse?«

»Ich? – Nichts!« Der Vater tat erstaunt. »Nur ein wenig wirr ist sie ja schon, deine Tante.«

»Das macht sie zum Original! Sie ist eben anders als die anderen, und dafür schätze ich sie sehr.«

Der Pfeil saß. Ein Missklang hatte sich eingeschlichen. Das Thema war an die Wand gefahren. Zwei neue Rollen sind nun zu besetzen, größere spielerische Eleganz ist gefordert auf dem Schachbrett des Generationenkonflikts. Der Vater macht den Anfang und rochiert hinüber zu den kommenden Tagen. Woran er interessiert sei hier in Berlin? Jannik zuckt die Schultern. Die Stadt, die Atmosphäre, die Leute, ja auch Museen, wenn es sein muss. Das journalistische Projekt des Vaters natürlich, setzt er mit Nachdruck hinzu, als gälte es, seinen Pfeilschuss abzumildern. Und als der Vater ihm von Cora erzählt, der jungen Praktikantin, die er journalistisch begleiten könne bei ihren Interviews, da begibt sich Jannik auf das neue Parkett. Sie kenne sich in der Berliner Szene gut aus, lebe in einer Wohngemeinschaft in Steglitz, sie könne ihm die Orte nennen, an denen er Leute treffen könne. Berlin sei ja eine sehr jugendliche Stadt, er, Jannik, werde voll auf seine Kosten kommen, er bekomme einen Schlüssel für die Wohnung und könne kommen und gehen, wann er wolle. Vielleicht, so setzt der Vater scherzhaft hinzu, habe er ja auch dann und wann einen Termin frei für seinen alten Herren.

Das Eis war gebrochen fürs Erste, die Krise entschärft, der Vater hatte Janniks Lust auf Räume getroffen. Man verstand sich auf Erwartungen, jeder auf seine Weise, und mit einer beidseitigen Scheu vor zu großen Gesprächserwartungen verließen sie alsbald das *Café Einstein*. Das Schließfach mit dem

Rucksack könne noch ein wenig warten, schlug der Vater vor, der Doppeldecker der Linie 100 reihe die wichtigsten Sehenswürdigkeiten wie Perlen auf eine Schur, eine prima Tour gerade jetzt am frühen Abend, wo die Stadt am Lebhaftesten sei. Sie bestiegen das Oberdeck und rückten nach einigen Haltestellen auf die freigewordenen Frontplätze vor. Großer Stern, Siegessäule, Schloss Bellevue, Haus der Kulturen der Welt, Reichstag, Unter den Linden, Staatsoper – bayrische, schwäbische, hessische, sächsische Laute sprachen die Lautsprecheransagen vielfach vor und nach, dazu mischten sich amerikanische, italienische, spanische, russische, chinesische Versionen, dann wieder Kamerageräusche mit hektischen hin- und herzoomenden Touristen auf der Suche nach dem besten Schuss. Jannik gefiel dieser aufgeregte touristische Taubenschlag. Ständig drängten sich auf- und abwärts strebende Passagiere auf der schmalen Treppe zum Unterdeck, abrupte Bremsbewegungen warfen die Mitreisenden einander zu. Aus der Höhe von drei Metern über dem Asphalt wirkten die Fahrspuren beängstigend eng und die Geschwindigkeit schneller, und bei jeder Änderung in der Fahrtrichtung kam Jannik der Horizont ins Kreisen. Nun war sie wieder da, die aufgeräumte Atmosphäre, in die er gleich nach Ankunft gestolpert war. Auch der Vater schien sie zu genießen, Jannik fing einen Blick von ihm auf, in dem nichts mehr zu sehen war von jener belehrenden Schwere, die im *Café Einstein* ihre Begegnung belastet hatte.

»Schön hier in Berlin bei dir«, warf ihm Jannik durch das Stimmengewirr zu.

»Schön, dass du endlich hier bist!« Schüchtern berührte der Vater Janniks Unterarm, wie um seine Antwort mit einer Geste zu bekräftigen, für die ihm die Worte fehlten.

Vernunft und Politik

Mit drei federnden Schritten trat Jannik aus dem Verlagsgebäude auf das breite Trottoir. Ihm klangen noch die Stimmen aus der Redaktionssitzung im Ohr, doch jetzt schlug der kakophone Lärm der Großstadt über ihm zusammen.

»Nun, wie fandst du's?« Cora zog den Gürtel ihrer Lederjacke fester um ihre Taille. Jannik zuckte ausweichend die Schultern.

»Also, dein Vater ist schon super.« Cora blickte fröhlich aus einem langnasigen Gesicht, das schrill auf die ägyptische Mode der zwanziger Jahre designert war: aufgesteckte schwarze Augenlider, kräftiger braunroter Lippenstift und dunkelblau gefärbter Pagenschnitt, aufgehübscht mit einem braungoldenen Haarband.

»Ja komm, kannst schon stolz sein auf deinen Dad. Er hat doch voll geile Ansichten. War doch eine flammende Rede, die über die ›Vierte Gewalt‹ im Staat.«

Jannik ließ sich nicht anmerken, wie gut ihm Coras Lob gefiel. Doch Stolz? Jannik mochte das Wort nicht, wenn man es aussprach. Es hörte sich zu sehr nach erhobenem Kopf an, nach des Vaters eigener Eitelkeit. Er könne sich wenigstens an seinen Vater anlehnen, fügte Cora bitter hinzu, ihr Vater sei da ganz anders. Kellner in einem großen Hotel, ihm sei das Dienern zur zweiten Natur geworden, es triefe ihm aus jedem Knopfloch. Zu Hause habe er dagegen den ordnungsliebenden Tyrannen herausgekehrt, er bediene das Klischee, sie beneide ihn, Jannik, schon allein der freien Luft wegen, die er mit seinem Vater atmen könne.

Jannik nickte, ohne Cora wirklich zuzustimmen. Für ihn standen die Dinge in anderer Beleuchtung. Jannik betrachtete sie verstohlen von der Seite. Sie war nicht eigentlich schön zu nennen, dafür war ihr Körper zu klein und zu rundlich, aber sie hatte mit ihrer ägyptischen Maskerade ein Optimum aus sich gemacht. Über einem weißen ärmellosen Kleid mit breiter Schärpe trug sie jetzt in frischer Herbstluft eine hüftkurze grüne Lederjacke. Ihre Füße steckten in hohen gelben Lederstiefeln, sie war ein freches Zitatenbündel aus mehreren Welten, ein bunter Kanarienvogel, der unversehens, im Nu eines ihrer langen Wimpernschläge, traurig schauen konnte. Dieser Wechsel gab ihrer Lebendigkeit eine Tiefe und eine Attraktivität, die ohne echte Schönheit auskam.

»Du hast Recht, von deinem Standpunkt aus«, sagte er. Statt einer Antwort hakte sie sich bei ihm ein und zog ihn mit sich. Und dann wiederholte sie in trällernder Begeisterung des Vaters Rede, mit der er die Sitzung eröffnet hatte. Guter Journalismus blicke den Leser mit drei Gesichtern an: die sachliche Information, der engagierte Kommentar und das umfassende, investigative Dossier. Guter Journalismus sei niemals neutral, vielmehr verschreibe er sich dem Ideal einer republikanischen Öffentlichkeit, der ›Vierten Gewalt‹ im Staate, die neben die staatlichen Gewalten trete und den eigentlichen demokratischen Geist ausmache. Denn sie sei, anders als die drei klassischen Gewalten, frei von systemischen Sachzwängen, ihr gehe es um die Stärkung der Meinungsbildung, sie emanzipiere das Bürgertum gegenüber den politischen und wirtschaftlichen Eliten, die doch lieber ungestört ihre Bahnen zögen. Der Journalismus stünde deshalb immer in Konfrontation zu Regierung und Parlament, ein neutraler Journalismus sei ein Unding, eine Verfehlung, ein Widerspruch in sich.

»Trägt ganz schön gewichtig auf, dein alter Herr, aber man nimmt's ihm ab. Passt zu ihm, er hat einfach was Edles.«

Jannik lächelte Cora von der Seite an. Ja, das waren seine Worte gewesen, Cora hatte das Gedächtnis eines Diktaphons.

Die ›Vierte Gewalt‹ rufe die staatlichen Institutionen zur beständigen demokratischen Legitimation auf, hatte er gesagt, wenn Demokratie Herrschaft auf Zeit sei, dann gieße der kritische Journalismus gleichsam Inhalte in die Zeit. Er entfache immer wieder die Glut des gesellschaftlichen Urzustandes, er streite für eine aufgeweckte Zivilgesellschaft. Und über jene Inhalte gestalte der Journalismus Politik, nicht mit parteiischer Einflussnahme, sondern im Blick auf das Ganze, ungestört und unbeeinflusst vom kurzlebigen Stimmungsbarometer, dem sich die Politiker mit Blick auf die nächste Wahl unterwürfen. Wahrer demokratischer Geist dagegen könne und dürfe nicht im Rhythmus von Wahlperioden atmen, auch deshalb sei die ›Vierte Gewalt‹ in ihrem Wesen ungleich freiheitlicher als die Politik. Der Journalismus bringe den Bürgern das öffentliche Gespräch, ja: der Journalismus sei Gespräch. Und dann war er auf die geplante Artikelserie zu sprechen gekommen. Er wolle keine Momentaufnahme nach dem Muster ›Fallvergleich‹, er wolle kein Tagesgeplänkel, aber auch keine staubige ideologiekluge Analyse. Gerechtigkeit solle in ihrer vielschichtigen Wirklichkeit eingefangen werden. In den Umfragen und Recherchen sollten den subjektiven Einstellungen, den biografischen Erfahrungen mit Gerechtigkeit und den allgemeinen Einstellungen zu ihr nachgegangen werden. Und dazu, gleichsam als Impulsgeber, würde die Zeitung eine öffentliche Matinée zum Thema veranstalten mit Franz Overbeck, der im Süddeutschen eine philosophische Praxis betreibe und der sich auf das moderierende Gespräch mit den Bürgern verstehe. In einem Impulsreferat werde er das ganze Spektrum des Gerechtigkeitsbegriffs entfalten, es gehe hierbei ja um subtilere Fragen der Macht. Von größerer Wichtigkeit aber sei noch die anschließende Diskussion mit den Bürgern, eine journalistische Fundgrube allerersten Ranges, man mache bitte etwas daraus, man werte sie sorgsam aus für die Interviewfragen, mit denen man dann um die Häuser streiche.

»Das hat Hand und Fuß, finde ich, nicht so ein Schnellschuss aus der Hüfte. Aber sag: Hat dein Vater wirklich nichts vorher rausgelassen?«, fragte Cora und hakte ihn fester unter.

Jannik schüttelte den Kopf. »Das ist typisch für ihn, Cora. Er inszeniert sich selber gerne. In diesem Fall auf meine Kosten.«

Abrupt blieb Cora stehen. »Auf deine?«

»Ja, find ich schon. Ich glaube, er wollte mich überrumpeln. Und blenden. … Und zeigen, dass er von Berlin aus mein Zuhause regieren kann. Weshalb sonst engagiert er diesen Overbeck?«

Cora schaute mit ihren wasserblauen Augen zu ihm empor und bewimperte ihren Blick mit spöttischem Bedauern. »Bürgersöhnchen, empfindsames, ungeküsst vom Leben. So'n Quatsch!«

Jannik spürte einen Stich, eine Handbreit unterhalb des Herzens.

»Pass mal auf: Hast du Lust, heute Abend zu uns zu kommen? Wir kochen was in meiner WG und dann sprechen wir das Thema schon mal durch. Wenn Carlos da ist, wird's fetzig!«

Er solle sich überraschen lassen, gab Cora ihm auf seine Nachfrage schnippisch zu verstehen, es werde ein heißer Abend, Carlos sei ein Feger. Jannik grinste verständnislos. Er mische schon mal mit bei den Kreuzberg-Schlachten am 1. Mai, erklärte Cora, »Ein Stadtguerillero, weißt du«, aber ansonsten sei er ein lieber Kerl, er werde sehen. Und ein ganzer Mann, gab sie mit anzüglichem Kichern hinzu, stellte sich auf ihre Zehenspitzen und gab ihm einen flüchtigen Abschiedskuss auf die Wange.

»Ich muss jetzt los. Was machst du noch mit dem angebrochenen Tag?«

Jannik schaute auf die Uhr. »Passt ja ziemlich gut«, brummte er. »Ich habe später noch eine Verabredung mit meinem Philosophielehrer. Er verbringt seine Ferien ebenfalls hier in Berlin.«

»Phh«, blies Cora abwehrend, »käme nie auf die Idee, mich mit nem Pauker noch zu verabreden, bin froh, aus der Mühle raus zu sein. Na denn, viel Spaß!« Händewinkend verschwand sie im Bauch der Stadt, U-Bahn-Station Alexanderplatz.

Eine halbe Stunde später schlenderte Jannik an den sonnenbeschienenen Tischen vorbei, die sich an der Hauswand entlang des Cafés *Schwarze Pumpe* drängten. Am vorletzten Tisch entdeckte er ihn, Herr Brandes rauchte zeitunglesend eine Zigarette. Jannik steuerte auf ihn zu.

»Die philosophische Hoffnung der Republik«, begrüßte ihn Herr Brandes und schüttelte Janniks Hand mit einem festen Griff, der in Erinnerung bleiben wollte.

»Ausgebremst durch wiederholten Ausfall seines Meisters!«, konterte Jannik.

»Wo aber Gefahr ist, wächst das Rettende auch«, deklamierte der Lehrer pathetisch. »Ach je, ich musste Frau Kleinschmidt vertreten auf der Klassenfahrt der Achten, ja, tut mir leid, aber wir holen das nach. Ich lade euch alle zu einem ganzen philosophischen Wochenende bei mir zu Hause ein. Aber jetzt«, Herr Brandes schlug die Zeitung um und zeigte auf eine kleine Anzeige. »Hier, lesen Sie mal. Am Sonntag gibt es in der *Urania* eine Matinée mit Franz Overbeck. Thema Gerechtigkeit. Sehen wir uns da?«

Jannik nickte und setzte mit sprudelnder Stimme Herrn Brandes ins Bild über seinen Vater, die Zeitung und das Projekt. Die Redaktionssitzung? Er sei zu nahe an seinem Vater dran, als dass er objektiv sein könne, aber es hatte eine große staatsbürgerliche Rede von ihm gegeben. Über die gesellschaftliche Verantwortung der ›Vierten Gewalt‹ im Staat und so weiter.

»Zivilgesellschaft?«, warf Andreas Brandes ein und drückte seine Zigarette aus. Jannik fragte nach der Bedeutung des Begriffs.

»Wenn ich richtig sehe, dann beschreibt er ein neues demokratisches Ideal.« Herr Brandes winkte den Kellner herbei und bestellte zwei Portionen Senfeier und zwei Gläser Apfelsaft.

»Typische Berliner Küche, Arme-Leute-Essen, Berlin war immer schon eine arme Stadt …«

»… aber sexy!« Jannik strich sich die Haarsträhnen aus dem Gesicht. »Und exhibitionistisch«, setzte er hinzu. »Egal, also ein neues demokratisches Ideal, sagten Sie?«

»Eigentlich ist der Begriff schon älter, er stammt aus der englischen Aufklärungsphilosophie. Heute meint er eine aktive, vitale Öffentlichkeit, die sich in diversen bürgerschaftlichen Organisationen unterhalb der staatlichen Ebene formiert. Unterhalb ist blöd geredet, ich meine eher ein Zwischen, zwischen der staatlichen, der wirtschaftlichen und der privaten Sphäre. Nehmen Sie *Greenpeace* etwa oder *Amnesty* oder auch *Attac*. Alle diese Nichtregierungsorganisationen bilden ein neues politisches Format, das es früher nicht gab. So unterschiedlich ihre jeweiligen Ziele auch sind, sie haben ein gemeinsames politisches Anliegen.«

»Verstehe.« Jannik dachte kurz nach. »Wenn ich bei *Greenpeace* aktiv wäre, dann würde ich in *Attac* und *Amnesty* politische Verwandte sehen.«

»Wohl, wohl. Aber nur politische, Jannik?«

»Was meinen Sie … auch intellektuelle? Geistige?«

Der Lehrer nickte. Jannik protestierte: »Aber das Geistige ist doch total unpolitisch! Das Geistige, das ist doch Bewusstsein, Neuronen und Nervensysteme, das ist das Erscheinen einer Welt und der …«, Jannik suchte nach dem passenden Bild, »… und der Weltknoten im Ich. Ja, Gefühl natürlich auch, und zwar nicht zu wenig, und Liebe und Lyrik und Musik und noch viel mehr …«

Jannik war heftig geworden, nun brach er ab und verstummte. Dann setzte er mit leiser Stimme hinzu. »Eigentlich ist alles geistig, primär meine ich, das Politische kommt danach, es baut auf dem Geistigen auf.« Das hätte ich meinem Vater erwidern können auf seinen Aristoteles, dachte er. Warum nur kam es mir nicht?

»Schon möglich, das kommt auf die Perspektive an.« Herr Brandes strich gelassen über seine Zeitung. »Andersherum ist's auch stimmig. Liebe, Literatur, das Schöne, Wahre und Gute also, all das ist nur in Gemeinschaft möglich. Unser Intellekt kann sich nur in einem sozialen Feld entfalten. Schauen Sie«, Herr Brandes unterbrach sich, als der Kellner die Senfeier mit den Kartoffeln brachte und nach einer freien Ablagefläche auf dem kleinen Tisch suchte. »Zum Gefühl gehört doch auch die Fähigkeit, sich in den anderen hineinzuversetzen, und das ist doch nur möglich, weil unser Geist, wenn Sie so wollen, ich finde, das Wort riecht nach Talar und Weihrauch, also gut … weil unser Geist auf Teilnahme programmiert ist. Wir haben ein Interesse am Anderen. Wir wollen wissen, was er oder sie, bleiben wir bei dem Sie aus Political Correctness.« Der Lehrer lachte zweideutig. »Also was sie über uns denkt, und wir wissen, dass er ein ebensolches Interesse hat. Wir wissen, dass sie Bilder von uns hat, wir möchten darauf Einfluss nehmen, und ihr geht es ebenso. Sprachen Sie nicht selbst davon in Ihrem Vortrag? So tariert sich ein System gegenseitiger Anerkennung aus, indem wir unsere Ziele nicht gegen die Interessen der anderen durchsetzen. – Idealerweise gesehen«, fügte er hinzu.

Andreas Brandes stach mit seiner Gabel zu, zerteilte die Kartoffel und schwenkte sie durch die Senfsoße. Jannik sann den Worten nach. Was könnte man gegen sie einwenden? Urplötzlich kam Jannik Clarisse in den Sinn. Sie ist unpolitisch in dem Sinn, wie ihn Herr Brandes definiert, dachte er, unpolitisch ganz tief in ihrem Wesen, weil ihr die Fähigkeit abgeht, das Spiel sozialer Spiegelung zu spielen. Ist sie deswegen aber weniger geistig? Ihr Tagebuch, das konnte sie doch nur mit ihren Verrücktheiten bebrüten, weil sie sich so komplett aus der Welt zurückgezogen hat.

»Nur zu, es schmeckt sehr viel besser als es aussieht!« Herr Brandes schnitt mit dem Messer in das Senfei, das durch die braungelbe Soße den Eindruck erweckte, es käme frisch aus der Biotonne. Herr Brandes zwinkerte ihm zu. »Nicht wahr, das ging Ihnen durch den Kopf. Nein, ich kann keine Gedanken lesen, aber der gemeinsame soziale Kontext erleichtert Anteilnahme, in diesem Fall an Ihrer Reserviertheit dieser köstlichen Berliner Speise gegenüber. Die Skepsis steht Ihnen ja ins Gesicht geschrieben! Qualia sind lesbar, wenn wir eine soziale Welt gemeinsam teilen. Nur so als Fußnote zu Ihrem eindrücklichen Auftritt neulich!« Andreas Brandes blickte verschmitzt. »Und was Ihre Frage anbelangt: Unsere Sozialfähigkeit macht uns zu politischen Wesen. *Zoon politikon*, so definiert Aristoteles den Menschen, er sei das gemeinschaftsbildende Tier. Nicht wahr, Sie empfinden die Politik als schmutzig?«

Jannik nickte. »Natürlich! Wie anders? Politik ist korrupt.«

»Ich stimme Ihnen zu, mit Abstrichen. Das Konzept der Zivilgesellschaft favorisiert aber einen anderen Begriff des Politischen. In den politischen Räumen zwischen den politischen Akteuren von Politik und Wirtschaft, die Sie korrupt nennen, lebt der ursprüngliche Geist des Politischen wieder auf! Sie verstehen?«

Jannik schüttelte den Kopf.

»Der ursprüngliche Geist des Politischen, das ist die Glut des gesellschaftlichen Urzustandes.« Der Lehrer zog andächtig ein weiteres Stück Ei durch die braune Senfsoße.

»Wie viele wärmen sich sonst noch an dieser Formel?«, fragte Jannik spitz.

»Was meinen Sie? Ich habe sie irgendwo aufgegabelt, weiß nicht wo«, brummte Herr Brandes und spießte das Ei auf. »Die Philosophen jedenfalls verstehen darunter eine theoretische Fiktion, die Fiktion nämlich, Menschen hätten sich in einer Ursituation aus dem Naturzustand in den gesellschaftlichen Zustand begeben. Damals hätten sie gleichsam an einem runden Tisch zusammengehockt und gemeinsam bebrütet, welche Gesellschaftsform sie wählen sollten, um ihr Leben besser zu gestalten.«

»Und? Welches Ei haben sie dann gelegt?«

Zögernd wandte sich Jannik seinem Teller zu und probierte die Senfeier. Sie schmeckten überraschend würzig und herzhaft und versetzten ihn in Experimentierlaune. Kauend setzte er hinzu: »Ganz abgesehen davon, dass es diese Situation ja nie gegeben hat, aber mal angenommen: Was hätten sie beschlossen?«

»Tja, was wohl? Nehmen wir mal weiter an, sie wären nicht unter Zeitdruck gestanden, sie hätten also gut und lange überlegen können. Nehmen wir des Weiteren an, es wären alle gleich gewesen und keiner hätte schon gesellschaftliche Macht akkumuliert, weil ja noch keine Gesellschaft da war ...«

»Okay, nehmen wir auch das an.«

»Ja, was meinen Sie?« Herrn Brandes' Frage kam ein wenig lauernd über den Tisch. Jannik zog seine Stirn kraus.

»Ich? Also, wenn ich dabei gewesen wäre, dann hätte ich für Gleichheit vor den Gesetzen votiert, für allgemeine und freie Wahlen, für Persönlichkeitsrechte, Menschenwürde und so weiter, den ganzen Grundrechtskatalog. Und dann sollte sich jeder zumindest ein solches Arme-Leute-Essen leisten können wie das, zu dem Sie mich eingeladen haben.«

»Habe ich«, bekräftigte Herr Brandes schmunzelnd. »Weiter nichts?«

»Doch. Gerechtigkeit, wobei man sich hätte unterhalten müssen, was das ist.«

»Stunden wir jetzt auf den Sonntag, Jannik. Ist das alles?«

»Erstmal ja. Wenn ich etwas vergessen habe, reiche ich das noch nach.«

Herr Brandes kniff die Augen zusammen. »Gut. Wie sind Sie darauf gekommen? Schließlich waren Sie ja nicht mit dabei.«

»Nee, brauche ich auch nicht. Es erscheint mir zwingend.«

»Zwingend vernünftig?«

»Vernünftig und deshalb zwingend, würd ich sagen.«

»Na also, da haben wir es doch. Sie haben gerade die Vernunft politisch werden lassen. Sie haben sich eine vernünftige Gesellschaftsstruktur zurechtgelegt. Das Geistige ist also politisch oder etwas vorsichtiger gesagt: Es ist des Politischen fähig.«

»Sie meinen …«

»Genau. Sie haben sich den Gesellschaftsvertrag nicht aus der politischen Wirklichkeit zurechtgeklaubt, sondern allein aus der Vernunft.«

»Soso ….« Jannik war nur zur Hälfte überzeugt, es fehlte an innerem Echo darauf. Er kann den Lehrer nicht lassen, dachte Jannik unwillig, das ist es, was Cora meinte. Lehrer akzeptieren keine gleiche Augenhöhe, wie die Väter auch.

»Ich interessiere mich doch sehr viel mehr für das Geistige, Herr Brandes. Für Bewusstsein, wie es entsteht aus dem Biologischen, dem Zellhaufen, und wie es dann weitergeht, ich meine …« Jannik kam ins Stocken. Er musste erst einmal sortieren, was ihm in unordentlicher Reihenfolge beigesprungen war, vage das alles in Umriss und Gestalt. Wie das Biologische eine eigene Welt erzeugt und dann bewirtschaftet hat, die Welt von Kultur, Ethik, Kunst und den Wissenschaften. Wie die religiösen Ideen im Neocortex ausgebrütet worden sind und weshalb es überhaupt dazu kam. Buddhismus, ja, das gehört dazu wie auch die Sache mit dem Selbst, dort und bei uns, und natürlich auch die politische Welt und alles andere. Durch das dichte Gestrüpp fand Jannik seine Schneise: »Fremde Kulturen, das auch. Aber das Politische, das interessiert mich eigentlich nicht. Und ist es nicht so, dass die Philosophie sich eher mit dem Geistigen beschäftigt?«

Herr Brandes rutschte ungeduldig auf seinem Stuhl und griff nach seinen Zigaretten.

»Für mein Gefühl ist hier zu viel vom Geistigen die Rede. Es ist antiseptisch, es riecht nach Apotheke, da muss ich mir gleich mal eine anstecken. Ja, ich weiß, was Sie meinen. Ich glaube, es gibt da tatsächlich zwei Lager. Es gibt die sozial abstinenten Denker wie Kierkegaard, Schopenhauer oder auch …«

»Kant?«, fiel ihm Jannik ins Wort.

Der Lehrer schüttelte energisch den Kopf und riss ein Streichholz an. »Kant? Nein, keinesfalls. Gerade die ganz großen Köpfe waren Meister beider Lager. Des Geistigen, wenn Sie so wollen, und des Politischen. Leute wie Habermas oder John Rawls aber auch schon Kant oder Aristoteles.«

Jannik fand sich durch die vielen Namen nicht hindurch und versuchte eine Abkürzung.

»Weshalb sollte man sich Ihrer Meinung nach mit dem Sozialen oder gar dem Politischen beschäftigen? Ich meine aus philosophischer Perspektive. Sagen Sie es mir, ich suche nach einem Argument dafür, weshalb mich die Matinée morgen interessieren soll.«

Andreas Brandes nahm einen tiefen Zug aus seiner Zigarette und stieß den Rauch in kleinen Kringeln wieder aus.

»Weil du in Berlin bist und nicht mehr in der Provinz.« Unwillkürlich war er in eine vertrauliche Anrede geraten. »Verstehe mich nicht falsch, ich meine nicht, die Provinz sei unpolitisch. Aber eine Stadt wie diese hier, die steht doch viel mehr in der Mitte des Lebens als unser Städtchen. Und ist das nicht viel inspirierender? Hast du nicht hier in Berlin an einem Tag zehnmal so viel gesehen, beobachtet und erlebt wie zu Hause? Du tauchst ein in ein ganz anderes mentales Klima hier. Quirliger, offener, jugendlicher, hier in Berlin sind die Dinge noch im Wachsen begriffen, in unserem saturierten Städtchen wird doch nur der Bestand verwaltet. Ich weiß, ich bin ein wenig einseitig und unfair. Aber es kommt mir eben so vor, als wehe hier ein frischer Wind …« Andreas Brandes reckte sich und verschränkte die Arme hinter seinem Kopf. »Das Leben surft auf einer Welle der Erwartung.«

»Sie reden wie mein Vater.«

»Ist das ein Lob oder eher ein Tadel?«

»Ist das alles an Argument, um mich zu überzeugen?«

»Nein, da kommt noch was.« Der Lehrer lächelte verlegen, er schien ein wenig getroffen zu sein von Janniks Vergleich. »Geben wir dem eine allgemeinere Wendung«, fuhr er nach kurzem Besinnen fort. »Menschen gewinnen durch soziale Kooperation. Sie multiplizieren den Kreislauf der materiellen und geistigen Güter. Uns beide interessieren da ja wohl mehr die letzteren, oder? Weshalb aber eigentlich? Weil wir unsere Welt verstehen und begreifen wollen. Und da können wir in einen unvorstellbar breiten Strom von Erfahrungen und Erkenntnissen greifen, angehäuft über Generationen. Jeder neue Gedanke scheint mir in Brüchen entstanden zu sein, die das soziale Feld durchfurchen – soziale Spannungen, weltanschauliche Konflikte, technische Neuerungen. Das Diskontinuierliche ist der Brutkasten geistiger Güter, nicht das harmonische. Und jetzt kommt's«, Herr Brandes hob seine Stimme in selbstgewirkter Erregung. »Aus uns selbst schürfen wir nur belanglose Banalitäten. Es braucht den Einbruch des unkontrollierbaren, unbeherrschbaren Anderen in den Hoheitsbereich des Eigenen. Die Neuerungen werden da draußen geboren, in Pluralität und buntem Durcheinander. Deshalb sollten Sie sich philosophisch für das Gesellschaftliche interessieren. Philosophisch, meine ich, und für mich heißt das, herauszufinden, wie ich immer schon eingelassen bin in das Spiel der Anderen. Wo eine Idee ihren Ort hat, woraus sie sich entwickelt hat.«

Jannik schüttelte sich unter der Kaskade, die auf ihn herabgeregnet war.

Carlos oder die Erotik der Macht

Bizarr, ätzend, schrill und aus der Spur. Krass und verpeilt. Ein Abenteuer? Ja schon, aber eine gewisse Faszination für schlammigen Bodensatz bringe man mit. Zur Oberfläche hin werden die Wasser wieder reiner, und damit sei begonnen. Mit einem lauten Poltern spät in der Nacht im Treppenhaus eines Stadthauses in Berlin-Steglitz.

Es war eine Parallelwelt des Zorns, der Jannik gerade entkam, die Stufen hinab, spät nach Mitternacht. Der Wein beschwerte seine Glieder, und wütend skandierte er auf der knarrenden Holztreppe: »Der Ein-bruch des un-kon-trollier-baren An-de-ren.« Herr Brandes, nein, das ist nur blanke Theorie. Nein, die Realität sieht anders aus. Da war – Jannik fuhr sich erleichtert durch seine Haare, als er ins Freie der nächtlichen Straße trat – einfach zu viel Abweg, zu viel Selbstdarstellung im Spiel gewesen. Jannik schüttelte sich und strich seine Hände die Ärmel entlang in reinigender Geste. Friedlich lag die Welt hier in der abgeschiedenen, lindenbestandenen Seitenstraße, die parkenden Autos schon längst in tiefem Schlaf, und langsam gewann Jannik die Koordinaten zurück und kam wieder in seinem eigenen Leben an.

Nach kurzem Weg erreichte er den U-Bahnhof Rathaus Steglitz und streckte seine müden Beine auf einer Bank am Bahnsteig aus. Die nächste Bahn würde laut Anzeige erst in neun Minuten kommen, langsam fand er sein seelisches Gleichgewicht wieder und begann, die Begegnung mit Carlos in anderer Beleuchtung zu betrachten. Hinter dem Wüten des Stadtguerillero erkannte er die Härte eines gescheiterten, verbitterten Lebens, das seine Stütze sucht in der naiven Cora. Mal Vaterfigur, mal Sadist. Wie konnte sie es mit ihm aushalten? Eigentlich, so bilanzierte Jannik seine Erlebnisse, waren beide zwei verlorene Gestalten. Für Cora tat es ihm leid.

Als Jannik sieben Stunden zuvor das Treppenhaus zum dritten Stock emporgestiegen war, dröhnte ihm aggressive, mit jedem Schritt anschwellende Rap-Musik entgegen. Er musste dreimal klingeln, bevor ihm Cora öffnete. Herzlich fiel sie ihm zur Begrüßung um den Hals, Worte wären bei dem Krach ohnehin nicht durchgedrungen. Sie führte ihn in die Küche und zog die Tür hinter sich zu.

»Hi! Schön, dass du da bist, Carlos muss sich noch ein wenig austoben, er hatte einen schlechten Tag. Hat einen Gast durch die halbe Stadt gefahren und ist dann von ihm geprellt worden. Muss jetzt aus eigener Tasche zahlen, das ist bitter.«

»Er …«

»… fährt Taxi«, erklärte Cora. »Ist aber ein voll intelligenter Kerl, sag ich dir, achtzehn Semester Soziologie. Der kennt sich vielleicht aus!«

Jannik betrachtete Cora verstohlen von der Seite. Über schwarzen Netzstrümpfen wippte ein türkisfarbenes Minikleid, ihren Pagenkopf zierte ein schwarzes Stirnband, das sie seitlich geschnürt hatte, die Enden fielen ihr verspielt auf die Schulter. Mit einer elfenbeinfarbenen Zigarettenspitze wies sie zur Tür: »Wird gleich kommen, hilfst du mir schnell bei dem Gemüse?«

Jannik nickte und ließ sich einweisen. Ein Wok stand auf dem Herd, dekorativ hatte eine lässige Hand die Speisereste der Woche um die Herdplatten verschmiert. Cora fügte die Paprika zu den brutzelnden Zwiebeln hinzu und bedeutete Jannik, den Rest des Gemüses in kleine Würfel zu schneiden.

»Wende das Gemüse und schieb die garen Sachen immer nach oben, aber pass auf, dass du nichts verkleckerst.« Sie kicherte. »Ich schau mal nach Carlos. Am Ende die Sprossen und gieß immer wieder ein bisschen Soße nach.«

Jannik rührte engagiert im Wok herum und schaute ihr hinterher, wie sie mit ihren knallroten Pumps stöckelnd durch die Küchentür verschwand. Sein Blick schweifte durch die geräumige Küche, an deren Fensterseite ein großer runder Tisch stand neben einer halb geöffneten Balkontür. Über der Spüle hing eine schwarze Flagge, die ein ›A‹ in einem Kreis zeigte. Auf den offenen Regalen stapelten sich Teller jedweden Stils, Tassen, Becher und Töpfe, an einer Metallstange hingen diverse Pfannen, auf einer Kreidetafel war der nächste Einkauf vermerkt. Wo immer sich ein freier Platz bot, standen oder hingen Bilder verschiedenen Formats und zeigten Cora und einen Mann mittleren Alters. Ein umgedreht im Regal liegender Bilderrahmen zog Janniks Aufmerksamkeit auf sich. Er spähte durch die Küchentür auf den Korridor und griff danach. Das

Bild zeigte eine Frau mit blauen Haaren, unzweifelhaft Cora, die nackt auf allen Vieren mit schwarzer Augenbinde in die Kamera blickte, schwer hingen ihr die großen Brüste, doch was Jannik am stärksten schockierte, das war ein Lederhalsband mit einer langen metallenen Kette daran. Da brach die Musik ab, mit aufgeregt zitternder Hand legte er das Foto wieder ab und kehrte zurück an den Herd. Cora betrat mit Carlos die Küche.

Jannik erkannte den Mann auf den Fotos und begegnete seinem Gruß. Ihm steckte das unverdaute Foto wie ein Kloß im Hals.

»Was gibt's denn Feines?« Carlos Stimme hatte trotz ihrer maskulinen Tiefe etwas Schepperndes. Er kniff Cora herzhaft in ihr Hinterteil und gab damit seiner Frage etwas Zweideutiges, was Cora durch einen scharfen Schlag auf seine Hand beantwortete.

»Finger weg, alter Macho, heute füttere ich dich nur mit Gemüse, Raubtier du.«

Wider Willen glückste Jannik belustigt. Der Kloß begann sich zu lösen. Carlos grinste ihn an, als wolle er seine Männlichkeit von Jannik zertifiziert bekommen.

»Hab schon gehört, Bürgersöhnchen auf Papa-Tour, will sich bei uns mal den Wind um die Nase wehen lassen.«

Carlos war von mittelgroßer Gestalt, eine Handbreit kleiner als Jannik, aber er brachte sicher das Eineinhalbfache auf die Waage. Sein Bauch quoll ihm über eine zerschlissene Jeans, über einem namenlos zwischen gelb und oliv oszillierenden T-Shirt trug er eine abgestoßene schwarze Lederjacke. Seine ergrauten Haare waren schon sehr ausgedünnt, er trug sie hinter dem Kopf zusammengebunden zu einem fransigen Rattenschwanz. Teigig und verlebt sein Gesicht, Jannik schätzte ihn auf Ende vierzig, räumte ihm aber aufgrund seiner optischen Verwahrlosung einen möglichen Bonus von fünf Jahren ein. Trotz seines ungepflegten Aussehens war er Jannik nicht unsympathisch, daran änderte auch die demütigende Pose nichts, zu der er Cora verleitet haben musste. Das Bild hatte Jannik nicht wenig erregt. Immer noch klößte es ihm, gefügt aus einem unproportional großen Anteil sinnlichen Aufruhrs und einer kleinen Beigabe sittlichen Anstoßes. Eher neugierig und von voyeuristischer Regung getrieben fragte er sich, was für eine Frau Cora war, die so etwas mit sich geschehen ließ.

Carlos aß mit großem Appetit, lobte Coras Kochkünste im Allgemeinen und kritisierte das fleischlose Mahl im Besonderen. Mit »Soso!« und »Na hört mal!« kommentierte er karg Coras Erzählungen über das Zeitungsprojekt. Er schien zu denen zu gehören, die nur eine Sache zurzeit tätigen können. Doch als er seinen Teller von sich streckte und sich mit dem Lederärmel den Mund abwischte, setzte er zu großer Politik an.

»Gerechtigkeit, soso. Na hört mal an. Wenn ihr mich fragt: Illusionen, Feigenblätter des Kapitalismus, moralische Masken, um seine Obszönitäten zu tarnen. Gerechtigkeit, sag ich dir, die gibt es nicht, solange überhaupt Machtstrukturen existieren. Denn Macht heißt immer: Ich nehme von dort und bereichere mich hier. Genau genommen gibt es Gerechtigkeit nur in der Anarchie. Weil die Anarchie …«, Carlos unterstrich sein Argument mit einem proletarischen Rülpser, »… Ordnung ohne Herrschaft ist, eine Gesellschaft ohne Propaganda.« Carlos fixierte Jannik mit stechenden Augen. »Der Kapitalismus dagegen macht lautstark auf Freiheit und Gerechtigkeit, um seinen Lämmern Möglichkeiten zu suggerieren, die er ohnehin nie einlösen wird. Und auch nicht will. Waschzwang bei unsauberen Verhältnissen. Er spekuliert mit seiner gigantischen PR-Maschinerie auf die Triebkraft der Hoffnung, hähä! Opium fürs Volk, sagt schon Kalle. Heute ist nicht mehr die Religion der Feind, sondern die säkularen Werte. Im noblen

Gerechtigkeitsdiskurs holt sich der Kapitalismus ideologisch einen runter. Äh wie war doch …«

»Jannik«, assistierte Cora.

»Jannik, gut, französisch irgendwie, aber trotzdem. Bevor wir also über Gerechtigkeit reden, Jannik, müssen wir die Macht analysieren, verstehst du?« Mit einem kräftigen Schlag auf Janniks Schultern adelte er ihn zum Mitstreiter in einem weltumspannenden Klassenkampf. »Die Macht hat uns alle, egal, wo wir stehen. Das System hat jeden, fast jeden zum Mitspieler verdonnert, die Opfer sind die Täter, kennen wir das nicht aus den Konzentrationslagern, wo die Nazis Juden zu Aufsehern beförderten?«

»… also das ist doch … ein gewagter Vergleich …«, gab Jannik dezent zu bedenken.

»Man muss noch viel mehr wagen, um die Wahrheit zu sagen. Also gut, beginnen wir von unten, von gaaanz unten.« Carlos griff sich ein frisches Bier aus dem Kühlschrank. »Von ganz unten, Finanzkrise, wer zahlt hier für wen? Es wird Geld gedruckt, damit wird Inflation erzeugt, um den Schuldenstand zu senken und die Börsenkurse zu befeuern, die Zeche zahlen die, die keine Vermögen besitzen, sie subventionieren mit ihren Steuergeldern die Besitztümer, und da wird dann richtig Kasse gemacht. Richtig Kasse, sag ich dir.«

Zur Befeuerung seines Arguments knallte Carlos die Bierflasche auf den Tisch. Jannik machte beschwichtigend geltend, dass Gerechtigkeit doch auch noch andere Aspekte habe als nur den materiellen. Carlos dröhnte ein Lachen, in dem sich vieles fing: Hohn, Sarkasmus, Frustration, Selbstgerechtigkeit, Dominanz, ja sogar ein Anflug von Bosheit schwang darin.

»Vielleicht meinst du Chancengerechtigkeit? Zugänge zur Bildung? Schau dich doch um auf der Welt. Brauchst gar nicht so weit zu reisen, um die Chancen eines in Bangladesch geborenen Kindes mit dem eines Kindes in der Schweiz zu vergleichen. Wie steht es um die Bildungsabschlüsse bei uns? Fünf zu eins ist die Chance für ein Kind aus gehobenen Verhältnissen im Vergleich zu den unteren sozialen Klassen, eine Gymnasialempfehlung zu bekommen. Dreiundachtzig zu dreiundzwanzig das Verhältnis bei den Erstsemestern an der Hochschule. Weitere Zahlen erwünscht?«

Jannik schüttelte den Kopf. Er bewundere Carlos' Zahlenkenntnis, er wolle nicht an deren Richtigkeit zweifeln, die Statistiken sprächen für sich. Aber das belege doch nachgerade die Wichtigkeit des Themas, hier läge doch der wunde Punkt des ganzen Systems, fügte er hinzu. Carlos unterbrach mit seinem dröhnenden Lachen. Er, Jannik, verniedliche die Gewalt des Systems, wenn er die Wunde nur in einem Punkt sehe. Das sei doch eher eine schwärende Flanke, befallen von stinkendem Aussatz, der sich immer tiefer hineinfresse, mit den Eiterbeulen Großfinanz, Multikonzernen und all der korrupten Komplizenschaft aus Politikern, Juristen und Journalisten. Maden im Fleisch des Volkes. Es gebe zugestandenermaßen darunter manch blinden Idealisten, das wolle er Janniks Vater mal zugutehalten, Handlanger wider Willen, und überhaupt müsse man das alles im Systemganzen betrachten, wo sich nirgends eine neutrale Stelle bilden könne, der Krake greife sofort zu, und wenn die geplante Artikelserie ein Erfolg würde, inhaltlich gesehen, was er ja sehr hoffe, ja wirklich, eine Serie mit Tiefgang, die der Hydra einen Kopf abschlage, dann wüchsen doch gleich mehrere wieder nach, ein Herakles sei heute nur als Anarchist denkbar. Und dann griff er auf andere Felder über, schwadronierte über Formen der modernen Leibeigenschaft in der Leiharbeit, sprang zur Gefängnisjustiz über, sprach vom ›Opiniozid‹, worunter er den planvollen Feldzug gegen die Meinungsvielfalt verstand, (»Abweichler werden kaltgestellt und werden im Gefängnis ihrer Stimme beraubt«), und ohne die Stimme zu senken, um etwa anzudeuten, dass hier ein Absatz zu Ende war, brach er seine Suada ab und griff sich die nächste Flasche aus dem Kühlschrank. Jannik hatte offenen Mundes zugehört, solch eine bellende Anklage hatte wahrlich Schwung. Er nahm es von der sportlichen Seite und bestaunte die plötzlichen Volten, die Carlos schlug. Und was ihn, Carlos, anbelangte, so begann der Alkohol, Carlos die Silben ineinander zu schwemmen.

»Ich sagte ja, Carlos ist ungemein intelligent. Was der alles weiß!« Cora warf Carlos einen devoten Blick zu. Sie ist ihm hörig!, sprang es Jannik an, Cora mit ihrer naiven Plapperei, sie hakt sich bei ihm ein wie bei mir heute Morgen. Er erinnerte sich ihrer angedeuteten Klage über ihren Vater und bedauerte, nicht weiter auf das Thema eingestiegen zu sein. Verstohlen schaute er zum verbotenen Foto hinüber. Vielleicht wiederholt sie mit der Lust an Unterwerfung ihre Vaterbeziehung? Ein unheimliches Gefühl kroch ihm an den Magenwänden entlang. Ihn schwindelte bei diesen seelischen Abgründen, und plötzlich drang es aus ihm heraus: »Ja, unseren Stallgeruch werden wir ein ganzes Leben lang nicht los.«

Carlos drehte sich mit seinen nikotingelben Fingern eine Zigarette. Andächtig wie bei einer Zeremonie leckte er am Papier entlang und rollte es ein. »Ist doch ziemlich langweilig, ein ganzes Leben lang immer derselbe zu sein, oder? Auch das ist übrigens ein Zug der Macht. Sie will uns berechenbar, sie sammelt Big Data, sie steckt uns in Statistiken und diktiert uns unsere Identität. Stallgeruch? Kein übles Bild, mein Kleiner. Ein wenig zu familiär vielleicht für meinen Geschmack, ich leg's mal etwas politischer aus. Die Familie hat nämlich ausgedient als Sozialisationskern. Im Arbeits- und Konsumstress haben die Familien keine Zeit mehr für Erziehung. Kinder werden wegdelegiert. Das übernimmt nun die Gesellschaft, der Turbokapitalismus trimmt uns uniform wie weiland der Kommunismus. Wir kommen als Original auf die Welt und verlassen sie als Kopie.«

»Aber unser Leben ist doch sehr pluralistisch! Gerade hier in Berlin, da ist doch alles sehr bunt«, warf Jannik ein.

»Ja Berlin, die kleine Insel. Doch lass dich nicht täuschen, Kleiner. Der Kapitalismus geht mit Pluralität nur klüger um. Der Kommunismus verlangt ideologisch Gefolgschaft, und wo ihm das nicht gelingt, füllt er seine Gefängnisse. Der Kapitalismus fordert ökonomische Knechtschaft, und wer sich dem verweigert, wird in die Ghettos gesperrt. Volkswirtschaftlich …«, mit einem Rülpser deutete er unverhandelbare Verachtung an, »… günstiger. Die Machtgeste ist in beiden Systemen dieselbe, beide prämieren den Mitläufer, beide wollen die Herde. Da hast du deine Ställe wieder.« Carlos rülpste erneut und stieß zur geruchsentsorgenden Belüftung ein tiefes Grunzen durch seine Kehle. »Oh ja, es gibt da natürlich Durchlässigkeit, es gibt den Aufsteiger, aber wenn du den am Büffet erlebst, wie er sich die Backen vollstopft und mental zurückfällt in seine alte Welt der knappen Ressourcen …«

Carlos lachte sein grimmig-sarkastisches Lachen und wechselte zum Rotwein, Marke Fünfliterschlauch.

»Gerechtigkeit, soso. Jetzt will ich dir mal was sagen, was Philosophisches. Die Macht formiert sich unterhalb der juridischen Ebene, verstehst du?«

Jannik schüttelte den Kopf und bat artig um Erklärung.

»Der ganze Gerechtigkeitsdiskurs kommt in juristischen Kategorien daher. Es ist immer noch die alte Vertragsgeschichte aus den frühen Tagen der politischen Philosophie, aufgeputzt und hergerichtet …«

»Meinst du die Geschichte von der Glut des gesellschaft-

lichen Urzustandes? Von dem vernünftigen Gesellschafts-
vertrag? Rousseau und so weiter?« Jannik war nun ganz Ohr,
Carlos brauchte wohl sein Quantum, um auf philosophische
Höhe zu gelangen. Davon hatte sein Vater heute Morgen doch
auch gesprochen in seinem publizistischen Credo, und Herr
Brandes blies ins selbe Horn! Im letzten Schuljahr hatten
sie im Gemeinschaftskunde-Unterricht die geschichtlichen
Grundlagen der Demokratie behandelt, etwas spröde war es
gewesen, doch Carlos' rumpelndes Küchentheater frischte das
Thema farbig auf. Gab es überhaupt etwas gegen die Idee des
Gesellschaftsvertrages einzuwenden?, fragte sich Jannik und
war gespannt auf Carlos' Sicht der Dinge.

»Ja richtig. Glut des Urzustandes, ist das deine Formu-
lierung? Egal, wer auch immer sie verbrochen hat, er treibt
Lagerfeuer-Romantik, philosophische Folklore. Wenn es einen
Anfang gegeben hat, dann war er hart und bitter, mit seinen
Körperkräften hat sich der Hordenführer vor den anderen
ausgezeichnet. Die Glut des Urzustandes bestand in nackter
Gewalt, verstehst du? Geile, nackte Gewalt!«

Fast hatte er sie herausgebrüllt, seine Worte des Leibes,
jetzt unterbrach er sich und stürzte ein halbes Glas die Kehle
hinunter. Cora reckte ihren Hals in die eintretende Stille, die
Augen zu zwei Schlitzen verengt. »Da ist schon viel Wahres
dran, Jannik«, sagte sie mit zitternder Stimme.

»Quatsch, Cora, der Gesell …« Jannik steckte erneut im
Kloß fest und räusperte sich, um klanglich wieder freizu-
kommen. »… der Gesellschaftszustand beendet die Gewalt.
Er etabliert den vernünftigen Willen, die ›volonté générale‹.
Idealerweise geredet, von der Theorie her.«

»Theorie! Lehrbuch! Schule! Na wie komisch, mon petit
bourgeois. Das Leben ist anders, glaub mir. Dein Gesellschaftszustand ist Fortsetzung der Gewalt mit anderen Mitteln, mein

Lieber. Die Mächtigen diktieren die Texte und bestimmen über wahr und falsch, gut und böse, vernünftig und unvernünftig. Nietzsche contra Rousseau! Der Wille zur Macht zieht die Strippen, und das hehre Vertragswerk macht ihn unangreifbar. Nun sind alle auf die Vernunft hin diszipliniert und die Macht hat sich hinter der besten aller möglichen Masken versteckt. Voilà! Die Täuschung ist perfekt und hält für Jahrtausende. Doch hinter der Fassade tobt das Schlachtfeld.«

»Totschlag-Argument«, presste Jannik hervor. Sein Widerspruchsgeist war erwacht. »Glaubst du wirklich all das, was du sagst?«

»Hundert pro. Na, was weißt du denn schon vom Leben? Deine Mutti stellt dir mittags was auf den Tisch, ja, und dein Papa ist stolz, wenn du ne Eins mit nach Hause bringst. Nein …« Mit einer herrischen Handbewegung wies er Cora Schweigen an. »Jetzt rede ich. Und ich glaub noch viel mehr, glaub mir. Haha, Glauben glauben, nicht übel, Sprachspiel, ungemein witzig zu später Stunde.« Und er wies mit dem Finger zuerst auf Cora und dann durch die Balkontür. »So jetzt hört mal. Ich glaub zum Beispiel an die Ventile für meinen Zorn. Ich glaub an die Befreiung. Nein, nicht an politische Befreiung, das ist Quatsch. Selbst wenn der Kapitalismus in seiner jetzigen Form zusammenbricht nicht. Dann wird es andere Machtformen geben. Auch die Maden sind nicht die wirklichen Gegner. Die Vision politischer Befreiung ist immer eine Religion gewesen.«

Jannik versagte sich weiteren Widerspruch. Er definierte sich kurzerhand den Abend als Lehr- und Anschauungsstunde in Sachen sozialer Frustration. Ruhig und in betont artigem Ton fragte er:

»Und worin besteht dann die Befreiung für dich, an die du glaubst, wie du sagst?«

»Ich erotisiere die Gewalt!«

Jannik horchte auf, das hatte er seiner Lebtag noch nicht gehört! Er zeigte mit seinem Zeigefinger zuerst auf Cora und dann zur Balkontür. Carlos nickte. Cora schlug sich die Hand vor den Mund und erstickte einen Schrei. Für ein paar kurze Momente dehnte sich langes Schweigen. Carlos grinste breit und triumphierend genoss er die Stille wie eine beredte Verbeugung vor seinem eigenen Lebenskunstwerk. Jannik lächelte scheu, gern überließ er Carlos den triumphalen Moment. Der Alkohol hatte den Anarchisten transparent werden lassen. Selbst für einen in Menschenkenntnis so Unkundigen wie Jannik wurde fühlbar, wie dünn das Eis war, auf dem Carlos sich inszenierte, wie eng Sieg und Niederlage benachbart sind. Es war ja keine Dreistigkeit, mit der Carlos die anderen vor seinen Karren spannte, eher verkappte sich darin das hilflose, kreatürliche Verlangen nach Anerkennung, das Leiden eines gesellschaftlichen Underdogs, überspült und ertränkt in Bier und Wein. Diffus erspürte Jannik das Schaf im Wolfspelz, er hörte im Anarchisten das Lamm blöken, über das Carlos gerade noch bissig hergezogen war. Wäre Jannik ein wenig reifer gewesen, dann hätte er Carlos vielleicht nicht tiefer hineingeritten in das Gestrüpp der Widersprüche, von denen Carlos selbst meinte, frei zu sein dank seiner anarchistischen Gesinnung. Doch das verbotene Foto hatte es Jannik angetan, hatte ein unterdrücktes Feuer in ihm entfacht, das er bislang an sich selbst noch nicht kannte. Vielleicht hatte auch ihm der Alkohol die Grenzen der Schicklichkeit etwas verschoben, jedenfalls wollte er Details zur erotisierten Gewalt, und schließlich bat er Carlos darum.

Carlos zog tief an seiner Selbstgedrehten und schaute Jannik prüfend an. Er schien einen Moment lang unschlüssig, warf einen Blick auf Cora, die immer noch ihre Hand auf die Lippen gepresst hielt.

»Es ist eine aufregende Vorstellung, finde ich«, ermunterte Jannik ihn mit vor Erregung vibrierender Stimme, das Gemüt aufgepeitscht von alkoholisierter Erwartung.

»Hm, wo soll ich beginnen? Da draußen oder hier drinnen? Es gibt keine wirkliche Befreiung von der Gesellschaft und für die Gesellschaft, dafür ist das System zu totalitär. Es gibt nur die kleinen Fluchten. In die Macht selbst. An ihrer gesellschaftlich praktizierten Form können wir nicht Anteil nehmen, wir haben keine Aktien, keinen Grundbesitz und keine Arbeit in der Zeitung. Aber wir holen sie uns zurück, Bürgersöhnchen.«

Carlos inhalierte tief und stieß den Rauch in Kringeln aus. »Ja wir holen uns die Macht zurück, wir leben sie nackt im Aufruhr unserer Körper. Wir inszenieren Herr und Sklave, sub und dom, bottom und top, wir überschreiten Grenzen, um zu tieferer persönlicher Begegnung zu gelangen. Wir schmieden die Macht ins Heilsame um. Wir leben auf der anderen Seite des Tabus. Wir entdecken die Größe, die in der Bereitschaft zur Unterwerfung liegt, und umgekehrt stärken wir uns daran, zu eigener Größe zu gelangen. Wir berauschen uns an Lack und Leder, an Peitsche und am Fesselspiel, an Sex-Magie statt Vanilla …«

»Carlos, du bist betrunken!«, rief Cora mit gellender, überschlagender Stimme, sich mehr an Jannik wendend als an Carlos.

»Und was hat das mit Befreiung zu tun?«, fragte Jannik in gespielter Sachlichkeit. Coras bittend-schamhafter Blick hielt ihn davon ab, aus Carlos weitere Details zu locken.

»Ne Menge. Subversiv war Sex schon immer. Schon im alten Griechenland gab es den Dionysos-Kult, bezeichnenderweise gaben die Frauen sich ihm hin, die sich während einer begrenzten Zeitspanne in die Wälder verzogen und

Ferien vom Patriarchat machten. Als Mann war man Freiwild für ihre erwachte Promiskuität. Sie vögelten alles, was einen Schwanz trug.«

Carlos grinste breit und frivol und ergriff in unerwarteter Aufwallung von Zärtlichkeit Coras Hand.

»Denk bitte nicht schlecht von uns. Jeder hat sein eigenes Recht auf Dasein«, sagte Cora leise. Jannik nickte stumm. Coras schlichter Kommentar berührte ihn, die darin mitschwingende Scham machte ihn verlegen, denn unversehens spielte Cora ihm damit die Rolle eines Sittenrichters zu. Jannik zog lässig die Schultern als Zeichen seiner liberalen Toleranz.

»Geile Vorstellung«, fuhr Carlos in träumerischer Sanftheit fort. »Geile Vorstellung, Freiwild zu sein. Rollenwechsel, wir befreien uns von den festen Bildern in unseren Köpfen. In solchen Momenten, das sag ich dir, wirft sich uns das volle Leben zu, ausgewürfelt im Spiel unserer unzensierten Phantasie.«

Gefällig blickte Carlos seiner Wortwendung nach. Dann fuhr er fort: »Hast du genügend Mut, den Zufall regieren zu lassen? Das Diskontinuierliche wie einen Brandsatz in das Diktat der großen gesellschaftlichen Erzählungen zu werfen? Gegen Liberalismus, Demokratie und Recht? Sei ein Revolutionär ohne Revolution, erst die politische Desillusion macht dich frei für deine individuelle Revolte. Solange du glaubst, du könntest die Gesellschaft verändern, spielst du das Spiel der Macht mit. Und bringst das wertvollste Opfer, nach dem die Macht giert: deine naturhafte Lust, den Dorn im Fleisch jeder Sozietät. Die Glut des Urzustandes, so sagtest du doch? Sie brennt dir im Leib, mit ihr schreist du nach dem Leben, mit ihr entwirfst du deine Bilder von einem sinnvollen Leben, mit ihr lehnst du dich auf und mit ihr vögelst du. Die Glut ist unpolitisch politisch. Sobald du ihr das Unpolitische nimmst, hast du sie an die Macht verraten. Und das geschieht schon dann, wenn du sie rechtfertigst, wenn du sie in einen gesellschaftlich-vernünftigen Diskurs einspannst. Die Glut ist nur im unpolitischen Augenblick, in der Lust. Das ist die Erotik der Macht.«

Jannik schwieg. Carlos' Gedanken machten Eindruck auf ihn. So hatte er die Dinge noch nie angesehen. So von der schwindligen Spitze des Augenblicks her.

»Und weißt du, wo die Erotik der Macht sonst noch lebt, ich meine …«

Carlos deutete auf Cora und wandte dann seinen Zeigefinger auf die Balkontür. Kühle Oktobernachtluft strich in die Küche. Jannik fröstelte ein wenig.

»Da draußen in den Kreuzberger Nächten, wenn Autos brennen, ne ganze Straße lang. Und schön die Flammen bei Nacht, sag ich dir, richtig romantisch.«

Carlos blecherne Stimme kam jetzt sanft, und ein träumerischer Anflug von Zärtlichkeit erschien auf seiner ledernen Haut.

»Wow, welche Aufregung! Blaulicht, die Bullen kommen und dann die Feuerwehr. Da hast du sie wieder, die Glut der Natur. Nein, gegen Personen verüben wir keine Gewalt, nur gegen Sachen. Eigentum ist der Fetisch der Gesellschaft. Da liegt der Nerv des Kapitalismus, leicht zu treffen, kinderleicht. Und ein lustvolles Spiel ist dann der Rückzug in die Seitenstraßen, in die Hausflure, Ausfälle gegen die Bullen, das Splittern von Fensterglas, Steine, David gegen Goliath, biblische Lust, sag ich dir. Musst du dir mal anschauen, nur anschauen, das reicht, das reicht auch mir vollkommen, ich werfe keine Steine und zündle nicht, ich berausche mich nur am Chaos. Und wenn ich dann nach Hause komme, dann gibt es den geilsten Fick. Sei ehrlich und lasse deine Lust an der Erotik der Gewalt nicht zensieren. Und wenn du sie dann mal in dir freilegst, wenn du das fertigbringst, Kleiner, dann würde mich dein Kommentar dazu interessieren.«

»Kommentar worüber?« Jannik hatte dem plötzlichen Schwenk nicht folgen können.

»Na, ob dich das nicht auch anturnt! Ob du nicht sagst: Ja, das ist der einzig wahre Moment im Leben!«

Jannik kämpfte. Nein, nicht wirklich ein Kämpfen war's, eher trafen zwei verschiedene Welten zusammen und seine Person bot den Schauplatz dazu. Die ›Erotik der Macht‹ hatte ihn angemacht, es knisterte in der Formel, aber die Straßenvariante kam ihm eher primitiv vor. Selbst wenn Carlos nur ein Gaffer war, dachte Jannik, aber dann korrigierte er sich: Der Gaffer wäre moralisch gesehen problematischer als der Vandale. Der Vandale befriedigt seine Wut, der Gaffer weidet sich an der Zerstörung. Na ja, wandte er sich ein, so ganz richtig ist das vielleicht nicht, aber in der Linie schon. Und er sagte es Carlos.

Weiteres an authentischem Material über diesen Abend liegt nicht vor. Doch es reicht, um Jannik noch einmal aufzusuchen im nächtlichen U-Bahn-Schacht, wo er die letzten Minuten bis zur Ankunft des Zuges verbringt. Körperlich weit hingespreizt sitzt er schlaff auf der Bank, mental ebenso breit ausgegossen. Es atmet in ihm noch das Klima der vergangenen Stunden. Der rohe Zorn des Carlos, seine Egomanie, die Welt voller gegenseitiger Abhängigkeiten. Seine, Janniks, Bewunderung für Carlos' kreative Intelligenz, die quecksilbrige, und er dankt ihm für die Formel von der erotischen Macht, jetzt, drei Minuten vor Ankunft des Zuges. Ein Schatz, erst einmal geborgen, verdaut wird später. Jetzt berauscht sich Jannik in erster Linie affektiv damit. Aber auch am Klang. *E-ro-tik-der-Macht*, das steigt melodisch an, um dann wieder abzufallen und in Entschiedenheit zu landen. So wie Carlos, der die Küche so dominant mit Aggressivität geflutet hatte.

Zuchtbullenschweiß, fährt es ihm durch den Kopf. Dann wieder zeigt sich hinter Carlos' maskuliner Kraft eine Zeile fragiler Gebilde, die näherkommt, als sich Jannik an sie heranzoomt. Wolf und Schaf, kompliziert miteinander verwoben, Carlos turnt auf einem Hochseil über seinen Abgründen. Nein, alles war ihm über ein Entweder - Oder gespannt, ein Netz mit nur einer einzigen Alternative. Der Fehler, so dämmert es Jannik auf der Bank, eine Minute, bevor der Zug eintrifft, der Fehler liegt in dieser Logik, einer Logik des Zwangs. Erneut schüttelt er sich, ihn fröstelt.

Ja, er würde Carlos schon gern wiedersehen, aber vielleicht nicht zusammen mit Cora. Er wollte mehr über die Erotik der Macht hören von ihm, als Theorie-Gaffer und – ja doch, auch das, er schmunzelte über sich – als Voyeur. Aber in einem zweiten Gedanken verwarf er sofort wieder den Lockruf, einmal den Lehrling zu probieren. Nein, Carlos ist zu schmierig, das wäre bestimmt heftig ernüchternd. Und wenn ich jetzt an die Szenen in der Küche zurückdenke, an Coras stumme Passivität und an ihre unterwürfig-dümmliche Bewunderung für ihren Dom, dann ist der Glanz verweht, der vom verbotenen Foto ausgelöst mir den Kopf verdreht hatte. Und übrig bleibt der schale Geschmack der Peinlichkeit. Oder etwa nicht? Gut, der Wein steht mir im Kopfe, aber sehe ich deswegen die Sache etwa falsch? Nur schärfer, denke ich, und klarer auch. So etwas, ich meine, so ein Spiel mit Befehl und Gehorsam, das muss auf soliden Füßen stehen, es muss ein Spiel sein zwischen Freien … Und bevor Jannik seinen Gedanken zu einem Abschluss bringen kann, kündigt ein Rumpeln im Tunnel die Bahn an, der gelbe Zug fährt ein, Jannik steigt dazu, und zurück bleibt ein leerer Bahnhof.

Wann lebt das Leben?

Was ist gut? Wie gelange ich zu Selbsterkenntnis und Selbst-bestimmung? Was darf ich hoffen und was muss ich fürchten? Kurzum: Worin besteht das gelingende Leben?

Alte Fragen, aus antikem Gestein über die Jahrtausende hinweg ins Jetzt geworfen. Immer noch gehen sie uns an. Nicht, weil sie einer endgültigen, tradierbaren Antwort harren, sondern weil sie uns begleiten, weil sie Antrieb und Inspirationsquelle sind für ein Leben, das nur so menschlich genannt werden kann. Ihre Wurzeln haben sie in den Liedern, den Gebeten und den großen Erzählungen aller Kulturen. Es wäre eine optische Täuschung, wollte man nur die frühen geschichtlichen Weltkulturen damit prämieren, China und Indien, den Iran, Ägypten, das Zweistromland, Mexiko, Peru oder Griechenland. Seit dem späten 19. Jahrhundert sind immer mehr Kulturen in den Blick gekommen, die den ewigen Fragen ihre charakteristische Gestalt gegeben haben: die Maori und die Aborigines, die Polynesier und die sudanesischen Nuer, die Äthiopier, die Bo auf den Andamanen und viele mehr.

Aber es war eine besondere welthistorische Leistung gewesen, als seit der großen Achsenzeit im fünften vorchristlichen Jahrhundert das mythische Weltbild abgelöst wurde durch das philosophische. Ein Elmsfeuer sprang in den Jahrhunderten um 600 bis 300 v. Chr. um den Globus, einzelne Persönlichkeiten traten hervor mit gänzlich neuen Lehren: Buddha lehrte in Indien wie Mahvira, der Begründer des Jainismus. Auf den Chinesen Laotse geht der Daoismus zurück, Konfuzius schuf die ›Schule der Gelehrten‹. Zoroaster etablierte die altiranische Religion, der jüdische Rabbi Jochanan kompilierte den Jerusalemer Talmud und in Griechenland standen eine Reihe von Persönlichkeiten für die Wende vom Mythos zum Logos, allesamt wurden sie überragt von der Gestalt des Sokrates, der 399 v. Chr. zum Tode verurteilt wurde. Seit der Achsenzeit wurden die Menschheitsfragen systematischer gestellt und beantwortet. Worin besteht das gelingende Leben? Platon empfahl die Weisheit, die Besonnenheit, die Gerechtigkeit und die Tapferkeit. Aristoteles ergänzte mit der Klugheit und einer auf das Gemeinwohl sich verpflichtenden Gemeinschaft. Ihnen ging es um ein wohl balanciertes Ideal individuellen und gemeinschaftlichen Lebens. Man solle in allem die Mitte finden, Homöostasis zwischen Kontemplation und Politik, sinnlichem Streben und sittlichen Prinzipien, einem Zuviel und einem Zuwenig.

Die antike Vernunft träumte von einer Harmonie der Seelenkräfte, geführt von klarer, unbestechlicher, weit ausgreifender Erkenntnis. In den neueren Zeiten weitete sich die Szene beträchtlich für den Bühnenauftritt der Vernunft. Im politischen Bereich entwarf die Vernunft Gesellschaftsverträge und völkerrechtliche Präambeln. Sie regelte das prekäre Verhältnis von Wissen und Glaube, sie entdeckte im Kunstschönen die Spuren der edlen Seele, sie entwarf universale ethische Regeln. Das gelingende Leben, in der Goethezeit gebärdete es sich optimistisch und schwärmerisch, tiefgründig und besonnen-heiter, und beeindruckend spannte es das antike Harmonie-Ideal auf das Rad eines Lebens, das sehr viel komplexer geworden war. Noch einmal gelang es, dem Menschen seine innere Mitte zu zeichnen in einer Zeit, in der die gesellschaftlichen Fliehkräfte ihn auf eine, so würde Clarisse sagen, exzentrische Bahn katapultierten. Es war die letzte Ruhe vor dem Sturm, dieses 18. Jahrhundert, orchestriert von der Blütezeit auch der europäischen Musik. In grandioser Weise legte das Leben sich auf eine Erweiterung seiner Möglichkeiten aus – und schuf damit die Grundlage für die spätere politisch-kulturelle Dynamik im 19. Jahrhundert. Befreit vom Korsett religiöser Normen und

Doktrinen brach die Vision vom gelingenden Leben durch die Kruste der Konventionen. Sollte es Wunder nehmen, wenn sie sich dabei auch mitunter verirrte in manchen suggestiven Bildern, in fanatischen Ideologien und dunklen Totalitarismen?

Schon Rousseau, ein Kind des vorrevolutionären Frankreich, Bürger der Stadt Genf, irrte, als er meinte, die gesellschaftliche Vernunft könne sich nicht irren. Hegel griff daneben, als er verkündete, das Wirkliche sei das Vernünftige. Nietzsche war geblendet von seinem wahnhaften Narzissmus, als er mit seinem gefährlichen Wort von der Herrenmoral auf das Pferd des Vitalismus setzte. Und schließlich der tiefe Fall Martin Heideggers, als er sein Denken vor den Karren der nationalsozialistischen Ideologie spannte und die Vernunft verriet.

Nein, keine direkte Linie führt hinüber von diesen Irrtümern zu den Totalitarismen des 20. Jahrhunderts. Aber doch – es gibt da eine gemeinsame Versuchung, der manche Philosophen anheimgefallen waren. Die Welt noch einmal als Ganze zu deuten, nachdem die Gewissheiten des Absoluten dahin sind, die flatternden Enden aller Interpretationen zu einem Knoten zu binden. Letztlich ist es der Hunger nach Sinn, der nach einem billigen Happen Trost schmachtet.

Ungewiss bleibt, wer die Metapher von der exzentrischen Bahn erfunden hat, jenes Bild, das Clarisse so über alles liebte. Vielleicht war es der unglückliche Dichter Hölderlin, der sein eigenes irrendes Leben damit kommentierte. Auf jeden Fall schwoll es an im 19. und 20. Jahrhundert, das Exzentrische, zunächst in der Kunst, dann aber auch in der Welt der Ideen, und schließlich sogar in der großen Politik. Der Drang zum Lösen überwog die Kräfte des Bindens, die zentrifugalen Energien triumphierten über die zentripetalen. Dort draußen, im noch Ungestalteten, in den lodernden Ahnungen einer heraufziehenden Zukunft suchte das Gelingen zu gelingen, und nicht mehr in den wohl temperierten Räumen der gliedernden Vernunft. Im Treibhaus schweißnasser Erwartungen gediehen die experimentellen Lebensentwürfe und die radikaleren Ideen. Bürgerliche Jungintellektuelle bezogen den Monte Verità im schweizerischen Tessin und beteten Natur und Nacktheit an. Anarchisten träumten von einem herrschaftsfreien Staat. Künstlerkolonien, Landkommunen, Hausbesetzer, Aussteiger, Bohème und andere utopische Oasen entstanden, regiert vom Willen, einfach anders zu sein. Von Ahrenshoop bis Worpswede, von Prudhon bis Kropotkin, von den amerikanischen Hutterern bis zum langhaarigen Fritz Teufel. Bei allen Unterschieden im politischen Kolorit findet sich weltanschaulich eine gemeinsame romantische Tonlage. Auf zur Sonne, vorwärts zum Heil! Und ach – die Musik! Sie stieg auf zur kulturellen Großmacht, als die modernen Massenmedien begannen, jeden Winkel des Globus mit uniformen Gesängen zu kolonialisieren. Sie unterlegte das neue avantgardistische Milieu mit Melodie und Takt. Und als das Zeitalter der Videokultur einsetzte, mit schnellen Schnittfolgen und virtuoser Zitattechnik, da etablierte sich eine fiktive Parallelwelt, die seitdem mächtig in das Herdfeuer der seelischen Haushalte bläst. Der Mensch – ein Gefangener seiner Bilderwelten, die Seele nicht länger ein Hort rationaler, kritischer Vernünftigkeit. Farben, Formen und Töne betören das ›Gesamtkunstwerk Mensch‹.

Bei seinen achtzehn Jahren ist noch weitgehend unausgemacht, wohin Jannik treiben wird. In Berlin driftet er von hier nach dort, die Winde des Zufalls blasen ihn von einer Karaoke im Mauerpark zur Slackline und von dort zu einer Yoga-Gruppe. Daraus ergibt sich eine Verabredung mit vier Amerikanern zu einer Hausbootparty an der East-Side-Gallery. Aus einem folgt das Nächste, wie von unsichtbarer Hand wird Jannik weitergereicht, seinen Vater sieht er nur während kurzer Pausen zwischen seinen Streifzügen, mal im Café, mal am frühen Abend zu Hause, bevor er sich wieder aufmacht ins Getriebe einer Jugendkultur, für die die Stadt so berühmt ist.

Der Vater bemüht sich um Verständnis, dabei ist ihm anzumerken, dass auch er zum Treibholz des Lebens gehört und sich in seinem neuen Berliner Leben erst noch finden muss. Er sucht in anderen Segmenten der Metropole, in den etablierten Etagen des Kulturbetriebs. Seine Bekanntschaften sind Journalisten, Künstler, Theaterleute, dann die kleinen und mittleren Dirigenten der kulturellen Szene: Frauenbeauftragte der Stadt, Kulturdezernenten, Stiftungsvertreter. Sie überfluten ihn, die Multiplikatoren des Guten, Schönen und Wahren; er ist ihnen die Schleuse zur Öffentlichkeit. Auch für ihn ist die Stadt Beginn. Noch hat er wenig Überblick, er sieht nicht, wie ein, zwei Mausklicks weiter es hinüberführt in ein anderes, ganz anderes Milieu. Von seiner Praktikantin Cora etwa zur gealterten Hausbesetzer-Szene von damals. Oder von einer Maskenbildnerin der Oper über eine Boutiquenbesitzerin in Charlottenburg zur Schwulen-Szene mit deren Riten und Ritualen. Es gibt viele ähnliche Fähren, die die einzelnen Subkulturen untereinander beschiffen. Literarische Salons leiten zu Poetry-Slam-Kellern und erreichen dort dann über einen Generationensprung junge Talente, denen Jannik hätte begegnen können, hätte er in einem Buchladen den kleinen Flyer gelesen, der für den Dichterabend im Kiez wirbt. Die möglichen Wege sind nahezu unendlich und verlieren sich in einem hochkomplizierten mathematischen Algorithmus, Berlin ist eine Welt in der Welt, ein mikrokosmisches Experiment makrokosmischer Strömungen, die ganze Weltzivilisation noch einmal. Man kann sich darin verlieren, kann stranden an den zahllosen Untiefen der Stadt, man kann sich verzetteln in den multiplen Möglichkeiten und dabei seinen eigenen Willen verkümmern lassen. Der Corso kann zum Leben werden. Muss man um sich Jannik sorgen? Seine Zeit in Berlin ist begrenzt, er wird nicht untergehen. Er wird zurückkehren in sein Provinzstädtchen, wird brav sein Abitur machen, doch die Tage in Berlin werden ihn verändert haben. Vielleicht, dass er bald darauf den Plan hegen wird, nach dem Schulabschluss nach Berlin zu ziehen. Schwieriger wird es, vorherzusagen, welchen Einfluss die Herbsttage an der Spree auf seinen geistigen Haushalt nehmen werden.

Wir erinnern uns des nachhaltigen Eindrucks, den Overbecks Satz auf ihn gemacht hat: »Ich allein bin wirklich.« Wir erinnern uns auch, dass Jannik ihn nie wörtlich verstanden wissen wollte. Ihm schloss sich seine Bedeutung in besonderen Situationen auf, in einem plötzlich aufwallenden Lebensmut etwa, oder in einem existenziellen Ruck, mit dem man eine Entscheidung tätig. In Berlin kam eine neue Farbe dazu. Wenn er in der U-Bahn fuhr und die Türen hektisch mit metallischem Klicken am nächsten Bahnhof aufspringen und ein Schwall neuer Fahrgäste den Waggon flutet, wenn er dann selbst an einem Knotenpunkt im Strom der Menschen dahintreibt, wenn er den großen Andrang fremder und unbekannter Absichten und Ziele spürt, dann verteidigte er sich mit dem »Ich-allein-bin-wirklich.« Und Jannik konnte den Hexenkessel der Absichten und Erwartungen fremder Menschen in seinem eigenen Körper spüren, leiblich brodelte es in ihm. Die Unruhe kroch über seine Lenden in die Beine, seine Hände und Waden kribbelten dann unangenehm. In solchen Situationen schickte er Overbecks Satz hinein in seinen Körper zu Beruhigung. Und es klappte! Dann konnte es geschehen, dass er unversehens an Clarisses Krankenbett stand, am vorerst letzten Punkt einer exzentrischen Bahn. Doch in Wirklichkeit kommt er gerade die Treppen herab vom Hochbahnhof am Halleschen Ufer, zwei junge Frauen aus dem Milieu neben ihm mit ihren Kinderwägen, schwarzes

Netzhemd über weißem T-Shirt die eine, langer Umhang im Gothic-Stil die andere. Jannik fragt sich, welche Lebenspunkte die Frauen gerade markieren auf ihren exzentrischen Bahnen. Alles wie hinausgeworfen von einer unbekannten Kraft, die auch ihn im Griff hat, der man sich überlassen kann oder der man sich versagen kann. Wann lebt das Leben?

Janniks Berliner Tage waren hell durchflutet von Gegenwart. Was ihn so oft beschwert hatte, seitdem er die Bekanntschaft mit Seema gemacht hat, der Schimpansenspiegel nämlich, der ihm ein soziales Minderwertigkeitsgefühl zuwarf, in Berlin hatte er noch nicht in ihn geschaut. Er war einfach fort aus seinem Fokus. Jannik fühlte sich wie an einen frischen Nullpunkt gestellt. Das System Welt faszinierte ihn, das Kommen und Gehen, die Rastlosigkeit ohne Ziel. Die schwankenden Allianzen, die die verschiedenen Lebenskreise untereinander schließen, um ihre Interessen durchzusetzen, der Kampf um Anerkennung, Einfluss und Macht. Man müsste die verschiedenen Kanäle kennen, auf denen eine Stadt mit sich selbst kommuniziert, staunte er wiederholt, wenn auf den U-Bahn-Monitoren kommunale Informationen vorbeiflimmerten. Man müsste die Subkulturen kennen, die aus dem Osten und dem Süden Gestrandeten, Treibgüter der Globalisierung. Die kleine Geschäftswelt und die große, die legale und die illegale Mafia, die Lemminge und die Elite. Die Hoffnungen, die Frustrationen, die ganze Atmosphäre der sensitiven Seele. Alles, alles und noch viel mehr müsste man einspeisen in den Algorithmus der urbanen Pluralität.

Das beschäftigte ihn unentwegt. Menschen hasten aneinander vorbei auf dem Weg zu ihren nächsten sozialen Knoten, mal blind für das Gegenüber, mal aber auch hebt sich das Auge, und für einen flüchtigen Moment streifen sich zwei Leben.

In diesem Lidaufschlag liegt für Jannik die Erotik der Macht.

Sie glänzt nicht in Lack und riecht nicht nach Leder, sie spreizt sich nicht über Befehl und Unterwerfung. Sie kommt im Dickicht des Lebens daher. In der Aufmerksamkeit für die leichten Reibungen, die im Gewebe der Bewegungen entstehen. Vierundzwanzig Stunden täglich, schlaflos pulsiert die Stadt, stetsfort atmet der Globus, Ruhe ist nirgends. Ein machtvoller Wille hält die Fäden, an denen er die Marionetten bewegt. Und das Leben immer wieder neu auswürfelt. Die Erotik der Macht, sie liegt in diesem Scheiden und Verbinden, in der planlos spielerischen Hand.

Meine Welt, deine Welt oder: Das Lachen der konzilianten Hand

»Hi!«

»Long time no see, long time no speak!«

»Dein Englisch hat große Fortschritte gemacht, ich bin beeindruckt. Aber sag, muss das um diese Zeit sein?« Jannik klang gallig. Er sprach leise, um seinen Vater nicht aufzuwecken, schließlich war es fünf Uhr morgens.

»Jannik …« Seema streckte sich auf dem Monitor in Verlegenheit. Sie trug ein hautenges, ärmelloses T-Shirt in dunklem Weinrot. »Ich denke an dich, wirklich, immer, schon morgens, wenn ich aufwache, aber ich finde einfach keine gute Gelegenheit, mit dir ungestört sprechen.«

Trotzig presste Jannik die Lippen. Er war gekränkt. Auf seine diversen E-Mails und Kurznachrichten, die er versandt hatte, waren nur karge Antworten gekommen. Zumeist hatte Seema ihn auf später vertröstet, doch Substanzielles war nie dabei gewesen. Zwar hatte auch er sich kurz gehalten, aber immer noch um Meilen ausführlicher als sie, fand er. Sie hatte wieder mal Bringschuld, Jannik lächelte säuerlich.

»Den ganzen Tag bin ich draußen an der Uni, abends zu irgendwelchen Einladungen, mittags dann wieder mal in der Stadt, und immer mit Leuten. Es ist wirklich ganz toll hier, so eine riesige Stadt! Und die Leute, die ich treffe, die haben wirklich was zu sagen. Es wäre so schön, wenn du hier wärst.«

Seemas Begeisterung perlte an ihm ab. Er hörte Floskelhaftes in ihren Beteuerungen, es hatte keinen guten Klang und passte nicht zu der Seema, die sich lautstark bei ihm eingemietet hatte. Technisch allerdings war die Verbindung ausgezeichnet, Seema kam nahezu unverpixelt herüber in die Wohnküche seines Vaters, er konnte sogar ihr Augenspiel betrachten, mit dem sie über ihr beider Schweigen hinwegsetzte. »Komm jetzt …«, lockte sie. Jannik ließ sie hängen mit dem bitterzarten Gefühl eines temporären Sieges.

»Also das macht jetzt überhaupt keinen Sinn, du bist extra früh aufgestanden, das finde ich toll, aber wenn du nicht sprechen willst, dann halt ein anderes Mal!« Die schnelle Wende von der Bittstellerin zur Freistellerin erwischte ihn kalt. Mit einem Mal züngelten sie wieder, die Zweifel, die er mühsam hatte in Schach halten können die letzten Tage. Welche herablassende Gleichgültigkeit sprach sich doch in ihrer lauen Liberalität aus, dachte er verdrossen. Nun war er endgültig blockiert. Er schluckte und nickte schwach. Seema warf ihm einen bedauernden Blick zu, und bevor er die Dinge hätte entschärfen können, verschwand sie auf dem Monitor mit hässlich klingelrasselndem Geräusch. Jannik war verdutzt, dann heftig verletzt, und schließlich pendelte er im Wechselspiel von Traurigkeit, Empörung und Selbstvorwürfen. Er stand auf, stellte sich mit dem Rücken zum

Herd und schaute in die schwarze Nacht hinaus. Einzelne Fenster der gegenüberliegenden Häuserfassade waren schon hell erleuchtet, erbarmungslos rief die Stadt ihre Bewohner zum Arbeitsappell. Die Lemminge des Kapitalismus, hätte Carlos gesagt. Oder war es Clarisse?

Er hätte sich nicht so anstellen sollen, warf er sich vor, andererseits: Wie war sie mit ihm umgesprungen? Ungute Gedanken trieben ihn um. Bitter begann er zu aufzurechnen: Er war mitten in der Nacht aufgestanden, er war bedingungslos offen für sie, sie hingegen verwies ihn in ihren Zeitplan. Und sie kommandierte, und folgte er nicht ihren Wünschen, dann klickte sie ihn einfach weg. Aufgewühlt ging er in der Küche auf und ab, da tuckerte sein Laptop. Sie rief zurück.

Jannik stürzte zum Tisch und warf sich krachend auf den Küchenstuhl. Er öffnete die Videoverbindung und dann war sie wieder da in glänzendem Weinrot, die Haare zu einem Zopf hinter ihrem Kopf gebündelt. Ihr Anblick raubte ihm das kleine bisschen Verstand, das er gerade gegen sie in Stellung gebracht hatte.

»Schön, dass du wieder zurückrufst.«

»Hättste nicht erwartet?«, neckte Seema.

»Hatte noch keine Zeit, darüber nachzudenken, du bist schneller als mein Verstand.«

»Keine Zeit? Was hat dich denn so beschäftigt?«

»Sag ich nicht, wäre mir peinlich.«

»Feigling, komm schon!«

»Also gut: dein T-Shirt, deine Formen …«

»Chauvi! Als gäbe es nichts Wichtigeres nach dem missglückten Telefonat von vorhin!«

»Das war einfach nachhaltiger und ausdrücklicher …« Jannik grinste sie auffordernd an mit einem Quäntchen Stolz über den gefundenen Ton.

»Hab es extra für dich angezogen. Weißt du, ich habe mir drei heiße Fummel eingepackt, hab ich dir doch versprochen an dem Abend im Park. Die beiden anderen sind noch ausdrucksvoller, kannst mir glauben!«

Jannik schluckte. Seemas Frivolität steckte ihm im Hals fest. Sie kam so problemlos hinüberspaziert aus jenem Abend, als gäbe es für sie keine Distanz der Kontinente und auch keine Schwelle aus Zweifeln oder Enttäuschung. Kehlig hörte er seine eigene Stimme: »Und wie kommt das an in Delhi?«

»Du meinst dies hier? Oho!« Seema griff sich an ihren Busen und winkte dann ein eindeutiges Nein mit ihrem Zeigefinger in ihre Kamera. »Das ist doch nur für dich!«, kicherte sie anzüglich. Sein Ärger war kraftlos zusammengesunken bei solchen Deduktionen. »Und, gefalle ich dir wenigstens?«

»Ja natürlich, und wie!« Vor Seemas weiblichen Argumenten schmolzen alle Reste eines Widerstandes dahin. »Langsam find ich dich wieder«, setzte er mit entwaffnender Offenheit hinzu.

»Soso, verloren hast du mich!«

»Nein, nicht wirklich. In meinem Kopf hast du festes Quartier bezogen.«

»Du verwechselst jetzt aber nicht deinen Kopf mit deinen Lenden, gell? Diese Männer! Du bist natürlich ne rühmliche Ausnahme und kannst mir sagen, wie ich in deinem Kopf wohne. Du bist ja ein Experte innerer Räume.«

»Also …«. Jannik dehnte sich in wohliger Erwartung eines frechen Themas. Ihre Anspielung gefiel ihm, aber eine innere Stimme warnte ihn vor einer feuchten Replik. Er rettete sich mit einem kurzen Sprung in Methodisches. »Ich erkunde übrigens hier in Berlin jetzt auch die äußeren Räume.« Und in einer plötzlichen Eingebung setzte er hinzu: »Ich treibe jetzt nämlich Außenpolitik des Selbst.«

»Oho, das diplomatische Parkett also. Da hapert es aber noch gewaltig.« Seema schüttelte tadelnd ihren Kopf. »Der stumme Diplomat am heißen Draht …«

Sie zog ihr T-Shirt in die Länge und erlaubte der Kamera einen tiefen Einblick in ihr Dekolleté. Aber alles zu seiner Zeit, fügte sie hinzu, er solle jetzt mal seine inneren Räume öffnen, als Therapie sozusagen für seine voyeuristische Fixierung auf optische Formen. – Es gebe da ein Zweikammersystem. In dem einen residiere sie, in dem anderen der Rest der Welt. Welche Kammer er denn öffnen solle? – Die erstere natürlich, die Innenpolitik sei angesagt jetzt, nun man zu, er verzögere. – Typisch Frau sei das, Mann solle immer den roten Teppich ausrollen für die feminine Eitelkeit. – Typisch Frau sei es, nicht auf ein Sexobjekt reduziert werden zu wollen, sondern von einer achtsamen Seele erkannt und verehrt zu werden. – Typisch Frau sei es, für die eigene Selbstliebe auch noch prämiert werden zu wollen. – Typisch Mann sei es, die eigenen Gefühle hinter Sprachmauern zu verbergen. – Typisch Frau sei es, ihre Reize auszuspielen, nur um den Mann dann für seine Empfänglichkeit zu tadeln. – Typisch Mann sei es, König leerer Seelenräume zu sein. Frau frage sich des Öfteren, welches Missgeschick der Evolution mit der männlichen Spezies unterlaufen sei. Es sei an ihm, zu widerlegen, nun Mann zu, er sei ein Meister des Aufschubs.

Das Geplänkel hatte ihm die spielerische Leichtigkeit jenes Abends im *Café des Illusions* zurückkehren lassen. Wenn ich es geschickt anstelle, dann kann ich noch mehr aus ihr herauskitzeln, dachte er, sie hat Lust auf Frivoles. Und sie spielt Verstecken damit. Auch eine Variante von Offensive, und er im Zugzwang.

»Also …« Jannik sucht den Einstieg und steckt schon sehr bald fest. Fieberhaft sucht er die rechte Mitte zwischen Körper und Geist. Keine leichte Aufgabe, denn er kennt ihre Balance in diesen Dingen nicht. Zudem hält sie sich gerade in einer ganz anderen Welt auf. Sie reist mit ihrer willensstarken Mutter, aus ihrem Schatten herauszutreten hat Seema keine Chance, zumal die Mutter die Tage zugepflastert hat mit Terminen, Begegnungen, Sightseeing und Shopping. Seema folgt ihr willig, sie fühlt sich wohl und richtet sich ein in einem abwechslungsreichen Programm. Es gefällt ihr, vielen Gesichtern vorgestellt zu werden, sie sonnt sich in Delhis gleißendem Oktoberlicht, sie spielt die junge Dame. Wenn sie morgens in die Metro steigt und den letzten Kilometer im weitläufigen Campus mit der Riksha zurücklegt, wenn sie den Vormittag bei Vorträgen und Teepausen verbringt, wenn dann ein junger Doktorand auf sie zugeht und sich daraus ein Gespräch entwickelt, das alles lässt sie schwimmen in einer brausenden Woge, von Aufmerksamkeit ist sie getragen, die kleine Diva. Und Seema spielt sie gern, die umschwirrte Kleine. Sie wird für älter behandelt als sie ist, und umso reifer und weiblicher kann sie auftreten. Das gefällt ihr, sie inszeniert ihre Rolle immer besser, findet sie, und ihre Mutter bestätigt es ihr mit einem aufmunternden Augenaufschlag, den Seema kennt seit ihren Kindestagen. Auch abends streift er sie, wenn sie zum Essen eingeladen sind oder wenn sie das kalte Gebäude der Konzerthalle betreten, um indischen Tanz zu sehen oder einem Sitar-Tabla-Duo zu lauschen. Beschirmt von ihrer Mutter ist für Seema alles ein farbiges Ballett durch die Tage, mit ihr als Primaballerina. Auch sie flirtet mit dem »Ich-allein-bin-wirklich!«, nur anders eben.

»Es gibt da zwei Seemas, eine willige und eine sperrige«, beendete Jannik seine schöpferische Denkpause. »Von welcher willst du zuerst hören?«

Seema lachte kurz auf. »Zuerst von der willigen.«

»Die würde jetzt, wenn sie könnte, denn sie wollte, auch wenn sie das bestreitet, sich durch das Netz beamen und mich hier auf dem Küchentisch vernaschen.«

Jannik fixierte sie scharf. Seema verschränkte ihre Arme vor der Brust.

»Wenn du dich da mal nicht fundamental irrst, mein Lieber!«

»Regiefehler! Wir reden gerade von der willigen.«

»Okay, du führst, mach weiter.«

»Die willige will mehr als sie darf«, sagte Jannik mit fester Stimme. Seema schwieg und schaute fragend in die Kamera. Den Blick abgesenkt aus Janniks Perspektive, Fluch der Telekommunikation, die das sehende und das gesehene Auge nicht auf eine gemeinsame Achse bringt.

»Aber manchmal, da wagt sie sich aus der Deckung. Entführt mich mit der Sitar und öffnet mir Türen zu einem Abend über buddhistische Philosophie. Ist schnell, spritzig, begeisterungsfähig, die Welt wird mit ihr eine ganz andere – im Ganzen, ich meine wirklich Seema: im Ganzen voller, farbiger, fruchtiger, aufregender. Alles fließt dann anders, auch die Momente in der Zeit tragen eine andere Fracht, wenn ich mit ihr zusammen bin oder auch, wenn ich nur an sie denke. Stiftet zu Träumen an über ein Wir, das singend durch die Stadt springt: ›Nur wir allein sind wirklich‹. Trägt ein schillerndes sexy Shirt. Ihre dunklen Augen, Hände und Arme, ihre Haut, ihr Glanz, ihre gesamte Erscheinung, – sie kann sich nicht vorstellen, wie sie gefeiert wird von meiner Phantasie. Macht mich verrückt und entzündet ein Sehnen in mir, wie ich es noch nicht kenne.«

Jannik brach ab. Er hätte noch so viel mehr sagen wollen, denn er hatte das Gefühl, er kreise mit alldem nur entfernt um einen Mittelpunkt, der sich nicht sagen ließ, auf den aber alles ankam. Er hätte sich schlichter fassen und sagen können: ›Ich liebe dich‹. Aber er hatte eine unerklärliche Scheu davor. Vielleicht war es die Entfernung, vielleicht nur die aneinander vorbeistreichenden Blicke, vielleicht aber fürchtete er, Seema würde sein Bekenntnis nicht erwidern, weil sie in einer nur zweitklassigen Gefühlsliga spiele.

»Schön gesagt, Jannik, du bist ein Poet, das mochte ich von der ersten Stunde an. Ich bin … gerührt, nein, das ist ein blödes Wort, ich bin überwältigt. Ja, und das macht mich jetzt verlegen. Ich danke dir, du hast mich beschenkt. Das war ein großer roter Teppich. Allein …«, sie zog ihre Stirn kraus. Ein Schatten zog über ihr Gesicht. Eine Spur spröder klang ihre Stimme, als sie sagte: »Du verstehst es, mit Worten zu verführen. Und die sperrige?«

Jannik spürte einen Widerstand. Was sollte er jetzt sagen? Die andere Wahrheit, die er sich eingebrockt hatte mit seiner Ankündigung?

»Entzieht sich immer wieder ins Schweigen. Biegt immer irgendwo ab. Teilt nicht wirklich mit mir. Lebt ihre eigene Welt, zu der sie mich dann und wann als Zuschauer lädt.«

Jannik biss sich auf die Lippen. Ein wenig zu scharf war ihm das geraten, gestand er sich, eine Prise Humor hätte es leichter aussehen lassen. Aber so sah es nun mal in ihm aus. Und dann fühlte er sich erleichtert, es ausgesprochen zu haben. Ein Gleichgewicht war wiederhergestellt. Auch sein eigenes, inneres. Jannik nickte still vor sich hin.

»Danke«, sagte Seema mit belegter Stimme und warf ihm einen Blick zu, in dem Sympathie und Bedauern lag. Jannik hielt ihrem Blick stand und zuckte mit den Schultern ein stilles Einverständnis.

»Du bist ehrlich. Erst diese Schwärmerei, und dann deine Not mit mir. Macht deine schönen Sätze noch wertvoller für mich.«

Jannik verspannte sich. In ihren Flötentönen sang ein Wille, der auf Schonung aus war. Liebende hören das. Sie hören das

Gras wachsen, selbst an kalten Tagen. Und kalt war ihm, er wollte kein Lob, er wollte Liebe. Manchmal, so wie jetzt, liegen Welten dazwischen.

»Ich will auch ehrlich sein, Jannik«, summte sie weiter. »Ich mag dich, ich mag dich sehr. Ich schätze dich, mehr und mehr. Aber mir geht das alles viel zu schnell. Du drängst mich und lässt mir keinen Raum. Ich … ich kann all das, was du über mich sagst, auch von dir sagen. Aber – ich brauche Zeit dafür. Ich bin in …«, sie unterbrach sich und warf dann ihren Kopf entschlossen herum. »Ich bin in Liebesdingen nicht so schnell wie du. Vielleicht lebe ich auch mehr in den äußeren Räumen, weißt du? Ich schwebe, Jannik, ich schwebe hier in Delhi, es ist alles so ein … so ein Vorgefühl auf das, was kommt. Kennst Du die Zeile: ›Ich bin wie eine Fahne von Fernen umgeben?‹«

Jannik schüttelte den Kopf, langsam und bedächtig, wie in gefasster Erwartung auf ein Urteil.

»Rilke-Projekt, meine Mutter lässt die CD oft laufen. Dazu die Musik, Jannik, musst du dir vorstellen, das macht aus dem Gedicht eine Hymne reinster Erwartung. Hör mal …«

Seema straffte ihren Körper und warf ihren Kopf in den Nacken. Ihre Augen fixierten einen fernen Punkt oberhalb des Kameraauges.

Ich bin wie eine Fahne von Fernen umgeben.
Ich ahne die Winde, die kommen, und muß sie leben,
während die Dinge unten sich noch nicht rühren:
die Türen schließen noch sanft, und in den Kaminen ist Stille;
die Fenster zittern noch nicht, und der Staub ist noch schwer.
Da weiß ich die Stürme schon und bin erregt wie das Meer.
Und breite mich aus und falle in mich hinein
und werfe mich ab und bin ganz allein
in dem großen Sturm.

»Schön, sehr schön«, murmelte Jannik dumpf. Das Gedicht war verständnislos an ihm vorbeigeflattert, er war noch mit seinem Sturz beschäftigt.

»Aber was willst du mir damit sagen? Welchen Ort habe ich in deinem Gedicht?«

»Es geht genau um dieses Aber, Jannik. Damit erdest Du alles. Nimmst den Flug.«

»Aber das ist doch gar nicht wahr!«, rief er und biss sich auf die Unterlippe, als könnte er sein Aber zurückkauen ins Ungeschehene. Ihm drehte sich alles vor Augen. Umgekehrt wird ein Schuh draus, dachte er, du reitest doch auf deinen Aber!

»Doch, Jannik, so erlebe ich es. Und bitte, nimm meine Gefühle ernst. Du siehst immer nur dich. Die willige und die sperrige Seema. Merkst du nichts? Ich bin wirklich und lebe außerhalb deiner schönen Bilder.«

Das Wort ist ein Feind der Liebe, dachte Jannik bitter. Hätte ich mich doch nur nicht auf die inneren Räume eingelassen! Dann hätten wir geplaudert leichthin, ich hätte von meinem Vater erzählen können, von der Redaktionssitzung, von Herrn Brandes, von Cora, Carlos und all den anderen. Von den Farben der Stadt, und sie hätte von Delhi berichtet. Alles wäre entspannt geblieben, nun aber kam er dorthin nicht mehr zurück, auf der schiefen Bahn rutschte er weiter abwärts.

»Du sprichst auch ein Aber, Seema, und es wiegt Tonnen«, erwiderte er.

»Mein Aber wiegt genau 52 Kilogramm, Jannik, plus die Wirklichkeiten, die ich gerade hier erlebe. Es ist alles so eine aufregende Erwartung auf das, was kommt, und die kriecht mir bis in die Haarwurzeln, Jannik. Mir ist, als ob mich meine Mutter in die Welt einführt. Es ergibt sich hier so leicht eines aus dem anderen. Und ich kann mich immer wieder anlehnen an meine Mutter, sie macht das großartig. Die Leute strömen hier auf einen zu, das ist ganz verrückt. Stell dir vor, gestern Abend fragte mich doch ein junger Filmemacher, ob ich nicht eine Rolle übernehmen wollte in seinem neuen Projekt!«

»Und – was hast du gesagt?«, fragte Jannik tonlos.

»Ach weißt du, hier wird viel palavert, wenn der Tag lang ist. Seine Demos auf dem Pad waren nicht so überzeugend. Aber Flow, das ist es schon. Es ist ein riesiges Feld von Möglichkeiten. Wie ist Berlin?«

»Ebenso, denke ich. Obwohl mich mein Vater hier nicht ans Händchen nimmt.« Jannik konnte sich die Spitze nicht verkneifen. »Ich streife durch die Stadt, ganz ohne Anleitung, ich falle nicht in mich hinein. Ich halte dir den Platz frei!«

»Jetzt bist du bissig, Jannik. Schade, ich kannte dich anders.«

»Ich bin wirklich und lebe außerhalb deiner Bilder, Seema.«

»Du lernst schnell!« Seema lachte das Lachen der konzilianten Hand, die sich dem Schwächeren reicht, dem, der stärker liebt. Ein Lachen, in das sich ein Quäntchen Mitleid mischt ins Mitgefühl. Und Bedauern, der überfließenden geschenkten Liebe ein zu kleines Gefäß zu sein. Nun sammelt sie sich in Pfützen, und mit dem belegten Lachen möchte die konziliante Hand es aufnehmen und in neutraleren Behältern entsorgen. Deshalb ist es immer auch ein wenig hilflos und beschämt, dieses Lachen, denn es weiß um den Wert des verschmähten Angebots.

»Das hilft mir jetzt wenig.« Janniks Stimme klang so müde wie der aufziehende graue Morgen. »Ich fühle mich von dir zurückgewiesen. Das ist wie eine kalte Dusche. Okay, das war nicht gut mit der willigen und sperrigen Seema. Wenn ich das Thema nochmal frisch anrühren könnte, dann würde ich dir noch zwei andere Räume …«

»Lass das bitte, Jannik. Wir sind Entdeckungsreisende«, unterbrach ihn Seema. »Und lass es uns bleiben. Das ist jedenfalls die tiefere Bedeutung meiner Zuneigung zu dir. Meine Welt, deine Welt. Lass es jetzt bitte dabei bewenden, gib uns Zeit, ich weiß, wie schwer es für dich ist. Aber«, Seema lachte erneut, und freier kam es jetzt, »mein Aber kommt leichter jetzt, hörst Du?« Und sie wirkte fröhlich, als sie hinzufügte: »Aber nichts ist vertan, nichts verstellt, ich verstehe dich, tiefer und besser, als du ahnst. Es wird gut, das weiß ich. Gib uns Zeit, verstehst du?«

Nachrichten von einem anderen Stern

Diese Stimmen! Immerfort diese Stimmen. Clarisse beugte ihren schmächtigen Oberkörper vor und hielt ihre Hände schützend über die Ohren. Die Stimmen, sie griffen aus nach ihr. In ihnen sprach das Böse, das war sicher. Auch wenn sie ganz harmlos taten, gerade dann. In gut meinende Gewöhnlichkeit verkleidet der hartnäckigste, hinterhältigste Gegner, verflucht sei er! Teufel! Luzifer! Baal! Schaitan! Diabolos! Euch Aufrichtige rufe ich an! Sanfte Kuhaugen, ha! Alles ist verkehrt in dieser Welt. Wenn das Gute böse ist, dann bleibt der Wahrheit nur noch die Stimme der Hölle.

Aus den Lautsprechern dröhnten die dämonischen Klangteppiche der *Doors* und trugen Jim Morrisons weich klagende Stimme in eine transzendente Weite: *This is the end, my only friend, the end …* Clarisse richtete sich auf, in der lyrischen Feuersbrunst gelangten die Dinge wieder in ihre natürliche Ordnung zurück. Wenn man vom Ende her auf sie schaute, fügten sie sich wunderbar klarlinig zusammen. Ja, vom Ende! Wenn der Tod kommt und die Lebensakte signiert, dann gibt er dem Lauf durch die Welt einen definitiven Sinn. Eine unbestechliche Stringenz. Deshalb sind Beerdigungen so erhebend und schön, dachte sie. Jim Morrison hatte sie gehabt, die Größe, mit dem Tod zu experimentieren, er hatte Nietzsche noch einmal geboren. Ja wirklich. Clarisse nickte in stummer Ergebenheit, ihre Haare fielen ihr wirr herab. Sie war nicht allein mit ihrem Auftrag, da hat es immer auch andere gegeben, und auch er stand schon in einer Reihe, die hinabreicht in die Zeiten, das sah Clarisse jetzt ganz deutlich. Ihre Ahnenreihe. Immer wieder wird es diese Geburt des Todes geben, flüsterte sie sich zu, aus ihm steigt das Leben wie ein reiner Lotos aus sumpfigem Teich.

Clarisse spielte ihre Helden, seitdem sie wieder in Freiheit war. Stundenlang wechselte sie CDs. Schwelgte in Liedern, die vom Leben das Unmögliche verlangen. Die narzisstisch das Scheitern zelebrieren. Die Lust am Untergang. Dann wieder suchte sie die engelsgleichen Klänge der Anna Netrebko auf und berauschte sich an der unbeirrbaren Himmelfahrt lichtheller Schönheit. Es lief eigentlich auf dasselbe hinaus, fand sie, dennoch waren es Wechselbäder. Und die erregten sie, sie spreizte die Beine, streckte ihre Hand unter den Frottee-Bademantel und glitt über die Schenkel zu ihrem Geschlecht. Zärtlich teilte sie ihre Schamlippen mit beiden Fingern, strich über die gefurchten Innenseiten und umkreiste langsam ihre Klitoris, bis die Feuchte kam. Mir zur Feier, nickte sie sich in einem Einverständnis zu, an dem die Sterne noch beteiligt waren. Sie gab dem Universum seinen Mittelpunkt zurück, heilig war diese Wurzel der sakralen Lust.

Bei vorgezogenen Vorhängen hatte sich Clarisse vor der Welt verbunkert. Aus der Ordnung der Zeit war sie seit Tagen herausgefallen, in unregelmäßigen Intervallen krümmte sie sich auf ihrem Sofa tagsüber wie auch nächtens in einen kurzlebigen Schlaf. Wachte wieder auf in einer bedrückenden Stille, die sie sogleich mit neu aufgelegter Musik vertrieb. Dann konnte sie den Gang in die Küche wagen, autark war sie, ihren Kühlschrank hatte die helfende Hand einer Nachbarin gefüllt. In der Spüle stapelten sich Teller, Kaffeefilter, abgeschnittene Käserinden, Wurstreste, und auch die Arbeitsplatte war ein Fall für sich.

Clarisse hatte sich eine Auszeit genommen. Kräfte werde sie bündeln, bevor sie wieder ins Leben träte. Sie sei der Formel dafür ganz nah, jetzt, wo sie so ganz und gar allein war. Der Postbote hatte es besiegelt, gestern, oder war es der Tag zuvor? Als er das Einschreiben brachte mit ihrem Tagebuch und einer beigefügten Grußbotschaft Janniks. Jetzt war sie allein, süß und bitter empfand sie, All-Ein-Sein, Trost und Trauer waren eins, sie empfand ein entrücktes, stilles, seliges Glück. Eine Heim-Suchung, sie sprach es laut aus und staunte über die Weisheiten, die in der Sprache geborgen waren. Oh nein, das war nicht das Ende, es war die Prüfung für den Neubeginn. Immer wieder beginnt das Leben von Neuem, eine endlose Kette, geflochten aus unermüdlicher Ausdauer und Geduld, frohlockte sie, und ein Gefühl tiefen Geborgenseins in der weisen Natur stieg in ihr auf. Der Auftrag besteht nicht in einer simplen Order, den man aufgeschrieben jemandem in die Hand drücken könnte. Nein, er ist viel mehr, er ist ein Prozess, der sich mit ihrem Leib und Leben schriebe, und deshalb war Overbecks verstörte Schar nur eine Episode in einem sehr viel weiter gespannten Plan, der sich mit ihr, Clarisse, entrollte. Nie konnte man ihn überblicken, er beschrieb sich selbst mit dem Blut der Auserwählten. Clarisse nickte ein weiteres Mal. Wohin sie ihre Gedanken auch streunen ließ, alles warf ihr ein verschwiegenes Einverständnis zu. Es gab da eine Logik, die alles zusammenhielt, selbst ihren Sturz und ihre Einweisung in die Klinik. Die exzentrische Bahn, am Ende trifft sie ins Schwarze.

Sie biss sich auf die Lippen. »Nur einen Fehler habe ich gemacht«, sprach sie laut. »Einen kardinalen Fehler. Ich habe Jannik dabei falsch positioniert, habe ihn zu früh eingespannt. Wider Willen.« Sie nickte dem Unrat in der Küche zu wie einem verschworenen Vertrauten. Dann schlappte sie mit schweren Schritten in ihr Wohnzimmer, griff nach dem Moleskine und zog ein handbeschriebenes Blatt hervor.

»Liebe Clarisse, gestern erfuhr ich von Mama, dass Du wieder genesen bist. Als ich Dich in der Klinik besuchte, sah es nicht danach aus, dass Du so schnell wieder auf die Beine kommen würdest. So ist Dein Tagebuch ja nicht mehr in Gefahr, und ich denke, es gehört wieder in Deine Hände. Ich hoffe nicht, dass Du es bereut hast, es mir anvertraut zu haben. Hab Dank für Dein Vertrauen. Ich habe es nur ganz kurz angeschaut, ich glaube, es geht da um Dinge, die nur Dich etwas angehen.« Und in einer abgesetzten Zeile der Gruß: »Ich fühle mich Dir tief verbunden, Jannik.«

Immer wieder hatte sie tief in sich hineingehorcht, aber da kam keine Erinnerung herauf von einem Besuch ihres Neffen. Und schon gar nicht konnte sie sich vorstellen, Jannik ihr Tagebuch ausgehändigt zu haben. Aber es musste wohl so sein. Zuerst vermutete sie ein Komplott, aber dann glaubte sie nicht, dass Jannik sich dazu hergeben würde. Zur Sicherheit hatte sie bei ihrer Schwester angerufen. Ja, Jannik habe sie besucht, nein, er sei nicht hier, auf Besuch bei seinem Vater. Und lass den Jungen aus dem Spiel, er verträgt deine wilden Phantasien nicht, ganz verstört sei er zurückgekehrt aus Frankfurt. Wenn du was brauchst, dann melde dich, natürlich sind wir für dich da, deine Nachbarin hat zugesagt, dass …, und was machst du auch für Sachen, wenn du so weitermachst, wird es ein schlimmes Ende nehmen, du brauchst psychotherapeutische Betreuung, bis bald mal wieder.

Ihren Filmriss fand sie selbst beunruhigend. Wo lag die Folgerichtigkeit? Clarisse ging in ihrem Wohnzimmer auf und ab, mit der Trompete von Miles Davis' *Sketches of Spain* im Rücken suchte sie die Logik der Nacht. »Tief verbunden …« Gebannt schaute sie auf Janniks Gruß, der Zusatz kam ihr eiliger im Schriftbild vor, so als käme er aus flüchtiger Intuition. Clarisse wischte sich die feuchten Augenwinkel. Über die nächtlichen Mächte der Tiefe wären sie verbunden, ihr Neffe und sie, ihr Sturz aus dem Zug das Opfer, das sie auf der Bühne des taghellen Lebens erbringen musste. Doch wofür? Sie grübelte. Vielleicht, um die Allianz zu verstärken? Dann wäre Jannik also ebenfalls ein Medium, so wie sie selbst? Aufgeregt ging sie hin und her, der Dielenboden knarrte unter ihren Füßen: halt, noch einmal von vorn! Was waren die untrüglichen Gewissheiten? Die Wahrheiten müssen immer wieder geboren werden, so steht es geschrieben bei Nietzsche, zwischen den Zeilen und unleserlich für Kommentatoren wie Overbeck. Sie muss man also verstören in ihrer Kultur der Behaglichkeit, und das hatte sie besorgt in Sils. Dann kam der Sturz aus dem Zug, der Anschlag der Tagesmächte, an dem Overbeck vielleicht nicht persönlich beteiligt war, aber er gehört doch zum Prinzip, das dahintersteckte. Als sie die unsichtbaren Hände benannte, hatte man sie in die Psychiatrie gesteckt. »Konsequent«, murmelte sie halblaut. So passte das zusammen, nach rückwärts war alles klar.

Und nun nach vorwärts. Wie überhell ich heute bin im Denken, staunte sie. Nun also zu Jannik und der Sache mit dem Tagebuch. Einen neuen Heiland könne sie mit ihren 44 Jahren schlechterdings nicht zur Welt bringen. Nein, das läuft hier sublimierter und subtiler ab. Schließlich geht es um die Wiedergeburt einer Wahrheit, um Geistiges also und um Reifung. Und genau hier tritt Jannik auf den Plan, phantasierte sie weiter, leibgeboren von ihrer Schwester, der Leihmutter, denn geistig geformt wurde er von ihr, Clarisse. Ihre eigene Kinderlosigkeit der Tribut dafür? Damit keine biologischen Bindungen über philosophische obsiegen, ja das war's! Clarisse atmete schwer. Zum ersten Mal machte die Wunde in ihrem Leben Sinn. Ein weiteres Opfer! Sie ging ans Fenster, breitete die Arme aus und hielt sich am Rahmen fest. Mit nach innen gekehrtem Blick schaute sie auf die Straße. In der mittäglichen Helle erschien ihr das Gesicht ihres verstorbenen Mannes. Seitdem er ihr erklärt hatte, er könne und wolle keine Verantwortung für Kinder übernehmen, hatte sich ein wehmütig bedauerndes Mitleid in seine Züge gezeichnet. Er verfolgte sie geradezu damit, und öfters hatte sie voller Wut in sein gütiges Gesicht hineingeschrien. Jetzt schwindelte ihr angesichts des sich weitenden Opferkreises.

Für einen Moment beschlich Clarisse der Zweifel, ob sich so viel an Opfer eigentlich lohne. Wofür eigentlich? Mit zerstreuter Aufmerksamkeit beobachtete sie eine Frau auf dem gegenüberliegenden Bürgersteig, die einen Kinderwagen vor sich her schob. Ein dünnes Geschrei klang zu ihrem Fensterkreuz herauf. Die Frau hielt inne, schaukelte den Wagen und beugte sich hinab zu ihrem Kind. Clarisse drückte ihr Ohr an die Fensterscheibe. Das Plärren draußen verebbte und aus ihr stieg, wie zur Antwort, ein Schluchzen aus tieferer Vergangenheit empor, erfasste ihre Schultern, ihre Arme, und Clarisse legte weinend ihre Stirn an die Scheibe. Wehrlos erlag sie dem verführerischen Gedanken, dass der wahre Wert des Lebens in solchen kleinen Gesten der Fürsorglichkeit liegt, in der überschaubaren Nähe, in der Lebenslinie, die man selbst durch die Welt zieht, begleitet von einem Partner in Fleisch und Blut und in Verantwortung für ein kleines Wesen, das in die Welt hinaus zu begleiten sei. Das bürgerliche Leben mit seinem unspektakulären Zuschnitt, oh ja, sie wäre bereit gewesen für die Oase einer Elternschaft, warf sie Matthias vor und verhärtete sich. Ihre verweinten Augen trockneten und gaben den Blick frei auf einen leeren Bürgersteig. Sie atmete tief durch in Erleichterung und rief einen Satz des Sokrates ab aus dem Archiv ihrer aufgesammelten Lebensweisheiten: »Welche aber in der Seele noch mehr zeugen als in den Leibern, was ist ihnen gemäß? Erkenntnis und die übrige Tugend, deren Erzeuger auch die Dichter sind und unter den Künstlern die, welche erfinderisch genannt werden können.«

Sie hatte sich wieder gefangen und stand mit kalt gepressten Lippen. Nimm ihr den Balg, und nichts bleibt übrig in ihr an Liebe zu den Menschen!, warf sie bitter hinunter auf den leeren Bürgersteig. Sie drehte sich um und verschränkte ihre schmalen Arme über ihre Brust. Der bürgerliche Opferkreis ist schmal, begrenzt durch eine Buchhaltung des Gebens und Nehmens. Und laut tadelte ihr innerer Meister sie wegen ihrer schwachen Minuten: »O du Kleingläubige, warum zweifelst Du?« Man hat früher mit schlechteren Gründen glauben können, flatterten ihre Gedanken weiter, da reichte ein schlichtes Wunder, heute bedarf es da eines größeren Wurfs. Und er existierte, dieser Wurf, man musste ihn allerdings ausfindig machen im Babylon der tausend Zungen, er lag verstreut in Musik, in Literatur, in den politischen Bewegungen und in der Choreografie des modernen Tanzes, ja sogar in der ziellosen Wut der Straße. Es käme allein darauf an, alle diese orientierungslos wehenden Bänder einer heraufziehenden Zukunft zu binden und zu einem Knoten zu flechten, in dem die Energien des Zeitalters gebündelt wären, dachte Clarisse groß. So wie damals in den Achsenzeiten, wir stehen vor etwas Neuem, flüsterte sie sich zu. Man müsste die Menschen in die Lieder der Welt hineintreiben, damit sie sich darin verfingen wie Fische im Netz. Oder umgekehrt, die Stimmen der Zukunft durch die Menschen hindurchtreiben, durch die Zellwände ins Protoplasma hinein, damit die humanitären Ideen leibgeboren würden. Was sind Philosophie und Kunst wert, wenn sie nicht den Körper induzierten, wenn sie nur leibloses Gerede bleiben? Nietzsche hatte das Denken körperfähig gemacht, indem er es zu Musik verwandelte. Was wäre der nächste Schritt?

Sie griff nach einem leeren Blatt Papier.

Lieber Jannik,

der *Pfeil ist abgeschossen und findet sein Ziel.* Bei den Vielen trifft er nichts anderes als den Tod, bei Dir aber das Leben. Nur ganz wenigen wirft sich eine Aufgabe zu, die ihren Lebenskreis überschreitet. Du, mein lieber Jannik, Du gehörst zu diesen. *Ich verkündige Dir Dein Schicksal,* später wirst Du es annehmen, da bin ich mir sicher. Es gilt, ein *bedeutender Mann* zu werden.

Du hast jetzt mit der Philosophie die Welt der Ideen betreten. Und da tun sich Dir drei Wege auf, die Du beschreiten kannst. Der erste ist der des *Lesens, des Verstehens – und Verdauens.* Auch wenn es edle Nahrung ist, die der Leser da kaut, philosophisches Ambrosia im besten Falle, dennoch bleibst Du auf dem ersten Weg ein *Wiederkäuer fremden Eigentums.* Selbst dann, wenn Du, wie ich hoffe, in den Stimmen der Tradition ein Echo für Deine eigene Existenz suchst. Doch was zählt das schon, sich selbst zu finden? Es gibt wahrlich Größeres zu tun. Der Leser: Sein Nutzen für die Welt ist gering, er bleibt auf den Nahkreis seines Wirkens beschränkt, sein Arm leistet allenfalls ein wenig Nachbarschaftshilfe. Das ist schon etwas, aber es ist doch noch sehr wenig, von ihm bleibt wenig mehr als seine Bibliothek, alles andere nimmt er stumm mit ins Grab.

Der zweite Weg ist der des *Autors und Gelehrten*, der – wiederum bestenfalls – etwas Sinnvolles zu sagen hat, was bislang noch nicht geäußert worden ist. Durch ihn kommt Neues in die Welt, gewiss, aber auch er erreicht noch nicht das Optimum aller philosophischen Tätigkeiten. Oh, ich kenne sie, die kleinen Eitelkeiten der Autoren, die sich glücklich wähnen, wenn ein Verleger sich ihrer erbarmt. Als käme es auf einen Text mehr oder weniger an auf der Welt! Die Philosophen haben sich bislang damit begnügt, die Welt immer nur neu zu interpretieren, dabei kommt es vor allem darauf an, sie zu verändern. *Jeder Gedanke will* über sein papiernes Ghetto hinaus, will wirklich werden in der Welt und die Realitäten umkrempeln. Jeder Gedanke verkümmert in halber Potenz, wenn er – ein letztes Mal bestenfalls – eines aufmerksamen Lesers harrt. Das Glück des Autors bleibt ein Erwartungsglück und wird kein Erfüllungsglück.

Das erreicht erst der dritte Weg. Er ist der *schwerste, und weil ihn heute noch niemand gegangen ist, kann ich ihn Dir nur schemenhaft erahnen*. Er induziert Gedanken in die Welt, so wie eine sich drehende Magnetspule Strom einspeist in einen Kreislauf. Das war der Weg des Buddha, es war der Weg Jesu, der Weg Mohammeds. Das alles aber war gestern. Heute kann der dritte Weg kein religiöser mehr sein. Denn unsere Wahrheiten liegen nicht mehr im Himmel geborgen, keine weitere Fahrt dort hinauf wird die Menschheit bessern. Unsere Wahrheiten liegen vor unseren Füßen, verstreut in den vielen Stimmen der Endlichkeit, und der Prophet der Zukunft wird nichts Weiteres mehr verkünden, er wird einfach SEIN. Er wird die Erkenntnis SEIN, die Dichtung SEIN, die Musik SEIN. Zu ihm werden all die ohnmächtigen Stimmen pilgern, in ihm werden sie ihren Leib finden, *und die Ideen werden endlich hinausfahren in die Welt mit starkem Arm*.

Dieser dritte Weg, lieber Jannik, muss erst noch erfunden werden. Ich höre sie, die vielen endlichen Stimmen, doch ich bin zu alt und auch zu untalentiert, sie zu Fäusten zu schmieden. Aber ich weiß, was die großen Gedanken wollen: einen Leser finden, der ergriffen ist von der brennenden Sehnsucht, sie zu WERDEN. So wie damals, Jannik, als Du mit Deiner Kinderseele die Welt der Abenteuer werden wolltest, die ich Dir vorlas abends am Bett. Für ein Kind sind Texte Türen zu einem anderen Sein, für Erwachsene nur noch buchstabenbunte Ornamente des Bestehenden. Ihnen fehlt die imaginative Kraft, mit der Kinder sich in das Mögliche verwandeln. In spielerischer Leichtigkeit wechseln Kinder die Welten und *töpfern ihre Phantasien in das Sein*. Werde also wie ein Kind, Jannik! Fahre spielend in den Ernst der Welt hinein, mache ihn heiter und leicht. *Setze die Welt auf anderen Kurs.* Deine Clarisse

Gerechtigkeit oder eine philosophische Flegelei

Der Saal war erst zur Hälfte gefüllt, als Jannik mit Cora und Carlos über die ausladenden Treppen in die Cafeteria-Etage der *Urania* gelangte. Helles Herbstsonnenlicht flutete über die aufgelockerte Landschaft aus Tischen und Stühlen und milderte die geometrische Strenge des sechziger-Jahre-Interieurs. Befremdet störte sich Jannik an diesem schmallippigen Willen zu Modernität und Neuanfang, der auch in der Aula seiner eigenen Schule waltete, in den zweifarbigen Halbreliefs und den unbeholfenen Frühversuchen einer Kunststoffkultur. So sehr er sich auch Mühe gab – er kam nicht hinein in das Lebensgefühl der Aufbaugeneration nach dem Krieg. Aber ein lichter Raum, das ist die *Urania* schon, dachte Jannik und ließ seinen Blick von links nach rechts schweifen. Herr Brandes war nirgends zu sehen. Dafür saß sein Vater mit einem Herrn mittleren Alters am Tresen. Cora steuerte auf einen leeren Tisch zu und zog Carlos an der Hand hinter sich her. Jannik warf seinem Vater einen Handgruß zu.

»Die erlauchten Herrschaften sind schon da«, knurrte Carlos mit aufgesetzter Feindseligkeit, als er sich setzte.

»Dürfen wir uns dazu setzen?« Herr Brandes stand mit einem anderen Mann vor dem Tisch.

»Mario Feldhoff, wir kennen uns noch vom Studium, ein Mathematikergehirn«, stellte er seinen Begleiter vor. »Und diese junge Hoffnung«, er wies mit einem leichten Kopfnicken auf Jannik, »ist der kommende Sokrates, von dem ich dir erzählte.«

Missbilligend presste Jannik seine Lippen aufeinander. Er fand das Prädikat dämlich und schräg. Dann stellte er Cora und Carlos vor.

»Na, dann ist das ja ein ganz wichtiger Tag für Sie!« Andreas Brandes warf Cora ein aufmunterndes Lächeln zu.

»Ja, es geht heute den ganzen Tag rund, so wie ich Herrn Haussmann kenne.« Cora seufzte. Der übliche Smalltalk erging über Tisch. Woher man und weshalb, wie es komme, dass. Herr Brandes schien aufgeräumt und heiter, eine gute Uhrzeit sei es, der Tag starte mit einer inspirierenden Ouvertüre, ob man danach noch etwas essen gehen wolle, nun ja, er verstehe, Verpflichtungen.

Eine kräftige Stimme fiel vom Tresen her in das Gesprächsgeplätscher der Matinée-Gäste. Jannik schaute auf, der Saal hatte sich gefüllt, einige hatten nur noch einen Stehplatz ergattern können. »Herzlich willkommen«, begann Janniks Vater, er freue sich, dass so viele eine Diskussionsveranstaltung einem Ausflug ins Grüne vorgezogen hätten, gerade bei diesem Kaiserwetter. Die Zivilgesellschaft sei anscheinend doch attraktiver als die Currywurst im Freien. Mit ein paar weiteren überzogenen Toasts auf die Renaissance der Polis erheiterte Herr Haussmann das Publikum, eine Formulierung, die ihm anscheinend so gut gefiel, dass er darüber den rhetorischen Grundsatz in den Wind schlug, sparsam mit Wiederholungen zu verfahren.

»Franz Overbeck ist ein Philosoph der besonderen Art. Wir assoziieren gerne Weltabgeschiedenheit, Elfenbeinturm und jede Menge anderer Schrullen mit der philosophischen Zunft. Aber Franz Oberbeck hat sich zum Ziel gesetzt, die Bürger zu erreichen und aus der Philosophie ein Unternehmen zu machen, das wieder eine Stimme in der öffentlichen Meinung zurückgewinnen möchte.« Und er fügte einige Nettigkeiten hinzu der Art, dass die öffentliche Meinung eben nicht nur in den Redaktionsstuben entstehe, sondern auch durch alle gesellschaftlichen Zusammenkünfte, wie eben dieser hier in der *Urania*. Und dann schwenkte er auf das Zeitungsprojekt ein und schlug mit einem Bogen wieder zurück zum Referenten. Der bedankte sich artig für die Einführung im Allgemeinen und für die Worte zu seiner Person im Besonderen, trat an das Rednerpult und begann seinen Vortrag.

»Was die Wahrheit für Gedankengebilde ist, das ist die Gerechtigkeit für soziale Gemeinschaften«, begann er. »Wenn in den Wissenschaften vermeintliche Wahrheiten des Irrtums überführt werden, dann folgt in der Regel eine wissenschaftliche Revolution. Wenn Gesellschaften an einem gravierenden Gerechtigkeitsdefizit leiden, dann erwachsen daraus Frustration, Unruhen, Gewalt, Terrorismus und Umstürze. Eine umsichtige Gesellschaft ist also gut beraten, Empfindungen von Ungerechtigkeiten ernst zu nehmen und ihnen mit kluger Politik entgegenzuwirken. Was allerdings als ungerecht empfunden wird, das muss es in der Sache nicht notwendigerweise sein. Nur allzu schnell, das ist mein Eindruck, wird Ungerechtigkeit auf Ungleichheit hin gereimt. Nun hängen, wer wollte das bezweifeln, beide miteinander zusammen, und so habe ich meinem Vortrag den Titel gegeben: Wie viel Ungleichheit verträgt die Gerechtigkeit?«

Overbeck griff nach dem Wasserglas. »Dahin läuft also der Hase«, knurrte Carlos. »Revisionist«, warf er tischlaut hinterher. Jannik schaute ihn fragend an, er konnte mit dem Wort aus dem verblichenen Vokabular altlinker Flügelkämpfe einfach nichts anfangen.

»Wie viel Ungleichheit verträgt die Gerechtigkeit? Zunächst einmal möchte ich einem landläufigen Irrtum entgegentreten. Ein Irrtum, der darin besteht, zu meinen, man könnte die Gerechtigkeit begrifflich fixieren, indem man definierte, was unter Gerechtigkeit zu verstehen sei. Glauben Sie mir: Wir würden uns da nie einigen! Entweder wäre unsere Definition zu abstrakt, als dass wir aktuelle Gerechtigkeitsprobleme damit einfangen könnten. Oder unsere eigenen Interessen würden uns leiten, die Sache würde manipuliert, niemals könnten wir vorurteilslos sein. Oder wir würden unsere Gerechtigkeits-Definitionen ständig erweitern müssen, um auch entlegenere Felder mit einzubeziehen wie Gerechtigkeit gegenüber Tieren oder der Natur ganz allgemein. Was alles passt hinein in das moralische Gut Gerechtigkeit? Wir kämen auf eine ansehnliche Liste, deren einzelne Posten wieder gegeneinander abgewogen werden müssten, und sicherlich gäbe es da Präferenzkonflikte. So steht der Naturschutz – Stichwort: Gerechtigkeit gegenüber dem Lebensraum von Tieren und Pflanzen – nicht selten in Konkurrenz mit dem Recht auf wirtschaftliche Entwicklung, was eine Rahmenbedingung für Arbeitsplatzsicherung darstellt und insofern die soziale Gerechtigkeit betrifft.

Es ginge kreuz und quer in unserem Definitionsbestreben, wir würden auf eine Mehrzahl von Welten treffen, die alle miteinander in Gerechtigkeitskonflikten stehen. Einen einheitlichen Gerechtigkeitshimmel, den gibt es nicht. Glauben Sie mir, das wäre so, bestimmt.

Ich plädiere dafür, sich von der Idee einer begrifflichen Definition zu verabschieden und sich einer anderen Idee zuzuwenden, der Idee der prozeduralen Gerechtigkeit, der Verfahrensgerechtigkeit. Sie nimmt sich nicht einen gerechten Idealzustand zum Ausgang und misst an ihm die gesellschaftlichen Wirklichkeiten, sondern sie bewertet die Veränderungen eines gegebenen gesellschaftlichen Zustandes. Und zwar unseres jetzigen Zustandes. Und die Theorie der Verfahrensgerechtigkeit vergleicht ihn mit einem früheren Zustand, fünf oder zehn Jahre zuvor sagen wir. Oder auch kürzer. Man vergleicht: Wie hat sich die Gesellschaft verändert? Und wer hat die Zeche zahlen müssen. Aber ach, da käme ja so vieles zusammen, wie sollte man das je quantifizieren können? Oder der Blick nach vorn, es geht da z.B. um Gesetzesvorhaben, die die Verteilung des Reichtums regeln. Ein Beispiel: Seit Jahren debattiert man, ob die Einführung eines gesetzlichen Mindestlohns gerechtigkeitsfördernd ist oder doch nicht eher arbeitsplatzschädigend. Da warten dann die Experten mit ganz verschiedenen Expertisen auf. Was die Vermutung nahelegt: Jeder bringt da seine eigenen Wertigkeiten mit hinein. Da sollte man doch generelle Gerechtigkeitskriterien erwägen, aber wo kommen die her?«

Jannik nickte. Ja, das fand er auch, man brauche da Kriterien für das Kraut der Meinungen und den Krieg der Statistiken. Overbecks Einwand gegen die Definitionswut hatte ihn aber eben auch überzeugt. Gibt es Grundsätze ohne Definitionen? Er war gespannt, wie Overbeck den Knoten lösen würde.

»Der US-amerikanische Philosoph John Rawls hat dazu einen Vorschlag gemacht, der zu einem Jahrhundertwerk der Moralphilosophie geführt hat: die *Theory of Justice*. Er präsentiert zwei fundamentale Gerechtigkeitsprinzipien, die er nicht aus übergeordneten Definitionen ableitet, sondern die er aus einer fairen Grundsituation gewinnt. Er fordert uns zu einem Gedankenexperiment auf. Wir sollen uns einen gesellschaftlichen Urzustand vorstellen, in dem sich die Individuen zusammenfinden, um zu überlegen, wie sie gemeinsam leben wollen. Wie würden die Menschen dann ihre Grundsätze formulieren, mit denen sie die Verteilung der Güter regeln? Dabei geht es nicht nur um Materielles, auch Grundrechte und Grundpflichten, Freiheiten und Einschränkungen, Chancen und Zukunftsaussichten stehen auf der Agenda einer solchen Urkonferenz, die zu einer Gründungsurkunde einer gerechten Gesellschaft führen soll. Wie gesagt, es ist ein Gedankenexperiment, niemals hat es eine solche Situation historisch gegeben, aber das ist nicht das einzig Fiktive an diesem Experiment. Wir sollen uns nämlich weiter vorstellen, dass keiner der Konferenzteilnehmer seinen eigenen sozialen Status kennt, sein Geschlecht, seine körperlichen und geistigen Fähigkeiten, ja auch die historische Zeit nicht, in der er oder sie lebt. Alle agieren hinter einem Schleier des Nichtwissens, wie Rawls das in einer berühmten Metapher sagt, und dieser Schleier soll sicherstellen, dass eine wirklich faire Grundsituation besteht und dass keiner im Wissen um bestimmte Eigenschaften seiner selbst Grundsätze wählt, die ihn bevorzugen würden. Keiner also weiß, ob er behindert ist oder nicht, Frau oder Mann, arm oder reich, klug oder nur durchschnittlich begabt. Der Schleier des Nichtwissens garantiert für eine Situation absoluter Symmetrie.

Keiner, so folgert John Rawls weiter, würde dann Grundsätze wählen, die ihm später, wenn sich der Schleier des Nichtwissens hebt, benachteiligen könnten. Die Gerechtigkeitsgrundsätze in einer solchen Situation wären fair, und Rawls meint sogar: nur in einer solchen Situation ließen sich faire Übereinkünfte treffen. Wie sehen sie aus? Man würde sich zwingend auf zwei solche Gerechtigkeitsgrundsätze einigen.«

Carlos entfuhr ein kollerndes Lachen, rau kam es empor aus der Tiefe eines gekränkten Gemüts. Einige aus dem Auditorium drehten sich in Richtung des Störenfrieds, manche mit empörter Miene, manche dagegen belustigt, und wieder andere empfanden Carlos' Kommentar als willkommene Unterbrechung eines anstrengenden Vortrags. Auch Overbeck hielt kurz irritiert inne und setzte dann fort:

»Das Erste wäre ein Freiheitsprinzip, mit dem die Beteiligten sicherstellen würden, dass alle einen gleichen, unabdingbaren Anspruch auf Grundfreiheiten haben. Es hat Vorrang vor dem zweiten Prinzip, dem Differenzprinzip, das die Güterverteilung regelt. Das bedeutet: Keine noch so gute ökonomische Verbesserung rechtfertigt eine Einschränkung der Grundfreiheiten, also die Rede- und Versammlungsfreiheit, wie die Gewissens- und Gedankenfreiheit, die persönliche Freiheit, die Unverletzlichkeit der Person, das Recht auf persönliches Eigentum, die Freiheit, mit anderen Bürgern in Handelsbeziehungen zu treten, der Schutz vor staatlicher Willkür, die politische Freiheit, also die Freiheit der Wahl und die Möglichkeit, öffentliche Ämter zu bekleiden und manches mehr. An all diesen Freiheiten kann es kein Jota Abstrich geben, selbst wenn dies zur Folge hätte, dass alle Bürger dadurch ökonomisch schlechter gestellt würden als in einer autokratisch regierten Gesellschaft, in der Freiheitsrechte eingeschränkt wären zu Gunsten effizienteren Wirtschaftens. Das ließe sich, nebenbei gesagt, gegen die chinesische Gesellschaftsordnung wenden, in der die Freiheit der wirtschaftlichen Dynamik untergeordnet wird. Freiheitsgerechtigkeit hat Vorrang vor Wohlstand.«

Jannik beobachtete, wie sein Vater dem Referenten zunickte, um eine Nuance zu heftig, wie er fand. Nicht, dass ihm das große China leidtat, nein, ihn störte einfach des Vaters übertriebene Solidarität mit seinem Vortragsgast. Überdies war ihm Overbeck nicht unbedingt sympathisch, ja, er war offen enttäuscht von seiner Erscheinung. Overbeck war älter als auf den Bildern, die er auf seiner Homepage platziert hatte; nun, das war kein wirklicher Einwand gegen seine Person, aber er schien auch um einige Pfunde schwerer zu sein, als er virtuell suggeriert hatte. Zudem trug er ein abgetragenes Cordsakko in einem fürchterlichen Gewerkschaftsbraun, er mutete an wie ein Mann, der selten einen Blick von außen auf sich selbst wirft.

»Das zweite Prinzip regelt die Güterverteilung. Soziale und ökonomische Ungleichheiten wären zugelassen, aber sie müssen sich legitimieren. Und jetzt wird's spannend! Legitimationskriterium Nummer eins: Die Ungleichheit darf Menschen von gesellschaftlichen Positionen nicht ausschließen, vielmehr muss allen Bürgern unter den Bedingungen gleicher Chancengleichheit der Zugang zu den Positionen offenstehen. Chancengleichheit, ein unverrückbares Bollwerk bei der Güterverteilung. Nummer zwei: Ungleichheiten werfen dann kein Gerechtigkeitsproblem auf, wenn sie dazu führen, dass die Unterprivilegierten einen größeren Vorteil daraus ziehen als die Privilegierten. Das Letztere, die Nummer zwei, Rawls nennt es das Differenzprinzip, klingt dunkel, ich halte da gleich meine kleine bescheidene Lampe dran, damit Sie es besser durchschauen.«

Overbeck machte eine Kunstpause, um den Zuhörern eine Gelegenheit zum Lachen zu geben. Kurz nur, aber mit einer

Grimasse versuchte er, das verhaltene Resultat zu optimieren. Jannik rümpfte die Nase, es roch fein nach Referenteneitelkeit.

»Doch bleiben wir noch einen Moment lang bei der Chancengleichheit. Jeder Bürger muss die gleiche Chance auf gesellschaftlichen Aufstieg haben. Ob er oder sie die Chance dann nutzt, liegt in der eigenen freien Entscheidung. Chancengleichheit verhindert die Bildung von Kasten und Oligarchien. Gleiche Aufstiegschancen öffnen die Hierarchien für alle. Sie alle nicken? Nun denn …« Overbeck unterbrach sich erneut. Er schwenkte seinen Kopf und zeigte Bedenken an, doch wohin, das ließ er offen. »… eine Frauenquote kann es also nicht geben!«

Es wurde unruhig im Saal. Overbeck hob beschwichtigend die Hand vom Pult. Zum ersten Mal lächelt er, dachte Jannik, zum ersten Mal sucht er den Kontakt zum Publikum.

»Ich gebe zu: ein Dilemma. Ich glaube, philosophisch hat John Rawls Recht, soziologisch hat er Unrecht.« Overbeck streckte den Rücken.

»Menschlich hat er Unrecht! Es geht hier doch um Menschen, um Existenzen«, rief von hinten rechts eine silberbegraute Dame empört aus, die Unruhe schwappte zustimmend auf ihre Seite.

»Wie meinen Sie das?«, fragte Overbeck zurück und fuhr mit seiner ausgestreckten Hand durch den Raum auf die Dame zu. Etwas Lauerndes lag in seinem Blick.

»Ich bitt Sie, Frauen stellen doch die Hälfte der Weltbevölkerung, aber in Spitzenpositionen sind sie nicht zu sehen!«

»Da gebe ich Ihnen natürlich Recht. Aber das ist ein statistisches Argument. Jedes einzelne Individuum muss darauf vertrauen können, dass es nicht benachteiligt wird im Streben nach Sicherheit und Wohlstand. Da haben Sie das Freiheitsprinzip wieder. Die einzelne Existenz muss sich auf das Prinzip der Chancengleichheit berufen können. Kann sie das nicht, dann ist die Freiheit bereits schon untergraben. So einfach ist das.«

»Mir ist das zu übertrieben«, entgegnete die silbergraue Dame fein, »ich will da kein Schlachtfeld aufmachen. Ich kann nicht sehen, dass die Quotenregelung mit Freiheit und Chancengleichheit nicht verträglich wäre. Eher im Gegenteil, denke ich. Die Quote stärkt die Frau, macht sie freier. Ich allerdings bin nicht für die weichgespülte Quotenregelung der Regierung. Wir müssen da gleich mit fünfzig Pflichtprozenten ran und auch nicht mit der Einschränkung ›bei gleicher Eignung‹.«

»Dann«, entgegnete Overbeck kühl, »würde man Sie als Person begünstigen, sie würden die Früchte eines jahrhundertelangen Patriarchats ernten, nämlich auf dem Weg der Entschuldigung. Man entschuldigt sich bei Ihnen persönlich und bietet Ihnen diesen oder jenen Posten als Schmerzensgeld an.«

Overbecks Hand zitterte.

»Das ist wirklich kalt gedacht!«, rief eine junge Frau mit rotgefärbten Haaren, diesmal kam der Einwand von vorn, zweite Tischreihe.

Overbeck zuckte die Achseln. »Kalt ist es, wenn man über Statistiken Freiheitsgrundsätze aushebelt. Warm wäre es, wenn die Gesellschaft über eine Arbeits- und Sozialgesetzgebung die veränderten Geschlechterrollen in die Arbeitswelt einprägt und zum Beispiel mit einer Abgabe die Unternehmen an der Finanzierung von Kita-Plätzen beteiligte, erhoben auf jeden Arbeitsplatz, egal, ob er nun von Männern oder Frauen besetzt wäre. Gerechtigkeit ist eine gesellschaftliche Aufgabe.«

Jannik warf einen Blick auf Carlos und dann auf Cora. Carlos grinste breit, ihn schien die Auseinandersetzung als solche zu erheitern. Mit »Jawohl so isses!« und »Na also!« hatte er beide Seiten gleichmäßig befeuert in engagierter Neutralität. Cora zog die Stirn kraus und kaute unentschlossen an Overbecks Argument. Herr Brandes beugte sich vor und raunte Jannik zu: »Ist die Philosophie jetzt aus dem Schneider?« Er zwinkerte Jannik zu.

Jannik begriff. Overbeck hatte das Ungerechtigkeitsempfinden der Dame irgendwie entsorgt im ungeschlechtlichen gesellschaftlichen Wir. Irgendetwas war faul daran, aber was? Die Philosophie, macht sie so etwas?, fragte er sich irritiert. Ja selbstverständlich, entfuhr es ihm, denn sonst würde alles parteilich und relativ. Aber ist das wirklich in Ordnung so mit der ungeschlechtlichen Vernunft? Er schaute Herrn Brandes unschlüssig an, fragend zog er seine rechte Schulter hoch und legte den Kopf schräg. So auf die Schnelle konnte er sich nicht entscheiden. Overbecks Argument gegen die Quote leuchtete ihm ein, anderseits ... könnte man für eine Übergangszeit nicht doch eine Quote einführen, dachte er, würde das nicht die Dinge beschleunigen, gesellschaftlich gesehen? Aber er störte sich auch daran, dass damit Privilegien an eine kleine Gruppe von Menschen vergeben würden, die dadurch zu Profiteuren einer jahrhundertelangen Ungerechtigkeit zwischen den Geschlechtern würden. Einzig und allein dadurch bevorzugt, dass sie sich an einem bestimmten historischen, zufälligen Punkt auf dem Zeitstrahl befänden. Jannik fand Overbecks Argument überzeugend. Aber durfte man so argumentieren?, fragte er sich. Schließlich steht doch jeder zufällig in der Welt herum und löffelt Vor- und Nachteile seiner Situation, daraus kann man doch kein moralisches Argument basteln. Nein, es roch nicht gut, Overbecks Argument.

»Das Kriterium Nummer zwei des Differenzprinzips«, fuhr Overbeck mit erhobenem Zeigefinger fort, »klingt beim ersten Hören dunkel, ich wiederhole es noch einmal: Gesellschaftliche Entwicklungen oder politische Entscheidungen dürfen soziale und ökonomische Ungleichheiten nur dann zulassen, wenn die Unterprivilegierten davon einen größeren Vorteil haben als die Privilegierten. Wie ist das zu verstehen? Nun, denken wir uns den Fall eines Schwellenlandes, dessen Wirtschaft boomt. Es sei dort in kurzer Zeit eine kaufkräftige Mittelschicht entstanden, deren Konsumwünsche eine ganze Reihe neuer Arbeitsplätze schaffen, insbesondere im Niedriglohnbereich. Soll man nun sagen, die Verhältnisse wären ungerecht, wenn der Zuwachs ökonomischen Wohlstands in der Mittelschicht stärker ist als in der Unterschicht? Wenn also die Schere sich öffnet? Intuitiv ist man geneigt, dies zu bejahen. Doch hier liegt ein Denkfehler, meint zumindest John Rawls.

Man müsse nämlich das gesamte System hinsichtlich seiner Leistungsfähigkeit in den Blick nehmen. Stellen wir uns vor, mit geeigneten sozialpolitischen Maßnahmen wie Steuergesetzen, Subventionen und so weiter ließen sich die jeweiligen gesellschaftlichen Schichten fördern oder belasten. Stellen Sie sich weiter vor, die Regierung schiebt den Regler so über die Steuersätze, dass sie dabei die Wohlstandszuwächse der Privilegierten bis zu dem Punkt wegsteuert, dass die am wenigsten Privilegierten einen Wohlstandszuwachs erzielen, der nominal genau dem Zuwachs der Privilegierten entspricht. Eine solche Gesetzgebung wäre das Kennzeichen einer egalitären Politik, der es darauf ankommt, dass sich die soziale Schere nicht öffnet. Beiden, den Privilegierten und den Schwachen geht es besser, und zwar in gleicher Schrittlänge. Zwar trennt sie immer noch ein sozialer Unterschied, aber der wächst sich nicht weiter aus. Schieben wir nun im sozialistischen Sinne den Regler weiter in Richtung hohe Steuersätze für hohe Einkommen, und nehmen wir an, wir erzielten dabei eine Umverteilung des Wohlstandes von oben nach unten. Oder wir schieben neoliberalistisch den Regler in Richtung Steuerentlastung für hohe Einkommen, dann erzielten wir den gegenteiligen Effekt. John Rawls ist der Ansicht, dass alle unsere Handlungen, mit denen wir den Regler verschieben, das Gesamtsystem optimieren sollten. Dahinter steht die Auffassung, dass eine Gesellschaft ein System gegenseitiger Kooperation darstellt. Und dieses System soll möglichst optimal, und das heißt: leistungsstark eingestellt sein. In der Wirtschaftslehre ist das unter dem Namen der Pareto-Optimalität bekannt. Ein Pareto-optimales System garantiert, dass weitere Zuwächse im gesamten System erzielt werden können. Kehren wir zurück zu unserem Beispiel des Schwellenlandes: Wenn das System dann am besten arbeitet, d.h. dann am optimalsten eingestellt ist, wenn die Privilegierten größere Zuwächse erzielen als die Schlechtestgestellten, dann sind sogar die wachsenden Ungleichheiten gerecht. Denn die sozial Schwachen ziehen daraus den größten Vorteil, in allen anderen Varianten stünden sie nämlich schlechter da als bei dieser. Das allerdings müsste tatsächlich der Fall sein: für die Schwächsten müsste ebendiese Variante die optimale sein. Sie hätten dann mehr davon als bei jeder anderen möglichen Variante, in der sich zwar der Wohlstandsabstand zwischen ihnen und den Privilegierten nicht so stark gestalten würde, in der also eine Annäherung von den Besser- und den Schlechtestgestellten stattfindet, aber letztlich hätten sie à la longue davon nominal weniger, weil das System der Kooperation schlechter funktioniert und zurückfällt im Wettbewerb der Systeme.«

Overbeck hielt inne. Er schlug mit flacher Hand auf das Pult: »Und hier, verehrte Damen und Herren, liegt die Lösung des Gerechtigkeitsproblems, in dieser Konstruktion! Es ist eine, so könnte man sagen, Gerechtigkeit der nächsten Schritte. Rawls Gerechtigkeitstheorie verbindet Moralphilosophie mit volkswirtschaftlichem Verstand.«

»Genial«, entfuhr es Mario Feldhoff. Andreas Brandes nickte seinem Freund zu. Jannik war zu viel an Buchhaltung im Spiel. Das alles roch nicht gut.

»Soll das heißen, solange für uns ein paar Brösel vom Tisch der Prasser fallen, sind die Verhältnisse gerecht?« Carlos Stimme dröhnte durch den Raum. Ein Raunen ging, ein zustimmendes.

»Nein, das heißt es nicht. Das wäre Abfallwirtschaft, Almosen-Zynismus, aber keine Gerechtigkeit. Gerechtigkeit ist aber auch nicht gleichbedeutend mit Umverteilung von oben nach unten. Sie werden mit weniger Butter auf Ihrem Brot auskommen müssen wie die oben am Tisch, um in Ihrem Bild zu bleiben. Ja, es kann sogar sein, dass eine neue Entwicklung denen oben am Tisch Kaviar serviert und Ihnen nur Parmaschinken. Aber immerhin, es ist Parmaschinken! Wenn diese neue Entwicklung unter allen möglichen anderen Varianten für Sie das beste Ergebnis zeitigt, dann gilt sie als gerecht. In anderen Varianten hätten Sie vielleicht nur Lyonerwurst bekommen.«

Overbeck entspannte sich sichtbar im schallenden Gelächter des Publikums. Jetzt, erst im Nachhinein, fiel Jannik auf, wie angestrengt der Referent gewirkt hatte.

»Die Eliten sind von der Fleischwurst zum Kaviar aufgestiegen, der Rest blieb bei der Mettwurst«, konterte Carlos. »Heute verdient eine Top-Führungskraft über hundertmal so viel wie das Fußvolk ihres Betriebes. Vor dreißig Jahren lag der Faktor bei etwa zwanzig.«

»Ich bezweifle Ihre Zahlen nicht und übernehme sie. Nur: Wir müssen sie gegenrechnen, diese starke und stärker werdende Ungleichheit, gegenrechnen zu dem Gewinn an Lebensqualität gerade der unteren Schichten. Da kann etwas im Lot sein trotz großer Ungleichheiten. Der prozessualen

Gerechtigkeitstheorie geht es nie um eine moralische Einschätzung des Status quo, sondern um die Beurteilung von Handlungen, Entscheidungen und Entwicklungen. Und wenn diese für die am wenigsten Privilegierten das beste Ergebnis versprechen, dann genügen sie dem Kriterium der Gerechtigkeit. Verfahrensgerechtigkeit – das ist ein Blick auf den Fluss der Dinge, nicht aber eine Bilanz von Positionen. Ich halte es für sehr sinnvoll, das Auge der Gerechtigkeit nicht so sehr auf den Status quo zu richten, denn der ist niemals gerecht. Gerechtigkeit ist ein moralischer Bewertungshorizont gesellschaftlicher Entwicklungen, nicht der einzelnen Zustände. Aber, das muss ich nun auch noch sagen, ich konzentriere mich die ganze Zeit viel zu sehr auf die materielle Güterverteilung! Gerechtigkeit ist natürlich auch ein Thema der fairen Verteilung geistiger Güter!«

Ein weiteres Raunen ging, diffuser in der Tonlage.

»Die am wenigsten Begünstigten müssen optimale Zuwächse auch in anderen sozialen Bereichen erzielen können: Zugang zu Bildung, zu Karrieren, zu Lebensqualität jedweder Art, wozu auch der Gebrauch der Freiheit zählt. Ja, Sie haben richtig gehört: Eine Gesellschaft, die sich auf den moralischen Wert der Gerechtigkeit verpflichtet, sie darf nicht nur den Individuen Freiheitsrechte garantieren, sie muss den Individuen auch die Möglichkeit geben, Freiheit zu praktizieren. Rawls nennt dies den Wert der Freiheit. Wirtschaftlich starke Personen genießen einen höheren Freiheitswert als schwache, sie können wirksamer Einfluss nehmen etwa, kurzum: Sie partizipieren umfassender an der Gesellschaft. Aber dasselbe gilt auch von gebildeten Personen. Sie können sich besser in ihren Interessen artikulieren. Sie können dasselbe Argument auch für Gesundheit durchspielen und …«

» … für Männer!« Jannik reckte seinen Kopf, um die Zwischenruferin zu sehen. Es war dieselbe rothaarige Frau von vorhin, die Overbeck des kalten Denkens bezichtigt hatte.

Overbeck runzelte die Stirn. »Für Männer? Ich dachte, wir wären jetzt schon woanders. Sie spielen die Quotenkarte, fürchte ich.« Das Publikum reagierte erheitert.

»Die Quote klebt Ihnen an den Fersen!«, lachte die Rothaarige ihn an. Mit ihrem roten Rockanzug war sie eine attraktive Erscheinung, Mitte fünfzig vielleicht, ihre reifen Gesichtsfalten um Mund und Augen strahlten. Overbeck ging auf ihren Charme nicht ein.

»Nun mal im Ernst«, konterte Overbeck kraftlos mit belegter Stimme. »Dann spielen Sie die Geschlechterrollen einmal durch. Rawls bindet Sie an das Freiheitsprinzip, und das steht über dem Differenzprinzip.«

»Das mag schon sein.«

Jannik fuhr auf seinem Stuhl herum. Andreas Brandes hatte interveniert.

»Aber es gibt da einen Einwand. Wir, Herr Overbeck, stimmen überein im Vorrang des Freiheitsprinzips über das Differenzprinzip. Aber an dieser Stelle trennen sich unsere Wege auch schon. Sie verteidigen mit Hacken und Klauen das Prinzip der Chancengleichheit. Und Chancengleichheit, das bedeutet für Sie vor allem Freiheit der Wahl. Und diese Freiheit möchten Sie nicht mit einer quotenregulierten Vorverteilung materieller oder geistiger Güter eingeschränkt sehen?«

»Ja, so kann man es auch beschreiben, ganz richtig«, nickte Overbeck. »Chancengleichheit im Bildungsbetrieb, das hat einen besonderen Wert. Denn an der Bildung hängt doch alles, am ehesten bin ich hier für Quoten. Aber Frausein und Mannsein sind keine besonderen Prädikate, die eine Subventionsdusche rechtfertigen. Prinzipiell, meine ich. Es kann keine Quote geben, die Frausein gesellschaftlich verteilt.«

»Ah, interessant, dass Sie es so wenden«, entgegnete Herr Brandes. »Ich denke, ich bin bei Ihnen«, Andreas Brandes nickte in die Richtung der Rothaarigen, »wenn wir den wichtigen Unterschied ziehen zwischen formaler Freiheit – den Grundfreiheiten – und dem Wert der Freiheit – die Möglichkeit, von Freiheit auch einen gesellschaftlichen Gebrauch zu tätigen. Auf diesen Unterschied weist Rawls ja eindringlich hin, wie Sie sagten.«

»Korrekt.«

»Gut, dann aber, Herr Overbeck, findet doch wieder das Geschlecht hinein in den Freiheitsbegriff.«

»Ich … ich verstehe nicht …«, sagte Overbeck.

»Über die Macht, Herr Overbeck, das ist der Wert der Freiheit. Und da hat das männliche Geschlecht über Jahrtausende diktiert, keine Frage. Das Männliche sitzt in der Macht. Nur eine Quote kann das brechen, und deshalb, Herr Overbeck, eine Quote, und zwar jetzt.«

Jannik war nicht überrascht, er hatte Ähnliches von seinem Lehrer erwartet. Der Ton aber kam ihm zu heftig, Herr Brandes trieb Overbeck damit vor sich her, fand Jannik. Overbeck entgegnete nichts und blickte Andreas Brandes mit einer Aufmerksamkeit an, die über die eigene Ratlosigkeit hinweghelfen sollte.

»Stellen Sie sich vor, Herr Overbeck, ein System, das optimal arbeitet, wenn die materiellen und geistigen Güter eher einseitig bei der männlichen Bevölkerung konzentriert sind. Und jetzt stellen Sie sich bitte noch vor, dasselbe System bietet den Frauen mehr Freiheit, also mehr Macht, arbeitet aber nicht mehr so effektiv. Würden Sie das Erstere vorziehen?«

Overbeck lächelte säuerlich. Dann sagte er: »Dazu würde es nicht kommen. Außerdem machen sie einen Fehler.« Overbeck gewann sein Gleichgewicht zurück. »Sie machen einen Fehler, wenn Sie zwei Systeme wie zwei Gewichte auf die Waage legen. Sie beanspruchen da einen objektiven Blick, und das noch über eine moralische Kategorie!«

Overbeck hatte seine Verteidigung denkbar schlecht ausgeführt, das Publikum quittierte es mit Schweigen und Unverständnis. Auch Jannik spürte, dass Overbeck irgendwo feststeckte. Weshalb nur verbiss er sich so in das Quotenthema?

»Darf ich da noch eine Vermutung an die Bemerkungen meines Freundes dranhängen?«

Mario Feldhoff erhob sich und legte beide Handflächen aneinander. Jannik hatte das starke Gefühl, dass die Veranstaltung in der *Urania* auf der Kippe stand. Ob der Verlauf noch im Sinne seines Vaters war? Er warf ihm einen Blick zu. Der Vater saß schräg auf einem der langstieligen Stühle am Tresen, den Kopf aufgestützt in undurchsichtiger Gemütsverfassung. Overbeck hatte sich über das Rednerpult gebeugt und nickte ernst zu Mario Feldhoff hinüber.

»Ich komme auf das Gerechtigkeitsempfinden zurück, das scheint mir untergegangen zu sein. Es ist ein altes Lied, dass Menschen sich damit trösten, es möge ihren Kindern einmal besser gehen als ihnen selbst. Wenn etwas von ihnen in die Zukunft reicht, selbst wenn sie das persönlich nicht mehr erleben, dann sind Menschen zum Verzicht bereit. Aber das Leben lebt in der biografischen Spanne von 60, 70, 80, 90 Jahren. Die Weichen fürs Leben stellen sich beruflich in den Dreißigern und Vierzigern. Das Interesse der beruflichen Frau geht auf ihr persönliches Leben und erst in zweiter Linie auf die Gesellschaft. Sie erfährt die Ungerechtigkeiten einer nicht gleichberechtigten Position am eigenen Leib. Vielleicht argwöhnt der Personaler, der sie einstellen soll, sie werde alsbald noch ein Kind wollen. Ausfallen für längere Zeit, vielleicht ist sie dann für den Betrieb verloren. Philosophischer gesagt: Die Rationalitäten im System

›persönliches Leben‹ sind immer andere als die Rationalitäten des gesellschaftlichen Systems. Systemrationalität und persönliche Rationalität. Ich habe nur wenige Jahrzehnte zu leben und muss in dieser Zeit meine Ziele realisieren. Das System dagegen lebt in einer ganz anderen Zeitdimension. Die Philosophie, die sie vertreten, Herr Overbeck, kennt nur die – entschuldigen Sie, ich meine das nicht persönlich – kalte Systemrationalität.«

Kalte Systemrationalität. Jannik versuchte sich einen Reim daraus zu machen. Waren das so etwas wie unpersönliche Interessen? Interessen eines Systems und die Interessen einer Person. Carlos' dröhnende Stimme riss Jannik aus weiteren Überlegungen. Er fürchtete das Schlimmste.

»Yep, das mit den zwei Zeitordnungen, das trifft's. Die individuelle und die allgemeine Sicht scheren immer auseinander. Ihr müsst Euch alle auflehnen gegen das System, ihr müsst rebellische Individuen werden, ganz auf Euch gestellt, Ihr könnt das! Unser gemeinsames Ziel lautet: Anarchie!«

Carlos lachte scheppernd.

Der Traum

»Patsch! Patsch! Peng!« Energisch schlägt Overbeck mit seinem Rohrstock auf das Lehrerpult ein. »Das ist die Lösung! Darin besteht das Gerechtigkeitskonzept. Die Praxis siegt über den Begriff! So muss es sein, immer, niemals können wir die Welt durch den engen Flaschenhals der Begriffe ziehen. Niemals!«

Mit großen, rollenden Augen steht er da, ein zorniger Feldherr, der seine Gedanken zum Appell ruft, das Gesicht vor Aufregung gerötet. Im Hintergrund erkennt Jannik sein eigenes Klassenzimmer wieder, an den Wänden hängen noch die naiven Bilder, die sie damals gemalt hatten im Kunstunterricht der Fünften, als er frisch ans Gymnasium gekommen war. Tierbilder aus dem Zoo, gezeichnet nach einem Besuch der Stuttgarter Wilhelma, seines zeigt einen traurigen Affen, der sich an die Gitterstäbe klammert.

Ein schrilles Lachen zerteilt den Raum und wirft ihn zurück in die Gegenwart. Clarisse, in der hintersten Bankreihe sitzt sie und drückt seinen Lieblings-Teddy fest an ihre Brust. »Worte aus Marmor, Herr Referent! Eisige Worte, eißig, heißig, heiße Worte, heiße Lust, heiße Liebe, heiße lila Luft zum Atmen, Scherzen, Lieben und Vergeben …« Ihre Stimme überschlägt sich beim Tempo, mit dem sie sich ergießt, sie schnappt nach Luft und erstickt in einem Schluchzen. Clarisse ist wieder einmal völlig von der Rolle.

Carlos legt beruhigend seine Hände auf ihre Schultern. Flackernd streift sein triebäugiger Blick über ihre Haare. »Ha!« Wie einen Degen streckt er Jannik den Zeigefinger entgegen: »Bürgersöhnchen! Jetzt kommt dein Auftritt. Nichts mit weiter kneifen und davonlaufen, dringende Familienangelegenheiten warten auf dich!« Zärtlich streicht er Clarisse über den Kopf, neigt sich zu ihrem Ohr und murmelt ihr sanft zu: »Ich bring ihn dir zurück. Wir verflüssigen alles zum Saft des Lebens, wir predigen das Evangelium der Anarchie. Da kann keiner widerstehen, auch er nicht.«

Clarisse entspannt sich und drückt dem Teddybär einen flüchtigen Kuss auf seine speckige Schnauze. »Meinst Du?«, flüstert sie. »Er hat sich so ins Übersichtliche geflüchtet!«

»Das machen sie doch alle in diesem Alter«, tröstet Carlos mit honigsüßer Stimme. »Das gibt sich, eher früher als später.« Jannik will widersprechen, aber an Carlos' Zeigefinger kommt er nicht vorbei. Und er ist dem Stadtindianer ja auch dankbar für dessen Fürsorglichkeit, nie und nimmer hätte er ihm diese Wärme zugetraut. Schlimm steht es um seine Tante, aber Carlos, er macht alles gut. Carlos, er ist gut, der Mensch ist gut, alles wird gut, wohlig umfängt ihn ein tiefer Frieden. Wattige Schneeflocken rieseln herab, zeitlupenlangsam landen sie, sanft kreiselnd auf dem Boden, Blütenblätter spreizen auf und strecken winzige gelbe Kelche hervor. Ein Maiwonnenteppich.

»Ich lasse diese Einwände nicht mehr zu!« Overbeck bellt schrill zu Carlos und Clarisse hinüber und fuchtelt mit dem Stock eine Drohung in die Luft. »Ihr zerstört den ganzen Fluss, das ist Sabotage am Projekt, das ist ein Anschlag auf die Freiheit! Disziplinloser Haufen, immer gleich mit Einwänden kommen! Zum Teufel damit!«

Und erneut drischt er auf das Pult ein, heftiger und wilder, und plötzlich splittert der Rohrstock und Overbeck hält ein ledernes, schwarz-rot geflochtenes Band in der Hand, das über den Tisch fällt und dessen anderes Ende um den Hals von Kerstin Blumenthal geschlungen ist. Sie kauert vor dem Pult, Jannik streckt sich, um sie besser sehen zu können. Splitternackt hockt sie da, auf allen vieren wie ein Hund, übersät mit feuerroten Pickeln und schorfigem Ausschlag. Entsetzen packt ihn und – er erwacht.

Erwachte zu einem Halbdämmer, in dem die Figuren weitergaloppieren im Niemandsland zwischen Träumen und Wachen. Unangefochten residieren dort immer noch die Schemen der Nacht, nur sanft betastet von einem morgengrauen Bewusstsein, das sich noch in der Schwerkraft der Traumgestalten dreht. Es streicht nur zart über die Bildsequenzen, es greift nicht deutend hinein ins Material, es lässt alles so, wie es ist. Es musste ja so kommen, eher Kerstin als Cora, ja das ist voll tragisch, sann Jannik, und schon tauchte er erneut hinab in die ferneigenen Länder seines unzensierten Neuronenfeuers.

Immer noch hält Overbeck die arme Kerstin an der Leine, doch massiger ist er inzwischen geworden, auch trägt er eine blaue Uniform. In sein Gesicht zeichnen sich nun, das erkennt Jannik immer deutlicher, die Züge Myerbeers. Oder war es immer schon der Holländer, und Jannik hatte falsch identifiziert? Ach, genauer hätte er schauen müssen, jetzt ist es zu spät, denn kichernd krabbelt Kerstin auf eine große Freitreppe zu. Das Klassenzimmer hat sich zum Saal der *Urania* geweitet, an der Seitenwand posieren in farbdezentem Relief griechische Jünglinge und Frauen mit Bogen und Krügen für die Kontinuität der abendländischen Kultur.

»Leidvoll ist alles Dasein, alles, ohne Ausnahme«, kräht der maskuline Myerbeer mit einer metallisch-hellen Stimme, die elektronisch verzerrt wie aus einem weit entfernten Orbit klingt. Schwingt sirrend eine Peitsche durch die Luft, und bei jedem Klatschen, mit dem das Leder Striemen zieht auf Kerstins geschundener Haut, schlägt Jannik die Zähne aufeinander aus Mitgefühl und Angst. Erschrocken bemerkt er, wie sie wackeln in seinem Mund, wie einzelne nur noch an dünnen Wurzelfäden hängen, und um da nichts weiter zu lockern, zieht er erschreckt seine Zunge tief in den Rachen zurück. »Alles Dasein ist leidhaft!«, wiederholt Meyerbeer brüllend und treibt Kerstin mit seinen Schlägen auf eine flammende Aureole zu, die goldene Funken sprühend über die Treppen hinabhüpft in den Saal. Schon rollt sie langsam durch den Raum, über den weißen Blütenschnee zieht sie ihre Bahn und versengt auf ihrer Spur die zarten Gebilde zu hässlich braunen Käfern, die über den Fußboden krabbeln und sich gefräßig über die Blüten hermachen. Jannik will Kerstin warnen vor Feuer und Insekten, er will protestieren gegen Myerbeers Gewalt, er öffnet den Mund, doch er gurgelt nur in Schleim. Wie soll er rufen, wie helfen mit all den abgebrochenen Zähnen? Hilfe suchend wendet er sich an Clarisse und winkt sie herbei mit hektischen Bewegungen, denn Zeit ist kostbar jetzt, unendlich kostbar, es steht Spitz auf Knopf! Clarisse hält Janniks Teddybär in die Höhe, hält ihn in Augenhöhe wie ein Kruzifix zur Abwehr des Bösen. Sie bringt Ruhe in das Drama.

»Das Samsara ist unser aller Schicksal«, schnurrt Clarisse gelassen. »Alles kehrt wieder, ungeborene Kinder werden geboren, zu Zeit wird aller Raum. Alles wird verziehen zu neuer, ewiger Unschuld!« Sie wendet den Teddybär an ausgestrecktem Arm zum brennenden Reif hin, da steht ein beschatteter Unbekannter in der Mitte der Flammen. Verschwommen zeichnet sich in seinem Gesicht ein großer Schnurrbart ab, gänzlich verdeckt er seinen Mund. Und nun erspäht Jannik seine Augen, wie nach innen vergeistigt liegen sie tief in ihren Höhlen. Jannik nickt ihm zu wie zur Begrüßung, er hat ihn schon einmal gesehen auf einem alten Foto, aber jetzt, in dieser Leibhaftigkeit, da kennt er ihn wiederum doch nicht, diesen vertrauten Unbekannten.

»Ihr Geister der Schwere! Seht diesen Augenblick! Muss nicht alles, was laufen kann, schon einmal hier vorübergegangen sein? Muss nicht alles, was geschehen kann, schon einmal hier geschehen sein? Lebe dein Leben so, dass du wollen kannst, dieser Augenblick kehre immer wieder. Das ist mir das schwerste Gewicht. Wer es tragen kann, dessen Leben werde leicht. Leicht wie eine flüchtige Wolke bei Sonnenaufgang.«

Sein Schnurrbart wippt beim Sprechen und steckt seinen Worten ein geflügeltes Lächeln auf.

»Meister!« Mit eilig trippelnden Schritten fliegt Clarisse auf den Bärtigen zu und wirft sich ihm zu Füßen. Jannik schlägt sich mit der Hand an die Stirn: Glückliche Clarisse! Endlich ist sie bei ihm angekommen, denkt er, und ein warmer

Wind fährt ihm in den Rücken. Jetzt erst bemerkt er, wie ihn fröstelte die ganze Zeit. Vorsichtig streicht er mit der Zunge über die Zahnreihe seines Unterkiefers, sie sind alle wieder beisammen, ein wenig wacklig noch, aber er will hier nichts auf die Probe stellen.

Der Bart beginnt wieder zu tanzen: »Unschuld ist das Kind und Vergessen, ein Neubeginnen, ein Spiel, ein aus sich rollendes Rad, eine erste Bewegung, ein heiliges Ja-Sagen.« Clarisse windet sich verzückt im Gleichklang seiner röhrenden, leibgeborenen Stimme, entrückt schaut sie zu ihrem Guru auf. Und Jannik versteht. Versteht, ohne wirklich zu wissen, was. Aber es ist dieselbe Übereinstimmung, dasselbe Aufgehobensein in friedlicher Ruhe, dasselbe Ans-Ende-Gelangen in stillgestellter Zeit. Jannik braucht nicht zu wissen, um was es geht, randvoll ist er angefüllt mit Gewissheit. Hoffnungshell stippt er vorsichtig mit der Zunge gegen seine Schneidezähne. Der leichte Druck setzt sich bis in die Zahnwurzel fort, also Vorsicht! noch ist nicht alles überstanden, aber damit könnt ich leben, sagt er sich.

Erneut wachte Jannik auf, diesmal stieß er in höhere Etagen seines Bewusstseins vor. Im dämmerigen Licht bestrickten ihn noch immer die Traumgebinde in ihrer bizarren Bilderwelt. Er möchte den Frieden festhalten und weiter kosten, der in warmgoldenen Ockerfarben sich wie ein Abendhimmel sphärisch über alles wölbt. Und Kerstin? Myerbeer? Jannik tastete sich zurück und wunderte sich über den Film, der sich seinem schlafwandernden Gemüt abspulte. Was träumte mir bloß? Wo bin ich gerade gewesen? Staunend zwängte er sich vor ins Broca-Areal, dorthin, von wo er einen Blick hinunter auf die Nebelgestalten seines nächtlichen Kinos warf. Was träumte ich da bloß? Und wie der Traum wiederkehrt und sich weiterspinnt und sich mir aufdrängt in sturer Hartnäckigkeit! Welche Kraft hält mich gefangen, welche Stimmen sprechen da? Jannik grub

noch ein wenig weiter, hin zur Frage, was das alles nur bedeuten solle – da bricht ihm der Neuronenschacht ein, im oberen
Hirnstamm lodert Feuer auf und reißt ihn zurück, dorthin, wo
ein anderer Erzähler Macht über den Verstand gewinnt.

Es sind wieder dieselben Figuren, mit denen sein Traum-
bewusstsein rochiert. Zwar ist es jetzt menschenleer um ihn
herum, aber sie sind noch da. Jannik steht in einer hellen Säule
aus Licht und starrt in die Schwärze der Nacht. Sie sind irgendwo da draußen, Jannik spürt ihre atmosphärischen Schatten. Vielleicht spielen sie andere Rollen, das mag sein, alles ist
ja Verkleidung hier. Da sitzt er nun im weißen Lichtkegel, vor
einem sirrend rasselnden, schwarzen Apparat, der über eine
fein gestufte Anordnung von einzelnen Rädchen unaufhaltsam
einen Zelluloidstreifen aus sich herausspult. Mit der Linken
hält er einen gummigepolsterten Griff, an dem er eine ge-
wichtige Kamera schwenken kann, die auf einem marmornen
Sockel steht. Auf dem Monitor ein leeres schwarzes Bild, doch
unablässig wächst das Gekröse des Filmzelluloids, fällt aus
dem Apparat zu Boden und kringelt sich zu einem Gewirr von
Schleifen, die über den Lichtkreis hinausschlängeln und sich
im Dunkel verlieren, dort bei den anderen. Jannik greift hinein
und hält es vor die Augen. Im Dämmerlicht sieht er Clarisse
mit seinem Teddybär, hell und farbig, als leuchteten die Bilder
aus sich selbst heraus. Jedes Bild identisch wie das folgende,
eine Anordnung von Dubletten, über seine Hände hinaus in
das Laub des Zelluloid sich fortsetzend zu beiden Richtungen.
Ratlos gleitet sein Auge über die Bildsequenzen, scannt nach
oben, nach unten. Alles nur Bild, ins Vielfache multipliziert,
das Einzelne ertrinkt charakterlos im Immergleichen. Nur ich
allein bin wirklich, seufzt er, und körperlich spürt er die trotzige
Traurigkeit, in die dieser Gedanke nun gebettet ist. Er kennt
ihn, kürzlich ist er ihm begegnet, aber da schmeckte er doch

noch ganz anders, wo war das nur? Und dann kommt es ihm. Hektisch greift er nach dem Plastiklaub, zieht den Streifen durch seine Hand. Overbeck! Er war's, ganz hinten wird er zu finden sein, am Anfang des Films. Da beim Rohrstock und, ihm stockt ganz kurz der Atem: bei Kerstin am Halsband.

»Mach dir keine Sorgen, ich erledige das«, ruft die Stimme seines Vaters hinter ihm. Jannik wendet den Kopf und sieht, wie der Vater, Besen und Schaufel in der Hand, das abgespulte Ende des Films zusammenkehrt. Wie Unrat stopft er die Bilderflut in eine gelbe Mülltonne.

»Das ist mein Job, ich bring das weg. Versorger, Entsorger. Ist ja doch immer nur dasselbe. Keine Handlung, immer nur stehende Szene.« Und mit einer Kopfbewegung deutet er auf die Kamera. »Da vorn spielt die Musik. Da wo Zukunft ist.«

Jannik schnürt es den Hals zu. Er hebt die Hand, will Overbeck vor der Tonne bewahren. »Papa, ich brauch ihn noch. Er muss mir …« Jannik stockt. Die Straße seines Satzes führt in steile Höhe, seine Absichten verlieren sich auf schwindligen Serpentinen, er kann das Ende nicht sehen. Und schon gar nicht hat er die Kraft, seinen Vater da hochzuschleifen. So zweigt er ab zur Version light: »Ist doch eigentlich schade um das Gewesene, Papa.«

»Quatsch! Unsinn, Feigsinn. Wer den Fortschritt will, muss sich von der Last des Vergangenen befreien können!«

Jannik ist baff über das apodiktische Urteil, das ihm ein wenig einseitig scheint. Und er sagt es ihm.

»Das Leben entwickelt sich immer nur aus Ungleichge-wichtslagen heraus. Mutationen, Fulgurationen, Revolutionen, immer wird der Vergangenheit der Prozess gemacht. Aber schau mal«, der Vater deutet auf die Kamera. »Du hast Besu-huch!«

Auf dem Monitor erscheint eine junge Frau, eine rote Augenbinde über dunklen Haaren, die ihr sanft auf die Schultern fallen. Sie trägt ein weißes, baumwollenes Gewand, in den Hüften von einem braunen Gürtel umschlungen, strassbesetzte rote Schühchen lugen am untersten Saum hervor. Mit der linken Hand stützt sie sich auf ein Schwert, in der Rechten hält sie eine Waage.

»Seema«, flüstert es aus Jannik. »Wie kommst du hierher? Und in welchem Aufzug?«

»Ich war die ganze Zeit hier. Wo hast du nur deine Augen! Kerle! Ich bin immer da, wo Menschen sind, weißt du das nicht? Man kommt nicht ohne mich aus.« Tadelnd schüttelt sie den Kopf. »Dieses ganze Gerede … Ich komme immer individuell und allgemein. Was soll der Unterschied?«

»Du meinst …«, Jannik gräbt in Erinnerung, seine Hand fährt suchend nach dem Film. »… den Freund von Herrn Brandes und Carlos? Damals in der *Urania*?«

»Ja, auch. Aber mehr noch – die Zeit!«

»Die Zeit …«, haucht Jannik das bleigraue Wort.

Die Waagschalen pendeln mit metallischem Geräusch. »Nur die Zeit, Jannik, die in Augenblicken schreitet, ist gerecht. Manche leben länger, manche kürzer, manche werden in besseren Zeiten geboren, andere in schlechteren, wieder andere in elenden Verhältnissen. Welche Ungerechtigkeit der Natur! Aber alle erfahren sie den Augenblick. Im Augenblick sind alle Vergangenheit und alle Zukunft vernichtet. Der Augenblick ist der wahre Hort der Gerechtigkeit, findest du nicht?«

Jannik schüttelt den Kopf. Heute wird er von lauter Einseitigkeiten heimgesucht. »Augenblicke, mein Gott! Es gibt Augenblicke der Freude und Augenblicke des Schreckens!« Besorgt fährt er mit der Zunge seine Zahnreihen entlang, erst unten, dann oben. Alles fest, vorbildlich. Und er versucht, unbemerkt am Monitor vorbeizuschauen, ob sie nicht doch um eine

Spur wirklicher existiert, doch da ist nur die schwarze Leere.

Seema lacht. »Du Zweifler! Ich wohne doch nur in deinem Kopf. Innenpolitik des Selbst.« Und er spürt in sanfter Berührung das Schwert auf seiner Schulter. Dann setzt sie nach: »Alles unübersichtlich? Das sind nur Illusionen. Es ist viel einfacher. Nur du allein bist wirklich. Dann löst sich alles auf. Bist du deinem Grundsatz untreu geworden?«

»Ich habe nie wirklich an ihn geglaubt, es war nur eine Spielerei. Ein Versuch vielleicht auch, einer mit dir.«

»Schade, das ist ein bisschen wenig. Ich dachte, du hättest mich in deinen Augenblick aufgenommen, unauslöschlich. Das Bild, das hast du noch, das aus dem *Café des Illusions*? Und als wir singend durch die Stadt zogen …«

»Ja, damals schon«, unterbricht er sie. »Das war wirklich Leidenschaft. Aber dann bist du gegangen. Ich musste mich dann ja um alles kümmern. Schau doch nur«, und er deutet auf die Zelluloidschlangen. »Hier gibt es ein Vorher und ein Nachher, hier hat man Verantwortung, verstehst du? Da geht es auch um die anderen. Was ist mit der ganzen Kette von Schuld und Gewissen?«

»Oh, der Moralist. Also gut: Du sprichst mein Schweigen an. Nun, es war eine Probe.«

»Eine Probe?« Er legt sich das Wort auf die Zunge. Es schmeckt dumpf und modrig, im Anlaut spuckt man es heraus. Es ist das Gegenwort zu Liebe, das sich süß und cremig anfühlt, das aus- und einströmt über den Labial.

»Wie grausam du sein kannst!« Er kneift die Augen, um sie besser zu sehen auf dem kleinen Monitor. Dann nickt er seinem Urteil hinterher. Kalt und unnahbar steht sie dort, schön und hart wie Glas.

»Jannik, es geht nicht um Moral. Es geht um Energie, um Durchsetzung, um Macht und Männlichkeit.«

Jannik nickt stumm. Er hat es immer schon geahnt, dass es so um sie stünde. Von Anfang an, damals, nach der allerersten Philosophiestunde. Er zieht mutlos die Schultern. Da lässt sich nichts machen, das sind halt so Schimpansengeschichten.

»Ich prüfe«, setzt sie hinzu. »Du prüfst, er-sie-es prüft, wir alle prüfen in Ewigkeit Amen.«

Seema legt ihr Schwert zur Seite und greift mit der freien Hand nach den Waagschalen. Erst beschwert sie die linke, dann die rechte Schale, in heftigem Schaukeln pendeln sie um ein gemeinsames Gleichgewicht. Jannik blickt angestrengt, doch erkennen kann er nur Flecken auf dem Monitor. Mit dem Zoom holt er die zwei Figuren heran, im kleinen Ausschnitt tanzen sie unruhig auf und nieder wie verblasene Blätter im November. »Aber das sind ja wir!«, stößt er erstaunt hervor. Er trägt seine schwarze Lederjacke, sie eine zartrosa Bluse.

»Im Gleichgewicht«, flüstert er mit Erstaunen, in das sich auch Erleichterung mischt.

»Du prüfst also auch.«

»Nein, ich betrachte nur.«

»Es gibt keine Wahrnehmung ohne Urteil«, weist Seema ihn streng zurecht. »Und überhaupt: das hier betrifft nur das Körperliche. Moment, das haben wir gleich.«

Die Waage bewegt sich heftig und gerät aus dem Blickfeld. Dann konturiert sich das Bild, der Autofokus summt und schärft auf die Waagschalen ein. Auf der linken wuseln Gestalten hin und her, es fällt ihm nicht leicht, sie zu identifizieren bei der heftigen Bewegung des Bildes. Aber doch, dort sind Seemas Eltern, daneben gestikulieren Sharma, Myerbeer und Kerstin über ein Argument. Jannik sucht die andere Schale, die er sehr viel weiter oben findet. Dort liegt seine Mutter auf dem Sofa in der Mittagsruhe.

»Kein Wunder, fünf gegen eine«, protestiert er schwach und

ohne Überzeugung. Seema kichert spöttisch: »Es geht hier nicht um Quantität!«

»Ich weiß«, flüstert Jannik beschämt. »Trotzdem, du bist unfair in der Auswahl«, setzt er nach.

»Sag ich doch, du urteilst schon wieder. Urteilen heißt prüfen. Aber lassen wir das. Wie steht es um Gefühle?«

»Ich?« Ein elektrischer Schlag zuckt durch seinen Kopf. Hellwach ist er plötzlich in seinem Traum. »Ich … ich glaube, ich bin in dich ein wenig verliebt …« Ein wenig klemmt es bei seinem Geständnis, er hätte sich einen besseren Moment gewünscht dafür. Einen freieren, heiteren, einen bei hellem Tageslicht.

»Ein wenig Glauben ist zu wenig. Schade. Schade um uns. Aber das reicht nicht. Da ist zu wenig im Gleichgewicht.«

Sie lässt die Waage schwingen, lässig und herablassend und in demonstrativer Langeweile. Eine orangerote Flut stürzt aus geöffneten Schleusen hinter seiner Stirn herab, schießt über die Augen und reißt Seema in die Tiefe. Stumm wütet Jannik gegen die Selbstgerechtigkeit, die ihm widerfährt. Worte, wenn er sie denn fände, würden alles nur noch auswegloser machen. Doch einfach hinnehmen, das wäre ebenso kläglich. Er steckt in einer unrettbaren Sackgasse, da führt kein Weg hinaus. Eng wird es ihm ums Herz, es braust in seinem Kopf, er nimmt die Hand vom Kameragriff und hält sich beide Ohren. Das schafft Erleichterung, das Rauschen, so scheint ihm, kommt von draußen, aber was ist hier noch wo und was? Alles, alles steht Kopf, auch das Warum und das Wozu.

»Seema!«

Still ist der Monitor ins Dunkel gefallen. Jannik ist allein. Er ruft noch einmal und dann ein letztes Mal. Zur Antwort bekommt er nur das anschwellende Brausen, aus dem jetzt immer deutlicher das Geräusch fließenden Wassers hervortritt. Es plätschert und gurgelt, er steht mit beiden Füßen in einem sprudelnden Bach. Erschreckt watet er einige Schritte seitwärts, doch das Wasser folgt ihm auf dem Fuß, wie gelenkt von einem Willen. Langsam steigt es höher, schon überflutet es seine Waden, dann reicht es an das Knie. Jannik stolpert vorwärts und seitwärts in einem steinigen Bachbett. Silbern glitzert das Wasser im Dunkel, das von einer Nacht herkommen mag oder aus noch tieferen Kavernen der Zeit. Es quirlt um seine Schenkel, Jannik kämpft um Balance, er greift in das haltlose Wasser und ein Streifen Zelluloid schlingt sich um seine Hand. Verzweifelt sucht er Stand, er bohrt seine Schuhe in den Kies und stemmt sich mühsam gegen den reißenden Strom. Dann hält er sich den Filmschnipsel vor die Augen. Ein fluoreszierender Bilderstreifen leuchtet ihm entgegen, tanzende Bilder einer jungen Frau in weißem Gewand. Jannik zittert am ganzen Körper, ihn ergreift Panik, das Wasser reicht ihm bis zum Bauch. Eine Welle wirft ihn aus dem Gleichgewicht, der Strom reißt ihn fort und das Wasser schlägt über seinem Kopf zusammen. Es wird still um ihn herum, er treibt im kochenden Strom, seine Augen zur Schwärze hin geöffnet. Dann wird es plötzlich hell, und er fällt mit dem tosenden Wasser in die Tiefe.

Der Überfall oder: Die Humanität ist so dünn wie die Schale eines Apfels

Es muss alles ganz schnell gegangen sein. Zum überlegten Handeln war keine Zeit mehr geblieben. Urplötzlich war das unkontrollierbare Andere in Janniks Leben eingefallen. Und dort hinterlässt es eine bleibende Spur.

Sie waren von Lutter & Wegner am Gendarmenmarkt aufgebrochen, als sich der Abend zunehmend erschöpfte. Der Vater hatte dorthin eingeladen, um den Abschluss des Workshops mit Overbeck in kleinem Kreis zu feiern. Nach der Sonntagsmatinée hatte tags darauf der Philosoph im Kreis der Redaktionskollegen zur Form zurückgefunden, unter seiner tatkräftigen und geschickten Moderation hatte man gemeinsam einen Fragebogen erstellt für die geplanten Umfragen. Gut durchdacht im Aufbau und facettenreich in der Ausrichtung trug er Overbecks Handschrift, der Philosoph hatte sich mächtig ins Zeug gelegt, um das schlechte Bild vom Vortag vergessen zu machen. So war im Großen und Ganzen Janniks Eindruck. Sein Vater konnte zufrieden sein, ja mehr als das. Der Fragebogen, der stand nun, ein gutes Resultat am Ende, und nun schaukelten sie alle in der U-Bahn Richtung Gendarmenmarkt, alle Teilnehmer des Workshops, Carlos war auf besonderen Wunsch Janniks noch dazugestoßen.

Als sie die Treppen aus der U-Bahn-Station Stadtmitte hinaufstiegen, erinnerte sich Jannik an die Szene, als die Matinée zu entgleisen drohte. Er sah sie noch einmal vor sich, die Quotendebatte, Overbecks unglückliche Figur dabei, dann die Einwände von Andreas Brandes und Mario Feldhoff und auch Carlos' theatralischen Auftritt. Die These von den beiden Rationalitäten hatte ihm einen bleibenden Eindruck hinterlassen, auch wenn er sich eingestehen musste, sie nicht wirklich verstanden zu haben. Aber sie klang gut, da war Musik drin, und ein wenig geheimnisvoll war sie ja schließlich auch. Zwar hatte Overbeck während der Matinée mit einigen Ruderbewegungen sein Schiff aus der Gefahrenzone in ruhigeres Wasser bringen können, aber eine Antwort auf die kritischen Einwürfe, die war er schuldig geblieben. Jannik meinte zu spüren, dass Overbeck seinen Patzern immer noch gram war, jetzt, wo sie am langen Holztisch beim Essen saßen. Er wandte er sich an Overbeck mit der Idee, das Problem der beiden Rationalitäten ließe sich vielleicht entschärfen, wenn man die Gerechtigkeit als eine, wie er sagte, Herzensangelegenheit betrachten würde. Also stärker vom Subjektiven her, und von dort aus auf das Gesellschaftliche hin, ob er, Overbeck, verstehe, was er meine? Overbeck hatte gequält gelächelt, er verstehe, das sei Aristoteles, doch dann ließ er sich bereitwillig von Janniks Vater okkupieren. Überhaupt machte Overbeck während des ganzen Abends einen angezählten Eindruck. Die Matinée spukte anscheinend immer noch in ihm. Aber vielleicht, dachte Jannik mit einer jugendlichen Überheblichkeit, die ihn manchmal befiel, vielleicht war Overbeck auch ein gesellschaftlicher Langweiler. Und so war er sofort dabei, als Carlos ihm flüsternd den Vorschlag machte, die Edelkaschemme, wie er sich abfällig über das feine Lokal äußerte, mit einem Schauplatz des Lebens zu vertauschen. Es ging auf 22 Uhr zu, es sei höchste Zeit, aufzubrechen. Sie wollten in den Görlitzer Park, Leute schauen, da sei immer was los. Feuer, Bier und ganz gewiss auch ein bisschen Dope.

»Dass du mitarbeiten wirst nach deinem Rundumschlag gegen das Zeitungsprojekt, das wundert mich schon ein wenig«, wandte sich Jannik an Carlos, als sie die U-Bahn bestiegen. Der Guerillero grinste verlegen.

»Es schadet nie, ein paar Peseten zu verdienen. An meinem Standpunkt ändert das gar nichts. Muss meine Cora unterstützen. Es kommt auf das persönliche Engagement an und nicht auf die großen Sprüche.« Jannik unterdrückte ein Grinsen, stattdessen zeigte er sich artig beeindruckt. Zärtlich ergriff Carlos Coras Hand. Jannik lächelte beide an, die ihm gegenüber auf der Bank saßen.

»Du verbürgerst, Carlos! Bausparvertrag, Lebensversicherung …« Jannik konnte sich die Bemerkung nicht verkneifen, legte in sie aber eine unüberhörbare Portion Sympathie hinein.

»Sag mal Bimbo, bist du nicht falsch hier? Solltest du um diese Uhrzeit nicht vor deiner Buschhütte trommeln?«

Jannik fuhr herum. Im hinteren Teil des Waggons hatten sich vier Männer vor einem Schwarzen aufgebaut.

»Was stinkt hier denn so? Ist ja nicht zum Aushalten!« Ein rohes Lachen kollerte durch den Waggon.

»Sag mal Kakaogesicht, was stinkt hier bloß so? Hast du dich heute etwa nicht gewaschen?« Der Afrikaner, ein großer, schlanker Typ Student aus reichem Elternhaus, starrte unbewegt am Provokateur vorbei, ein untersetzter sonnenbebrillter Kahlkopf mit schwarzer Kapuzenjacke. Ein Kraftpaket.

»Er verweigert uns die Antwort!«, stichelte der zweite. Er gab den Vasallen, korpulenter Jugendlicher in dunkelgrüner Bomberjacke, etwa in Janniks Alter.

»Oh wie bös, wie bös. Wie unhöflich, Neger. Sind wir die Treppe raufgefallen und sind wir nun ganz von oben herab?«

»Er beleidigt uns, Mani. Ich glaube, wir müssen da mal was richtigstellen hier.«

»Wir wollen ihm doch helfen«, sagte der Kahlkopf in süßlicher Liebenswürdigkeit, zog die Nase hoch, sammelte Schleim im Rachen und spuckte dem Afrikaner unversehens auf die Hose. »Hast in die Hose gebullert, Nigger?« Und mit lauter Stimme rief er durch den Wagen: »Hat jemand hier zufällig eine Windel dabei? Keine Mütter um die Uhrzeit?« Und er wandte sich wieder seinem Opfer zu. »Also, dann zieh dir mal die Hose runter. Windel!«, rief er über die Schulter.

»Isch mus aussteigen hier meine Staziou.«

»Nun mal langsam, Bimbo, lehnst du unsere Hilfe ab? Wie undankbar!« Jannik hörte einen klatschenden Schlag.

»Hört mal, Bimbo kann sogar sprechen! Weshalb aber antwortet er nicht? Weil zu feige? Bist du feige, Mann? Großer Schwanz, aber sonst nix los! Lass mal sehen!« In das alkoholisierte Lachen mischten sich zwei weitere Schläge, der Afrikaner stieß einen erstickten Schrei aus.

»Hey Mani, ist videoüberwacht hier.« Einer der vier legte seine Hand beruhigend auf die Schulter des Untersetzten. Der schüttelte ihn unwirsch ab und trat dem Schwarzen hart an das Bein. Der Afrikaner stöhnte laut auf vor Schmerz.

Janniks Herz schlug ihm bis zum Hals. Die Passagiere starrten unbeteiligt vor sich hin, ihre Körper schaukelten kraftlos im schlingernden Zug.

»Carlos, wir müssen was tun!«, zischte Jannik. Der hielt Coras Hand und stierte mit leerem Blick auf den Boden. Cora zog an seinem Arm, als wollte sie ihn aufwecken. »Carlos!«, rief sie leise. Carlos hob die Augen und sah ihr flehend ins Gesicht. Jannik erblickte nackte Angst. Er warf auffordernd seinen Kopf in Richtung Waggonheck. Carlos wich ihm aus und konzentrierte sich auf die graue Maserung des Linoleums auf dem Boden. Carlos, der große Straßenkämpfer, der Herr und Meister seiner Lustsklavin, was für eine jämmerliche Figur!, empörte es sich in Jannik. Seine Entrüstung stieg empor aus den Tiefen seiner moralischen Empfindungen und ergoss sich gleichermaßen über Carlos' Feigheit wie über die vier Schlägertypen. Mit einem Mal strömte Kraft durch Janniks Körper und irgendetwas sagte in ihm, dass hier noch gar nichts entschieden sei. Er stand auf und drehte sich zu den Rowdys um.

»Komm Carlos!«, rief Jannik und mit fester Stimme wandte er sich an die Passagiere: »Das können wir hier nicht zulassen. Das geht einfach nicht. Ich brauche jetzt eure Unterstützung. Wir sind viele, wenn wir jetzt zusammenstehen. Und das werden wir jetzt auch machen. Und jemand rufe die 112. Los jetzt!« Und schnell warf er einigen ein paar auffordernde Blicke in verschlossene Gesichter zu. Die Mitfahrenden schaukelten stumm und stoffwechselten ihre Angst.

»Misch dich da nicht ein, Alter, sonst kannst du dich im Spiegel morgen nicht wiedererkennen!« Der korpulente Jugendliche in der Bomberjacke drohte Jannik mit seiner Bierflasche. Er machte einen Schritt auf ihn zu und hieb mit einer plötzlichen Bewegung auf ein metallenes Stützrohr ein. Es gab einen hellen Schlag, dann ein Splittern, Jannik sah den abgebrochenen Flaschenhals in der Hand.

»Carlos!«, rief Jannik mit gellender Stimme. Er wich in den Türbereich des Wagens zurück. Die Bomberjacke folgte ihm mit schwankenden Schritten, seine Bewegungen waren langsam und schleppend, er war offenkundig schwer betrunken. Da erkannte Jannik seine Chance. Eine archaische Lust auf Gewalt stieg in ihm auf und drängte jegliche Angst zurück, er stand hinter der Haltestange und umgriff sie fest, eine Hand über der anderen, die Beine sprungbereit in elastischem Schritt. Die Geräusche um ihn herum versanken in Stille, sein Kopf war wie in Watte getaucht, er hörte sein eigenes Blut strömen. Sirr, sirr, pulsierte es in den Ohren, darüber ein zarter Pfeifton, stumm und leer der Verstand. Die Zeit hatte aufgehört zu fließen und war in eine Mulde geronnen, in der alle Empfindungen ein großes Zugleich bildeten: Er spürte die Füße, wie sie auf dem Boden standen. Das Metall in seinen Händen. Die Oberarme, wie sie aus den Schultern ragten, die Beine mit ihrer Beuge. Die angespannten Muskelstränge quer über seinen Rücken, die straffen Halssehnen. In diesem Moment gab es nur ihn, ihn allein, er sah nur noch die schaukelnden Schritte und den rudernden Arm, mit dem sich die Bomberjacke auf den Fahrgästen abstützte, er sah den Flaschenhals in der anderen Hand. Alles ereignete sich in einem langsam schreitenden Jetzt.

Jannik hatte einen Rubikon überschritten, alles in ihm war eine Konzentration auf den richtigen Augenblick. Er würde seinen Gegner mit einem Sprung, Füße voran, attackieren.

»Kümmert euch um Bimbo!« Der Kahlkopf folgte der Bomberjacke. Die beiden anderen standen unschlüssig vor dem Afrikaner und beobachteten das Geschehen. Jannik sammelte sich zum Sprung, sein Angriff müsste erfolgen, solange sich der Widersacher noch zwischen den Sitzreihen befand, die, voll besetzt von willenlos schwankenden Marionetten, längs der Fahrtrichtung ihm den Raum beengten. Plötzlich stolperte der Kahle und brüllte wütend auf. Carlos hatte ihm ein Bein gestellt und ihn mit einem weiteren Tritt gegen das Knie auf die gegenüberliegende Bank gestoßen, wo er auf eine füllige Dame fiel. Dort riss er beide Hände schützend vor seine Augen und grunzte heulend auf. Cora hielt eine Dose Pfefferspray in ihren zitternden Händen. Die Bomberjacke hielt inne und drehte sich um. Da griffen die Bremsen kreischend in die Räder, die Bahn fuhr in den nächsten Bahnhof ein, Janniks Angreifer taumelte nach vorn. Jannik schwang sich ihm mit einem Satz entgegen, die Hände noch an der Stange, die Beine vorneweg, dann ließ er los und sprang ihn an. Er traf ihn mit dem einem Schuh an der Schulter, mit dem anderen Fuß trat er ihm voll in die Stirn.

Der Schmerz einer harten Landung fuhr ihm erst später in den Ellbogen, als er sich auf dem Bahnsteig in einem aufgebrachten Pulk wiederfand. Vier junge Männer knieten auf der Bomberjacke und dem Kahlen und hielten sie in Schach. Die Machtverhältnisse im U-Bahn-Waggon waren augenblicklich gekippt, aus dem teilnahmslosen Teig der Fahrgäste waren vier Männer zu solidarischem Leben erwacht, sie waren über die beiden Rädelsführer hergefallen und hatten sie unter Fußtritten aus dem Waggon geschleift. Und nun standen Jannik,

Carlos und Cora im brodelnden Kessel aufgeregter Stimmen, die sich darin wiederholten, Täter und Opfer zu identifizieren. Die Bahn stand noch immer mit geöffneten Türen, man telefonierte eifrig oder hielt die Handys zum Filmen und Fotografieren hinein in den Aufruhr. »Polizei, holt die Polizei!«, »mehr Wachpersonal«, »ein Arzt muss her, der blutet ja«, die Angststummen waren in die Kommunikationsgemeinschaft zurückgekehrt und überboten sich gegenseitig mit klugen Ratschlägen und wüsten Beschimpfungen. Vereinzelt trat auch mal ein erregter Fuß gegen die Übeltäter, die benommen am Boden lagen, der eine stark aus der Nase blutend, der andere mit einem beißenden Tränenfluss kämpfend. Man verschaffte sich Luft. Zwei der Kumpane waren auf und davon.

Jannik widerte der allgemeine Triumph an, mit dem die engagierten Fahrgäste den Sieg über das Böse feierten. Der Afrikaner war auf ihn zugegangen und schüttelte ihm die Hand. Jannik legte ihm die andere Hand auf die Schulter zur verkürzten Umarmung.

»Das war ssehr sstark von Ihnen«, sagte der Afrikaner in französischen Akzent. »Mutisch, vielen Dank dafür. Sie sind ein Mänsch. Sie und Ihre Freunde da.«

Er wies mit dem Arm zu Carlos und Cora, die umringt waren von einer Menschentraube. Dann drängte er hinüber zum Pulk, und mit einer Handbewegung bat er Jannik, ihm zu folgen. Jannik schüttelte schwach den Kopf, er rutschte in ein anderes Universum. Wie durch Milchglas sah er Cora, die ihre Pfefferspraydose den Umstehenden herumzeigte mit unverhohlenem Stolz. Er sah Carlos, in dessen Miene die herablassende Selbstüberheblichkeit zurückgekehrt war, die Jannik an den Abend bei Cora erinnerte. Er war wieder Herr der Dinge, mit großen Gesten feierte er sein Heldentum, seine Augen verrieten nichts mehr von der flimmernden Angst, die

Janniks Entscheidung ausgelöst hatte. Jannik stand abseits und plötzlich zitterte er am ganzen Körper. Er sah sich noch einmal vor der Bomberjacke zurückweichen, er spürte den kristallinkalten Moment, als er ganz allein auf sich zurückgeworfen war.

Er allein ist jetzt wirklich. So jedenfalls erlebt er sich in der Welt des beleuchteten U-Bahnhofs, wo nun vier Polizisten eingetroffen sind und gerade die Personalien von Zeugen und Tätern aufnehmen. Der verwaltungstechnische Ablauf nimmt seinen Gang, er protokolliert die Störung im Schritt der Stadt und rastet die Wirklichkeit wieder in ihren verlässlichen Rahmen ein. Jannik ist es, als falle er erst jetzt in das schwarze Loch, das sich gerade aufgetan hatte und in dem andere Schwerkräfte wirken, kaum vermag er es, den Polizisten seine Version der Ereignisse zu schildern. Diffuse Bilder und Gedanken driften durch sein Gemüt, kurze Leuchtfeuer, die alsbald wieder verlöschen. Er holt den Schrecken nach, die Angst um Leib und Leben. Jetzt, nachdem alles vorbei ist, springt sie ihn an. Im Klima der Angst ist die Welt unheimlich. Die Angst, sie löst das Feste auf, sie bringt die Welt ins Schwanken. Die Angst vernichtet alle Werte, dünn wie die Schale eines Apfels ist die Humanität. Das alles wird ihm mehr oder weniger deutlich durch Kopf und Leib schwirren, und blitzhaft mag ihm dabei auch kurz die These von den zwei Rationalitäten aufflackern in verwackelter Kontur. Es wird ihm schaudern vor dem dünnen Eis, über das er gelaufen ist. Hätten sich Carlos und Cora nicht aus ihrer Erstarrung befreit, hätte Cora kein Spray bereitgehalten, hätte, hätte und noch einmal hätte. Erst jetzt gewinnen die Konditionalketten ihre Macht über Janniks Verstand zurück, seine moralische Empörung hatte sie für einen entscheidenden Augenblick ausgehebelt. In ihnen spiegelt sich noch einmal Carlos' Blick mit der lodernden Angst darin. Jetzt erst begreift er, was Angst alles in Sekundenschnelle verbrennen kann: Überzeugungen, Bürgersinn, Selbstachtung. Doch dann hatte Carlos ja eingegriffen, und das letztlich zählt. In plötzlicher Regung muss er seiner inneren Vereisung das gestreckte Bein abgetrotzt haben. Vielleicht war er nur Coras Hand gefolgt, die das Spray aus der Jackentasche zog, vielleicht aber hatte der Angriff Cora und Carlos zu einer einzigen handelnden Person verschmolzen in einer Art traumwandlerischem Zusammenspiel. Carlos jedenfalls kämpft ein paar Schritte weiter für die heroischen Bilder, dort vor den Schaulustigen zeichnet er sie mit lebhaftem Einsatz seiner Hände. Cora reicht die Pfefferspraydose herum, zusammen ergeben sie ein Paar mit dem abenteuerlich-romantischen Duft von Bonny & Clyde: Carlos mit seinem fettigen Rattenschwanz über der abgestoßenen Lederjacke, Cora in türkisgrünem Minirock über schwarzen Leggins und einem breitkrempigen Hut auf dem Kopf.

Jannik mochte sie beide. Mit seinem Fußtritt war auch Carlos in Janniks Sympathiekreis eingerückt. Zu Cora verband ihn etwas seit der ersten Begegnung. Er konnte sich an ihr wie eine größere Schwester anlehnen, trotz oder gar wegen ihrer plaudernden Naivität. Eine größere Schwester und ja, dachte Jannik, Carlos ist ein guter Partner für sie. Er spürte eine Gemeinschaft mit ihnen. Und plötzlich tauchte der gestrige Traum vor ihm auf.

Ein seltsamer Fluss ergriff Jannik und nahm ihn mit, ein seliger Fluss der Zuversicht. Es war dasselbe Weltvertrauen, das ihn erfüllt hatte, als er sich in der U-Bahn zur Gegenwehr entschloss. Als er die Hände an der Metallstange hielt. Nun aber, wo Jannik immer noch beiseitesteht im Bahnhof, nun schwemmt die Zuversicht noch über andere Landschaften hinweg. Es ist gut, zu leben, ein berauschendes Gefühl durchströmte ihn. Stromeintritt, schoss es ihm durch den Kopf.

Glaube darf nicht eine Stunde alt sein

»Kannst du mir bitte den Koffer …« Schwer schnaufend erstarb ihr die Bitte im Brustkorb, sie deutete auf die Gepäckablage. Jannik wuchtete den Koffer hinauf. Sie dankte ihm mit
einem koketten Augenaufschlag, der aus ihrem rotfleckigen
Gesicht heraussprang. Sie war wohl hoch in den Siebzigern, ihr
runzliges Gesicht schnitt ein Lächeln, das ebenfalls ein halbes
Leben jünger war. Ein fröhliches Jugendlächeln, glatt, arglos,
mit gewitzten Grübchen neben den knitterigen Mundwinkeln.
Ein schneller Scan, dann wandte sich Jannik wieder seinem
Notizbuch zu.

Er wollte Clarisse auf der Bahnfahrt einen längeren Brief
schreiben und von seinen Berliner Erlebnissen berichten. Er
wollte zurück zur alten, generationengemäßen Rollenvertei-
lung, mit keinem Wort würde er ihren desolaten Zustand an-
sprechen. Er wollte einfach erzählen. Davon, was er erlebt hatte
in Berlin. Nein, nichts vom Überfall, nicht noch mehr Chaos
in Clarisses seelischer Wirrnis. Er vertrieb das neonfahle Bild.
Da tauchte am Rand seines Wahrnehmungsfeldes der andere
Überfall auf, die chirurgischen Schläge auf Overbeck. Schläge,
Schnitte, sie hatten sich ja regelrecht auf Overbeck gestürzt.
Ein wirkliches Urteil hatte Jannik nicht über ihn. Die Matinée war ihm entgleist. Jannik konnte einfach nicht verstehen,
weshalb Overbeck in die Quotenfalle getappt war. Zwar hatte
er nach den Interventionen wieder zum Thema zurückfinden
können. Am Ende hatte man applaudiert, Mann und Frau. Die
Gäste konnten mit dem Gefühl nach Hause gehen, bei einem
anspruchsvollen zivilgesellschaftlichen Ereignis dabei gewesen
zu sein. Herr Brandes und sein Freund hatten sich auffallend

zurückgehalten in dieser Phase, was es für Overbeck leichter machte, seine Autorität zurückzugewinnen. Beide hatten sich eigentlich unmöglich benommen, wie ein heller Lichtstrahl traf es ihn. Die gerade noch bewunderte Theorie der zwei Rationalitäten verlor an Glanz. Vielleicht ist an ihr gar nicht so viel dran, erwog er ernsthaft. Aber was, so unterbrach er sich, was davon in die Mail zu Clarisse?

Sein Blick griff in die vorbeieilende Landschaft, Baumblattwerk huschte vorbei. Dann öffnete sich wieder ein Feld, schmiegte sich an den Waggon an und wurde von dem nächsten Wäldchen davongeblasen. Jannik suchte am Zugfenster des schnellen ICE nach einem einheitlichen Gefühl, das die Zeit in Berlin erfüllte und was ihn getragen hatte all die Tage. Von dort aus würde er seinen Absprung suchen in den Brief hinein, er müsste nur das richtige Klima finden, dann könnte er beginnen und sein ›Trümmerfeld Clarisse‹ aufräumen. Jannik horchte in sich hinein, aber da kam nichts, auf was er hätte aufsatteln können.

Jannik musterte weitere mögliche Einstiegspunkte. Da war der Vater. Der hatte ihn am Hauptbahnhof herzlich verabschiedet, mit einem Ticket samt Sitzplatzreservierung in der Hand. Die Zeit mit ihm war … ja sie war richtig gut gewesen. Der Vater war ihm nicht zu dicht auf den Pelz gerückt mit Vater-Sohn-Gefühligem. Er war fern genug geblieben, dachte Jannik erleichtert, und dabei doch … Er konnte sein Gefühl nicht zum Gedanken formen und ließ erneut los. Eine menschenleere Weite flog am Zugfenster vorbei, Felder, dann und wann durchbrochen von buschhohen Bäumen, die sofort den Blick wieder freigaben für den nächsten herbstlichen Landschaftsraum.

Nein, riss sich Jannik zurück, der Vater war kein gutes Thema für Clarisse. Vermintes Gelände. Von der abgefahrenen

Berliner Szene? Cora und Carlos, das wäre heikel, er selbst stocherte ja nur in Vermutungen. Nein, geht gar nicht. Cora war seine große, alberne, naive und mutige Schwester. »Carlos bedankt sich bei dir«, hatte Cora ihm heute Morgen am Telefon noch zugeflüstert. – »Wofür?«

– »Du weißt schon. Es ist ein großes Kompliment, er kann es nur nicht so sagen. Da steht ihm was im Wege.« »Du bist eine kleine Löwin«, hatte er noch gesagt, bevor er auflegte.

Und plötzlich stand sie vor ihm, eine Szene aus dem wirren Traum vorletzte Nacht. Carlos und Clarisse. Beide hatten sich gefunden, Carlos strich ihr schützend über die Haare. In seiner Traumerinnerung amüsierte sich Jannik mehr über den kleinen Schülertisch, unter den sie ihre Beine klemmten, als dass ihn das Tête-à-Tête beider verwundert hätte. In seinen Halbgedanken streunte er zur nächsten Station: Clarisses Silser Brief. Der Brief verströmte den strengen Duft einer Ziege. Jannik rümpfte die Nase. Ja, so riecht Clarisse, dachte Jannik. Ihre Philosophie der Stärke, prophetisch vorgetragen, dicke Tinte. Alles verbale Hochstapelei, aber echt und authentisch, Ziege und … heldenhaft. Aber anders als Cora. Die sprayt, das könnte Clarisse nie im Leben. Kein Heldentum der mutigen Tat, eher eine Sache des Lebensstils. Der riskante Weg, die exzentrische Bahn, und ihm war, als sehe er Pflaster und Biegungen in halsbrecherisch steiler Gebirgslandschaft. Es war ganz deutlich, er sah Verzweigungen im Gelände Clarisses, er sah ihren Willen, ihre verstöpselte Wut, ihren angespannten Sprung, er sah ihre gepressten Lippen. Mit einem Mal sorgte er sich um sie. Das war neu, das kannte er noch nicht.

»Aller Anfang ist schwer, nicht wahr, mein Junge?« Jannik hob die Augen von seinem Notizbuch. Er warf der alten Dame gegenüber am Tisch einen Blick zu, abweisend war er, noch verschlossen von seinen sorgenden Gedanken.

»Vor allem, wenn man so in der Zeit steckt wie du.« Mit einem runzligen Nicken bekräftigte sie.

Jannik zog die Stirn kraus. Er wusste nicht, woran er mit ihr war.

»Und Sie, Sie haben ein anderes Verhältnis zur Zeit?«, fragte Jannik mit einer jugendlichen Überheblichkeit, die dazu neigt, das hohe Alter nicht mehr so recht ernst zu nehmen. Ein bisschen Nachsicht, ein bisschen Spott.

»Mein Gott, ich bin eine alte Frau! Vom Ende her sehen die Linien des Lebens viel einfacher aus, glaub mir das.«

Jannik klappte das Notizbuch zu, den Stift zwischen die Seiten geklemmt. Sie hatte Recht, er hatte sich mit seinem Vorsatz, Clarisse zu schreiben, heillos verheddert in den Schleifen der Zeit. Berlin und die Rückkehr in sein Städtchen, das war doch die Achse. Sie häkelte an einer Spitzenserviette, eine Szene, die Jannik bisher nur aus alten Filmen kannte. Und tatsächlich schien sie von dort entsprungen zu sein mit ihrem zerfurchten Gesicht, aus dem zwei Augen ihn jetzt in einer Tiefe musterten, dass ihm ein wenig unheimlich wurde. Er wandte sich ab und verlor sich wieder in der Landschaft draußen. Dort war es hügeliger geworden und dichter besiedelt. Sie hatten die norddeutsche Tiefebene hinter sich gelassen, den flachgescheuerten Grund der Eiszeitgletscher.

»Konzentriere dich nur auf das, was gerade in dir spricht.«

Jannik sprang über die Landschaft, durch die der Zug mit hoher Geschwindigkeit eilte. Hüpfte über die Bergzüge mit ihren schwarzen Baumkuppen oder griff sich einen Kirchturm, der ins Bild wanderte.

»Hast du's?«

Jannik nickte.

»Wie heißt sie denn?«

»Seema«, flüsterte Jannik wie in Trance. Sie schürzte ihre

Lippen und zeichnete Denkfalten in ihre behaarte Mund-
partie.

»Nur das ist wirklich. Nur sie – und der Augenblick, in dem
sie in dir lebt.«

»Egal, was kommt?«

»Egal. Nur der Augenblick zählt. Dieser jetzt.«

»Ist das die Wahrheit vom anderen Ende der Zeit?«

Sie lächelte mit einem wehmütigen Anflug und häkelte
dabei flink weiter. Plötzlich verdunkelte sich ihre Miene und
sie schüttelte tadelnd den Kopf.

»Du weichst ihr aus, deiner Seema. Weshalb tust du das?«

»Vielleicht …« Er blieb hängen.

»Du bist dir nicht sicher, stimmt's? Sie ist ein flüchtiger
Vogel, und du hältst dir immer die Hintertüre offen.«

Jannik wollte protestieren, doch sie schnitt ihm ohne auf-
zusehen mit ruhiger Stimme das Wort ab:

»Reg dich nicht auf. Das sagst du dir doch selbst, insgeheim.
Sieh es einfach so, als ob du mit dir selbst sprächst. Ich bin
nicht wirklich, nur du. Da ist Widerstand zwecklos.«

Jannik schwieg. Die Dinge lagen komplizierter zwischen
ihm und Seema, er hätte das richtigstellen können, aber er
musste sich doch nicht vor ihr verteidigen! Überhaupt war es
doch auch egal, irgendwann würde sie aussteigen oder er vor
ihr, dann wäre alles wieder wie vorher. Nur ein paar Sätze wären
gewesen, was soll's? Und dabei dieser Reiz der Anonymität,
man kann sich ausbreiten, wohin man will. Aber bestimmt
blufft sie nur mit ihren Zufallstreffern. Das ist ein Spiel, dachte
er, und weil er mitspielen wollte, fragte er: »Und was raten Sie
mir?«

Mit einem Ruck warf sie ihren Kopf aus der Strickerei und
lachte ihn an. Verhalten im Ton, aber mit blitzenden Augen, sie
riefen förmlich aus dem alten Gesicht heraus. Dunkles, wetter-

gegerbtes Gesicht, aus dem zwei umbuschte Augen unter einer hohen Nase feuerten. Sie stülpte ihren Mund und zog dabei tausend Fältchen, die kerbten sich bis in die Lippen. Jannik lächelte zurück, gebannt von ihrer Erscheinung. Er kippte die Rückenlehne nach hinten.

»Glaube darf nicht eine Stunde alt sein.«

Ihre Augen rollten sich ein wenig ein und verloren ihren stechenden Glanz. Jannik zog die Stirn kraus, er verstand nichts. Er wartete.

»Aufrechter Gang«, setzte sie fort. »Zuversicht. Du weißt, wovon ich spreche?« Jannik nickte.

»Also. Siehst Du, mit ein wenig guten Willen geht es doch! Dann also Seema. Ich kenn sie ja nicht, aber ich sehe, was sein *könnte*. Dass du zu viel zweifelst, das sehe ich. Das steht dir auf der Stirn. Glaubst du, du könntest sie damit begeistern? Nein? Siehst du! Also, dann hab doch einfach Vertrauen in die Welt! Was kann dir schon passieren? Du bist doch noch so jung!«

Wieder nickte er, bewegt wie eine Marionette, willenlos hing er in den Fäden ihrer Sätze. Nichts regte sich in ihm zur Verteidigung, die Schanzen seines Ichs waren unbesetzt.

»Also. Dann spreche ich mal von deinen krausen Gedanken. Auch da wächst zu viel Skeptisches, Überlegtes ins Kraut. Gedanken müssen erregen. Du solltest mehr riskieren. Das find ich in dir. Weißt du, was ich meine?«

Natürlich wusste er. Aber was wusste denn die Alte davon?

»Dann sprich es aus!«, forderte sie. Ihr Gesicht faltete sich ins Strenge.

»Sie meinen Clarisse!«, murmelte Jannik.

Da kam plötzlich Bewegung in die Alte. Ächzend erhob sie sich von ihrem Sitz und schob sich seitwärts am Tisch vorbei in den Gang, wo sie langsam ihren Rücken streckte. Sie deutete auf ihren Koffer.

»Ich muss jetzt aussteigen. Es ist auch eigentlich alles gesagt, mein Junge. Den Rest kannst du dir ergänzen.« Sie wich
seinen Augen aus. Mit einem Mal sah Jannik eine andere
Person. Scheu war sie und gebrechlich, gedrückt von einem zu
schweren Körper. Jannik stand auf, er half ihr zur Tür, sie war
nicht sicher auf den Beinen jetzt, wo der Zug abbremste und
über die Weichen schaukelte.

Als Jannik sich wieder in seinen Sessel gelümmelt hatte, sah er gedankenverloren durch das Fenster und ließ die
Augen streifen. Bilder quollen hervor, Szenen spulten kurz
ab, alles in schnellem Wechsel. Die Welt hinter dem Fenster
trat in den Hintergrund, die Landschaft verlor ihre Gegen-
ständlichkeit und verfloss zu einem Film, der selbstständig
ablief. Gemischt aus Formen und Farben zu einem Raum.
Willenlos gab er sich der Melodie seiner Seele hin und sah
Seema tanzen in ihrem schillernden T-Shirt, ausgelassen
wippten ihre schwarzen Haare im Takt eines abgegriffenen
Liedes. »Nur wir allein sind wirklich!«, ruft sie ihm zu. »Wir
erfinden uns neu, Glaube darf nicht eine Stunde alt sein,
alles ist möglich, alles, hörst du?!« Dann wieder schien es, als
spräche die Stimme Clarisses aus ihr, und schon war Jannik
bei seiner Tante. Jannik hörte gerade noch das »Ich ziehe
meine exzentrische Bahn …« verklingen, da schwenkte ihm
Herr Brandes ein, Jannik saß mit ihm in der *Schwarzen Pumpe*
auf dem Trottoir. Der war nicht mehr der sanfte Lehrer am
Gymnasium, er war anders geworden, angriffslustiger und …
»unabhängiger«, sagte es in Jannik, aber er spürte zugleich,
dass das Wort nicht gut träfe, und in die Lücke sprang Carlos,
und mit ihm meldete sich gleich auch Cora mit ihrem knappen Rock über ihren schwarzen Leggings. Und der Freund
von Herrn Brandes, und quer durch den Saal zu Vater und
Overbeck. Jeder das Zentrum einer Geschichte, die kurz vor

Janniks Augen aufflackerte und darauf von einer anderen Geschichte überblendet wurde.

Die Lausprecheransage für den nächsten Halt in Frankfurt mit den dortigen Anschlussverbindungen riss ihn aus dem Halbdämmer. Unwillkürlich warf er den Blick hinauf in die Gepäckablage, aber da war kein schwarzer Koffer. Er kniff die Augen. Glaube darf nicht eine Stunde alt sein, hallte es in ihm, und so sehr er sich auch mühte, den Stimmenklang der Greisin zu hören, es gelang ihm nicht. Immer wieder hörte er Clarisses helles Blech.

»Die Einfahrt unseres Zuges nach Frankfurt Hauptbahnhof verzögert sich noch um wenige Minuten, das Gleis vor uns ist noch belegt!«

Jannik schaute auf seine Uhr. Frankfurt, Clarisse. Er könnte … flüchtig überschlug er die Zeit. Er könnte … Hastig griff Jannik sein Telefon und tippte an Seema:

»bin auf dem rückweg aus berlin muss noch kurz bei clarisse vorbei komme aber noch heute abend ciao«

Er stand auf und reihte sich in den Strom der Aussteigenden ein. Auf der Rolltreppe zur U-Bahn holte er sein Telefon aus der Hosentasche. Die Antwort von Seema war schon da. Mit einem Mal pochte sein Herz, der Tiger war erwacht. »ja komm meine eltern sind nicht da kiss u.«

Jannik stolperte über das Ende der Rolltreppe. Eine unsichtbare Hand wühlte in seinen Eingeweiden. Ihm war flau am ganzen Leib. Sein Blick verlor sich im neonbeleuchteten Untergeschoss des Bahnhofs, wo der Menschenstrom sich in die Rolltreppen ergoss, die weiter hinunter auf die U-Bahnsteige führten. Die Passanten flossen an ihm vorbei. Jannik suchte einen Streckenplan und fand ihn an einem massiven Stützpfeiler. Er ruderte quer zum Strom, und als er ankam, zitterte er mit seinem Zeigefinger die U-Bahn-Linie entlang zur Station, wo er aussteigen musste. Zur Beruhigung fuhr er sich mit den Händen durchs Haar. Das war jetzt aber auch alles voll viel auf einmal, sprach er sich zu. Dann schaute er nochmals auf sein Handy. Eine wilde Freude zuckte jäh durch Körper und Synapsen, wie ein elektrischer Stromschlag fuhr es in ihn. Er atmete Welt, aufregend war das, euphorisierend, wie jetzt so vieles zusammenkam und sich um ihn drängte. Ein Netz aus Seema, Clarisse und den Berliner Figuren, ein Netz aus Tigerzukunft und Großstadtdebatten, und dazu noch Frankfurt. Und ich mittendrin, was kann das Leben doch dicht sein, fuhr es ihm durch Kopf und Leib, und elektrisch brannten die Fasern seines Ich.

Clarisses Dämonen oder: Welche Welt zählt?

Mit schnellen Schritten nahm er die Stufen hinauf zur Oberwelt und stand auf der Chaussee. Clarisses Wohnstraße musste von dort abgehen, Jannik setzte sich in Bewegung und ging das Trottoir entlang. Doch dann zögerte er und unschlüssig blieb er schließlich stehen. Was in aller Welt will ich eigentlich hier?

Er fand keine Antwort. Und dann hörte er es wieder: Glaube darf nicht eine Stunde alt sein. Es war die Stimme der Greisin, die in seinem Kopf sprach. Ich will sie einfach mal besuchen, sie gehört mit dazu, bekräftigte er sich. Doch einfach so? Ohne sich vorher anzukündigen? Wer weiß, wo sie sein mag am frühen Nachmittag! Jannik zog sein Handy und rief an.

»Oh, das ist aber schön von dir, ja komm vorbei, du stehst schon auf der Straße? Ja komm rein, das ist aber schön von dir, so einfach eine Stippvisite, spontan sein, heißt frei sein. Es gibt viel zu erzählen, mein Junge.« Clarisse brachte sich blechern, aber flüssig ins Telefon. Es schepperte in Janniks Ohr.

Er betrat eine höhlenartige Wohnung. Clarisse hatte ihn kurz umarmt, Jannik bemerkte einen dezent muffigen Geruch in ihrem Haar. Sie trug einen roséfarbenen Kleidanzug, der ebenso gut ein Pyjama sein konnte. Sie nahm Jannik an der Hand und führte ihn den engen Flur entlang. Die Wände waren mit Stoff behängt, nicht immer schlossen sie exakt aneinander, mitunter konnte Jannik durch einen Spalt die Bücherregale dahinter sehen. Das Wohnzimmer war eine Pracht von blühender Unordnung. Auch hier hatte Clarisse Vorhänge an die Wand gepinnt, um sich in eine Höhle zu flüchten, so ähnlich jedenfalls muss seine erste Bemerkung gewesen sein.

»Wieso zurückziehen? Wie meinst du das?« Ihre Stimme flackerte ein wenig.

»Na ja, ich meine diese Höhle.«

»Diese Höhle …« Clarisse dehnte ihre Stimme und stellte sich ans Fenster. Das dichte Laub eines Baumes filterte das nachmittagshelle Licht, selbst hier auf der dritten Etage. »Diese Höhle ist der Uterus der neuen Gedanken, die die Welt erobern werden, Jannik.«

Und sie nickte ernst dazu. »Das musst du jetzt verstehen, die Zeit ist gekommen.«

»»… die Welt erobern …?«, wiederholte er fragend. Sie nickte ein ernstes Ja.

»O je, Clarisse«, entfuhr es ihm.

»Eben, siehst du? Man muss andersherum, Jannik, man muss die Dinge von oben sehen oder von unten und schon gilt man als verrückt.« Sie verschränkte ihre dünnen Arme hinter ihrem Kopf. Kerzengerade stand sie da in tadelloser Haltung, einen Kopf kleiner als Jannik. Sie war es gewohnt, hinauf zu sprechen zu größeren Menschen, ihre ganze Körperhaltung hatte das angenommen, sie war ein einziges hinaufgewohntes Leben. Das gab ihr auch stets etwas Forderndes, ihre Augen stachen sich dann in den anderen hinein, und mit ihrer Blechstimme schreckte sie gehörig auf und erzwang Aufmerksamkeit.

»Ich erwarte Zarathustra. Und dann öffne ich ihm und bitte ihn herein. Ich *empfange* ihn«, setzte sie mit Nachdruck hinzu und fuhr sich mit ihrer Hand über den Bauch.

Jannik nickte still. Er war ernsthaft besorgt um ihren Zustand, tatsächlich. Sein Blick schweifte über die verstreuten Bücher, manche waren aufgeschlagen oder lagen mit dem Buchrücken zuoberst. Eine Teekanne mit einem nackten Trinkglas auf einem Tablett. CD-Hüllen und Scheiben zu kleinen Türmchen. Er blieb bei einer grauweißen Statue hängen, einer noch im Entstehen begriffenen Skulptur eines Kopfes, aus dessen Gesicht ein Raubvogelschnabel hervorstieß, – soweit Jannik ausmachen konnte.

»Zarathustra!«, rief Clarisse triumphierend aus. Dann ging sie zwei Schritte auf Jannik zu, stellte sich auf ihre Zehenspitzen und flüsterte ihm ins Ohr: »Ich bereite alles vor.«

Jannik wich zurück. Er fühlte sich eigenartig benommen in der seit Tagen und Wochen abgestandenen Höhlenluft. Es roch nach Büchern, nach Stoffen, nach Sofa, Holzfußboden und Abfall, es roch nach einer übervollen Wohnung.

»Hier?« Jannik fuhr mit seiner Hand durch den Raum.

»Ja, hier. Aber ich weiß nicht, wann es geschehen wird. Ich muss mich bereithalten, Tag und Nacht. Vielleicht …« Kokett zog Clarisse die Schultern hoch. »Vielleicht, wenn er kommt, geschieht es auch woanders, später, vielleicht stellt sich erst einmal eine Spur her und ich geh ihn suchen.« Wieder stellte sie sich auf die Zehenspitzen und flüsterte ihm zu:

»Aber ich glaube, ich bin schon ziemlich weit.«

Jannik ergriff ihre beiden Hände und schüttelte sie heftig. »Hey Clarisse! Tante Clarisse!«

Clarisse schwankte einen Moment. Jannik fasste sie fester. Sie schloss die Augen, ein genussvolles Lächeln setzte zu einem zarten Anflug an und entspannte ihr Gesicht.

»Jannik, es wird Zeit, dass etwas geschieht. Ich spüre es am ganzen Leib.«

Er ließ ihre Hände los.

»Clarisse, bei mir hat sich auch viel ereignet …«, warf er ein.

Mit einer Handbewegung hieß sie ihn schweigen. Streng blickte sie hinauf zu ihm, eine Zornesfalte zeigte sich zwischen ihren Brauen.

»Horch! Hörst du das denn nicht?«

Jannik horchte die Höhle aus. Stille. Ein leises Verkehrsrauschen hob sich heraus, ein entferntes Klopfen aus anderer Etage, die helle Stimme eines kleinen Kindes. Sonst nichts. Er schüttelte den Kopf, auch aus Missbilligung über Clarisse.

»Es deutet sich was an!«, rief Clarisse entzückt. »Wir entpuppen uns, wir streifen uns unser Willens-Ich ab. Es kommt eine Zeit herauf, in der wir uns eigentlicher begegnen. Ohne Rollen, ohne Masken. Und dafür …«, Clarisse hob ihre Stimmer empor, »und weißt du, wessen es dafür bedarf?«

Jannik schüttelte den Kopf. Er war benommen von ihrem Diskurs und erwartete etwas völlig Schräges.

»Eines Opfers«, flüsterte Clarisse.

Jannik sah ein, dass mit Vernunft Clarisse nicht beizukommen war. Das bereitete ihm Sorgen, zusätzliche und neue, wo er nun Clarisse leibhaftig vor sich hatte. Es waren bizarre Bilder, in denen Clarisse erschien. Bilder aber auch, die ihn irgendwie berührten, die ihn geheimnisvoll umfingen, die ihn auf eine andere Spur setzten. Er wurde weicher in seiner Abwehr, aber seine Welt, die verließ er nicht.

»Wir leben in keinem Zeitalter des Opfers mehr, Clarisse«, sagte er nicht ohne Strenge.

»Leider, es sind flache Zeiten. Aber …«, sie hob die Stimme, »das wird kommen, das sag ich dir.« Wild fuchtelte Clarisse mit ihrem Zeigefinger vor Janniks Gesicht. »Wenn der Zweifel wächst, wenn die alten Ordnungen ihr Vertrauen verspielt haben. Dann.«

»Was dann?«, fragte Jannik ernst.

Clarisse atmete tief ein und hörbar aus. Mit schräggestelltem Blick von unten musterte sie ihn verblüfft. Dann schnalzte sie mit den Lippen, es klang wie die Aufforderung zum Galopp. Eine Spur der Enttäuschung lag auch darin.

»Dann?!«, rief Clarisse aus. »Dann kommt alles zur Entscheidung, das sag ich dir! Glaub mir. In solchen Dingen bin ich zuverlässig wie ein Barometer.« Sie kicherte über ihren Einfall.

»Aber was dann?«, insistierte Jannik, nun um einige Grade ungeduldiger.

»Ich …« Clarisse stellte sich auf ihre Zehenspitzen, »ich bin ein Medium.«

Sie strahlte ihn an. Dann wiegte sie sich leicht in den Hüften. Total verpeilt, dachte er, aber gut drauf ist sie, viel besser als beim letzten Mal, Donnerwetter. Und dann dachte er an das *Café des Illusions*. An Seemas Bemerkung über *Matrix*. Schließlich hängen wir alle irgendwie drin, dachte er, ein bisschen Krieg muss sein, richtig. Clarisses Matrix war kriegerisch, sehnsuchtsvoll und … Jannik fand das treffende Wort nicht, aber er schmeckte dessen Geschmack schon auf der Zunge. »Infantil«, er erwog es, aber das Gesuchte schmeckte doch anders, hatte mehr Süße, und bevor er weiter suchen konnte, flüsterte sie ihm zischend ins Ohr:

»Und du bist vielleicht auch gefragt. Vielleicht.« Sie trat zurück und verschränkte ihre Arme vor ihrer Mädchenbrust.

»Wenn die Gedanken leibgeboren werden. Verstehst du das?« Sie lachte rau. »Nein, das kannst du nicht verstehen, vielleicht wächst du da noch hinein. Manchmal bin ich mir da sicher, manchmal eher nicht. Jetzt eher nicht, muss ich sagen, wo du so verstockt vor mir stehst. Als gäbe es nicht noch ganz andere Alternativen. Hast du dir das denn noch nie überlegt? Na ja, du bist ja noch jung. Andererseits, die Welt braucht was Junges. Es eilt, wir haben nicht mehr viel Zeit.« Ihre Stimme war ins Schnarren geraten.

»Ich halte mich bereit. Zu allem bereit!«, sagte er belustigt und grinste.

»Du wirst es erleben, es kommt auf dich zu, es *meldet* sich, Jannik. Und dann …« sie stockte.

»… werde ich es ganz cool ergreifen, werde es pflücken, wenn es reif ist.« Sein aufquellendes Lachen riss Clarisse mit sich, sie bog sich lachend hinaufwärts zu ihm. Da war sie wieder, die Tante, in dieser Geste, Jannik erhaschte diesen Moment. Es fühlte sich wunderbar an, es duftete nach alten Zeiten, und dann war da noch etwas, etwas Neues. Clarisse in ihrer Höhle, eine andere Clarisse hinter der Tante. Die es wohl schon immer gegeben hatte, die sich aber vor ihm bislang verborgen gehalten hatte. Jetzt zeigte sie sich, jetzt, wo Jannik ihre exzentrische Bahn betreten hatte. Seine distanzierende Ironie bemerkte sie nicht.

»Stell dir das nicht zu einfach vor, Jannik!« Sie drehte ihm eine tadelnde, ermahnende Handgeste, spaßhaft kam es herüber, aber es war wohl ernsthafter gemeint, denn sie stellte sich wieder konspirativ auf ihre Zehen: »Die Worte müssen wieder bedeuten können, Jannik. Be-deuten! Der Weltgriff. Du musst eine Religion gründen!«

»Aber Clarisse!« Jannik lachte hell auf. »Ich bin eigentlich ganz froh darüber, dass die Religion keine große Rolle mehr spielt. War doch unheilig genug! Und ich will die Welt auch nicht greifen und schütteln wie du. Ich will erleben und genießen.«

»Du bist noch nicht so weit. Und mit der Religion – so meine ich es doch nicht.« Ihre Stimme klang enttäuscht.

»Ja später vielleicht, Clarisse, jetzt hab ich andere Dinge zu tun.« Er wollte einen Themenwechsel, fort von ihren Dämonen.

»Du kennst den Dalai Lama?«, fragte Clarisse.

»Nicht persönlich …«

»Sei nicht albern«, sagte sie streng. »Ich« – ermahnend blickte sie zu ihm auf – »ich habe ihn persönlich getroffen. In Dharamsala, bei einem Teaching. Er hat auf seine Kindheit verzichtet. Es gibt höhere Aufträge, Jannik. Sendungen.« Sie schwieg, und mit einer Handgeste verbot sie sich jedwede Replik. »Ich *empfange* etwas, das ist gewiss. Immer wieder. Vielleicht auch nur in Stücken, aber das macht nichts. Im Ganzen gesehen ist es ein Fluss.«

Sie schaute ängstlich um sich, so wie man sich vergewissern möchte, dass kein Ohr lausche. Dann stellte sie sich auf und flüsterte: »Jedenfalls bin ich *erwählt*, aber ich brauche einen *Agenten*. Ich empfange Gedanken in meinem Leib.« Erneut strich sie sich über den Bauch.

Jannik schluckte. Er war arg irritiert über die Wende, die die Dinge nahmen. Clarisse phantasiert, dessen war er sich nun gewiss. Von Anfang an, mit dem Öffnen der Tür. Jannik fragte sich, ob sie gefährdet wäre. Einem Urteil wich er aus, er wollte sich nicht in Komplikationen verstricken, so kurz vor dem Wiedersehen mit Seema. Und überhaupt, er spürte den Drang, möglichst schnell wieder zu gehen. Wie angewurzelt stand er schweigend vor ihr. Clarisse dagegen ärgerte sich über die Halsstarrigkeit, die sie in Jannik sah. Es war ihr, als rannte sie gegen eine ignorante Wand.

»Du könntest ein wenig mehr aufnahmebereit sein, Jannik.«

»Ich bin einfach realistisch, Clarisse.« Ein wenig zögerlich kam es. Unsicher, ob es erlaubt sei, so zu reden.

»Du versteckst dich. Deine ganze Familie sind Verstecker. Und diesen Club …« Clarisse streckte sich und beugte den Kopf auffordernd nach hinten. Ihr Zeigefinger an der ausgestreckten Hand fuchtelte Jannik vor dem Kinn. »Und diesen Club wirst du verlassen, und zwar sofort. Was bildest du dir nur ein, deine Talente so zu vertun!«

Jannik fand, Clarisse habe einen verständlicheren Kurs eingeschlagen. Er zwang sich zu einem Lächeln, das ihm aufgrund der Schwere ihrer Vorhaltungen nur etwas gequält gelang.

»Existieren heißt: herausstehen. Herausstehen heißt: frei sein. So läuft der Hase, Jannik. Das jedenfalls kannst du doch akzeptieren.« Ihre Stimme war schneidender geworden.

»Ich denke, Clarisse, ich bin auf dem Weg dazu.« Jannik verschränkte seine Arme vor der Brust. Er trat einen halben Schritt zurück.

»Das geht aber heute nicht mehr.« Sie hatte den Ton wieder abgesenkt, es klang versöhnlicher. »Da ist alles nur Gerede. Seinsvergessen. Eine industrielle Fertigung des Menschen. Blass und existenzlos. Da wird der Blitz hineinfahren wie in einen Hühnerstall.«

Jannik nickte, das klang recht vernünftig. Bis auf den Blitz, aber das war eben Clarisse.

»Und dieser Blitz …« Clarisse erhob sich wieder zur Flüsterpose, »… wird gezündet werden müssen, Jannik. Jeder von uns muss sich jetzt fragen, ob er der *Auserwählte* ist. Auch du, Jannik, auch du musst dich das fragen. Und was, wenn nicht, du dazu beitragen kannst.«

Jannik nickte, er fand, sie drehte sich im Kreis. Sie erfand immer neue Schleifen, darin war sie stabil.

»Wie kommst du denn hier zurecht?«, fragte er.

»Gut!« Das kam wie aus der Pistole geschossen. Augenblicklich hatte Clarisse die Welt gewechselt. »Ausgezeichnet. Mein Kühlschrank ist voll, zweimal die Woche kommt jemand zum Putzen. Und dann schauen sie immer wieder nach mir. Du brauchst Dir keinerlei Sorgen zu machen. Gott beschütze mich vor einem langen Leben.«

Lachend hakte sie sich bei ihm ein. Da war sie wieder zurück, die Tante, auf dünnem Eis über dem Gebräu aus Medium und Auserwähltsein. Alles stand jetzt auf dem Kopf, eine verkehrte Welt, die ihn schwindelig machte. Früher, da kam sie in sein Leben, jetzt war es umgekehrt. Und bei diesem Gedankensplitter wehte ihn plötzlich ein tiefes Verantwortungsgefühl an. Es war schwer wie eine Pflicht und schwebte doch auf leichten Schwingen.

»Ich werde mich mehr um dich kümmern, Clarisse.«

»Du wirst dich mehr um mich kümmern«, wiederholte sie monoton.

Jannik nickte. »Eine Agentenpflicht?«, fragte er scherzend. Clarisse drückte seinen Arm und schaute zu ihm empor. Mit milder Stimme gab sie zu Protokoll: »Wenn du diesen Weg gehst, dann soll es mir auch recht sein.«

Jannik blinzelte in die nachmittagshellen Fenster. Er verstand nicht, was Clarisse meinte, mit diesem Borderline-Satz, und er scheute sich sie zu fragen. Er führte sie jetzt, da durfte er sich nicht auf ihre Verrücktheiten einlassen, beschloss er.

»Komm, lass uns mal an die frische Luft«, schlug er Clarisse vor, aber ebenso galt es ihm selbst. Was für ein verrückter Tag, dachte er. Erst die merkwürdige runzlige Hexe im Zug und jetzt Clarisses absurdes Theater in ihrer muffigen Höhle. Die Berliner Tage erschienen ihm dagegen wie eine Welt in klaren Linien, auch die politischen Diskussionen dort atmeten eine wohltuende Frische gegen das düstern verstiegene Geraune seiner Tante, die immer noch seinen Arm fest umklammert hielt. Ja, selbst Cora und Carlos mit ihrem wollüstigen Spiel von Herrschaft und Unterwerfung lebten ein pralles Leben, und dabei sah er wieder das verbotene Foto mit Coras hängenden Brüsten vor sich. Es erregte ihn auch jetzt, wo Clarisse seinen Arm fest im Griff hielt. Er blickte sie verstohlen von der Seite an. Sie hielt ihre Augen geschlossen und hatte den entspannten Gesichtsausdruck eines kleinen Kindes. Heftig meldete sich nun die Verantwortung, schwerer als vorhin, die Luft im Zimmer wurde ihm unerträglich dick und stickig. Sanft löste er sich von Clarisse und öffnete das Fenster.

»Frische Luft, Clarisse. Macht den Kopf wieder frei.«

»Du musst dein Leben ändern«, murmelte sie. Bestimmt wieder so ein Zitat, dachte er. Clarisse runzelte die Stirn und grub in Erinnerungen. »Ich weiß«, sagte sie in plötzlicher Eingebung. »Du bist verliebt. Du hast es mir irgendwann schon einmal erzählt. Jedenfalls hab ich's von dir. Seema heißt sie, nicht wahr?«

Jannik stand wie eingepflockt.

»Ja, damals.« Ihr schien das eindeutig genug. Jannik hielt noch immer den Atem an. »So, damals«, brachte er hervor. Clarisse nickte lebhaft hinauf: »Und das erzählst du mir im Zoo.«

»Im Zoo?«, fragte Jannik verständnislos.

»Ja, so wie damals. Im Zoo. Weißt du«, sie fing wieder an zu kichern. »Weißt du eigentlich, dass wir alle im Zoo leben?«

Eine knappe Stunde später standen beide vor dem Bärengehege und beobachteten das tolpatschig-tollende Bewegungswunder. Clarisse hatte sich erstaunlich schnell in damenhafte Schale geworfen, in langen Rock, darüber ein rosafarbener Blouson.

»Wie kugelig die purzeln und springen«, sagte Clarisse.

Jannik schaute schweigend über den Bärengraben, gebannt vom Schauspiel der tapsigen Vitalität. Die Bären rangen und fielen spielerisch über einander her in einer Mischung von Kampf und Zärtlichkeit. Und dann erzählte er Clarisse von Seema. Von dem Hin und Her, von seinem Warten, von seinem Tiger direkt unterhalb der Bauchdecke, von der Unruhe in ihm, er erzählte aber auch von einer anderen Welt, von seinen Berliner Tagen, sprunghaft, so wie es ihm kam. Und dann knetete er es hinein in den anderen Strang, in den seines seematischen Leides. Denn darum ging es jetzt, wie er so neben ihr stand, einen Kopf größer als Clarisse, die auf höheren Absätzen stand, den Kopf geneigt beim Zuhören. Aufmerksam und folgsam so wie ein Kind weit vor der Pubertät.

Dann und wann fiel Jannik ins Schweigen, um Schwung zu holen für die nächste Partie seiner Bekenntnisse. In eine Pause fiel Clarisse ein und sagte:

»Leiden und Lieben, das ist eins.«

Jannik hielt inne. Neu war ihm das nicht, aber jetzt schien er selbst betroffen zu sein, und das änderte alles.

»Alles Wahre ist tragisch«, setzte Clarisse dazu, wie einen zweiten Posten in einer Summe.

»Dann sind wir auserwählt«, bemerkte sie fein, aber ein dritter und letzter Trumpf war es doch auch.

Jannik schüttelte den Kopf.

»Davon verstehe ich nichts. Vielleicht meinen wir beide dasselbe. In meinem System klingt das so: Es fließt. Ja, Clarisse, es fließt. Und wenn das das Leben ist, Clarisse, dann ist es umwerfend wunderbar.«

Clarisse nickte, mit schräggestelltem Kopf. Dann sagte sie: »Und noch wunderbarer ist der Punkt, in dem sich alle Linien treffen. Den gehst du auch noch suchen, ja?«

Die Argumente des Körpers und
die Magie des Augenblicks

Mit langen Schritten nimmt Jannik die Steigung. Mild ist die Nacht, nach einem abendlichen Herbstregen riecht es nach feuchtem Laub. Erdschwere Luft bis in die Lungenspitzen. Das Geräusch fallender Tropfen raschelt im Gewölk der nachtschwarzen Blätter, im nahen Talgrund rauscht der Verkehr auf regennassem Asphalt. Still hat sich das Leben zurückgezogen hier oben, hinter leuchtende Fenster, schwarze Fassaden besprenkelnd. Bisweilen sind Bäume hinzugeeilt und haben sich schützend vor allzu neugierige Blicke gestellt. Dann aber wiederum springt ein Haus vor bis an die Straße, nur von schmalem Vorgarten gesäumt. In aufgelockerter Bebauung hier am Berg wechseln die Anwesen ihre Gesichter von bürgerlichen Doppelhaushälften zu vornehmeren Villen, die in privilegierter Verborgenheit in größeren Gärten stehen.

Jannik nimmt sie kaum wahr, diese Klassenunterschiede. Hellwach ist er jetzt, in fiebriger Erwartung eilt er mit langen Schritten die ansteigende Straße entlang. In seinem Rücken liegt der zerklüftete Tag mit seinen abgerissenen Episoden, jetzt zieht ihn ein Begehren bergwärts, das von der Brust in den ganzen Körper strahlt. Alles scheint ihm jetzt gut zu sein und vollkommen, sein Leben, das Leben überhaupt, alles ist so voll und stimmig. Alles, konzentriert in einem Jetzt. Intensive Gegenwart, wie kürzlich im U-Bahn-Waggon, nur führt sie jetzt zu Seemas Haus eine Straßenkehre weiter oben. Mit Schwung öffnet er die Gartentür.

Links und rechts des Gartenweges hat sie Teelichter gestellt. Zwei, vier, acht, zehn und nochmal vier davon flackern über die Nachtschwärze des Gartenweges und führen hinauf zum

Eingang. Jannik geht ihnen nach und kommt an der überdachten Haustür an. Augenblicklich schaltet sich ein Hauslicht ein und flutet den Eingang. Hinter der Tür klingt gedämpft ein Lachen. Jannik drückt die Klingel. Noch einmal.

»Tür ist offen!«

Jannik drückt sie auf.

Als er im Windfang-Flur steht, überkommt es ihn schockartig: Wir sind nicht allein! Stimmen überschneiden sich im Wohnzimmer, bekannte Stimmen. Johanna die Kluge, der Professore, dann Blondschopf Arno, er hört Vrenis heiseres Lachen, der halbe Philosophiekurs von Herrn Brandes! Es erwischt ihn eiskalt. Wie ist das möglich?, ist sein erster Gedanke. Er ist vor den Kopf gestoßen und komplett aus dem Gleichgewicht. Was geht hier ab? Wild rotieren die vier Worte durch seine Hirnmasse und schlagen wie Pingpongbälle von innen an seine Schädeldecke. Finden über den Hals einen Durchgang in seinen Brustkorb und in die Bauchgrube, wo sie ihm in den Gedärmen wühlen. In rasender Schnelle überfliegt er noch einmal seine Begegnungen mit Seema. Die Telefonate, der Abend im Park, die Zeit der Unnahbarkeit nach dem asiatischen Salon, sein Referat, die Mensa und die erste Philosophiestunde, damals, als alles angefangen hatte mit dem Herrn von der Bank, dem Prothesenmann. Alles bricht ihm jetzt wie eine morsche Kulisse zusammen. Alles, alles eine große Täuschung! Die ganze Zeit über spulte ein anderes Programm ab, das sich durch alles gezogen hatte, ein einziges großes *Café des Illusions*. Täuschung und, ja, sogar Verrat. Der Boden tut sich unter ihm auf. Doch dann, in derselben Sekunde, bricht ein stilles Lachen aus ihm, urwüchsig stößt es aus dem Leib herauf, steigt empor, zerplatzt und lässt Sterne regnen auf alle verblichenen Hoffnungen herab. Alles ist so unendlich lächerlich und ebenso unendlich traurig.

Er betrat das große Wohnzimmer.

Seema glitt katzenhaft von ihrem Stuhl und wandte sich ihm zu. In ihrem grünschillernden Sari sah sie atemberaubend aus, aus ihren hochgesteckten Haaren fielen ein paar Strähnchen über ihre kleinen Ohren herab. Die Bluse verdeckte quer eine breite Schärpe, die sie über die Schulter geworfen hatte. Ihre glatten, leicht muskulösen Arme ruderten ihm entgegen, ein breites buntgeflochtenes Armband an ihrem rechten Handgelenk zog Janniks Blick wie magisch auf ihre braune Haut. Wie ein blankpoliertes Stück Ebenholz, es verschlug ihm fast den Atem.

»Moin!«, grüßte Jannik, er zwang sich zu sachlicher Nüchternheit. Ich muss die Situation hier jetzt bestehen. Einfach nur bestehen für den Moment, und dann ein starker Abgang. So richtig stilvoll. Und nachhaltig, ich bin dann fertig hier. Und auch mit ihr. Der würde sich finden, jetzt erst einmal ihrer Schönheit widerstehen, vor den anderen und auch vor ihr. Vor allem aber vor ihr.

»Na endlich bist Du da«, flötete sie und hielt ihm ihre Wange hin. Jannik küsste sie flüchtig, vermied aber jede weitere Körperberührung. Lässig grüßte er die anderen. Zu ihr war ihm das Band abgerissen. Und so nickte er nur, als sie sich auf die Zehenspitzen stellte und ihm in die Ohren flüsterte:

»Die anderen werden ja nicht ewig bleiben.«

Jannik zuckte nur die Schultern. »Überraschung, Euch hier zu sehen«, leierte er leidenschaftslos, als er sich an die anderen wandte, an den unerwarteten Zulauf.

»Oho, da gibt jemand den Hausherrn«, schnarrte Vreni.

Das saß. Jannik kniff die Augen und starrte Vreni fassungslos an. Bittere Galle stieß ihm auf und ätzte den kümmerlichen Rest von Humor fort, den er noch besaß. Alle Vorsätze, cool zu sein, zerbröselten zu Makulatur. Starr stand er vor ihr und den anderen.

»Verstehe, späte Geschäftsreise, wichtige Dinge in Krank-furt.« Vreni grinste breit und wippte erwartungsvoll mit ihrem Fuß. Die kleinen Schwingungen schaukelten sich ihm auf zu groben Tritten. Krankfurt! Der Beweis! Seema hatte Verrat an ihm begangen, und wie vor zwei Tagen in der nächtlichen U-Bahn schnitt ihn eine Empörung tief ins Mark. Ihn packte eine destruktive Wutlust, hier bei Seema verbrannte Erde zurückzulassen, und harsch gab er zurück:

»Als Hausherr würde ich euch jetzt alle rauswerfen. Auf der Stelle, und dich zuerst, Vreni. Hochkant!«

»Er will die Himmel im Sturm nehmen«, parierte Vreni spöttisch und ließ ihren Kaugummi platzen. »Die Liebe lässt Synapsen schnapsen«, kalauerte sie noch hinzu.

»Und das so ganz ohne Erlaubnis von höherer Stelle!«, schnalzte der Professore, schüttelte tadelnd den Kopf und pen-delte ihn in Richtung Seema ein. Dann kicherte er anzüglich. Dem Alkohol hatte er wohl schon heftiger zugesprochen. Jan-nik ging langsam auf ihn zu, mit finsterer Miene fixierte er ihn, der Professore hob schützend seine Arme, ausweichend bog er seinen Oberkörper zu Seite. Da ergriff Jannik die Stuhllehne und zog mit einem kräftigen Ruck den Stuhl unter ihm weg. Der Professore fiel auf den Boden und schrie kurz auf. Jannik schnippte mit den Fingern wie nach einem Insekt.

»Ich gebe dir die Erlaubnis!«, sagte Seema mit schneidender Stimme. Jannik blickte sie verständnislos an.

»Ja, wirf sie raus, Jannik. Die beiden zuerst, sind ja betrun-ken. Nee, das geht so ja gar nicht. Vreni, was ist denn in dich gefahren?«

Vreni gefror das Grinsen auf den Lippen.

»Also, ich wollte sowieso jetzt mal gehen ...« Johanna ließ ihre Schultern kreisen wie zur Besänftigung der entgleisten Szene, unentschieden zwischen Ernst oder Spott. Der Professore rieb sich die schmerzende Hüfte und wich Seemas Augen aus.

»Die andere Arschbacke gilt dir, Vreni«, sagte Jannik lässig. »Du schuldest dem Professore also noch was. Lade ihn doch zum Kaffee ein ins *Illusions*, da könnt ihr kreativ weiterplaudern.«

Jannik strich sich befreit die Hände, sein Übergriff hatte ihm Erleichterung verschafft nach allen Seiten. Auch Seema war aus dem Brennpunkt seiner Empörung gerückt, sie hatte ihre Bauern geopfert, das glättete seine Wogen. Auch ging ihm noch sein körperlicher Gewaltstreich nach. Manchmal, dachte er, ist eine klare Ansage besser als reden, verteidigte er sich gegen einen aufkeimenden Skrupel. Und dabei fiel ihm aus irgendeinem Grund die Erotik der Macht ein. Kurz flackerte Carlos vor ihm auf im dämmerigen Licht der Küche mit dem verbotenen Bild, eine kurze Erregung wehte ihn an und darüber entging ihm Seemas bewundernder Blick. Er stand in einem glasigen, milchigen Halbdämmer. Viele Linien schnitten sich ihm dort, aufsteigende und absteigende Linien, die Personen, Ereignisse, Erhofftes und Ersehntes miteinander verbanden, mal benachbart und mal weit entfernt voneinander. Und über allem stemmte sich ein Faktum auf zu voller Höhe, die Gewissheit nämlich, dass in ihm etwas zerbrochen war. Diejenige Seema, die in ihm gelebt hatte die letzten Wochen und mit der er täglich seelischen Kontakt gepflegt hatte über Höhen und Tiefen, die wie ein zweiter Strom neben seinem eigenen geflossen war, in Träumen und Halbträumen seinen Fluss flutend, sie gab es so nicht mehr. Es gab nur noch seematische Trümmer. Doch über ihnen huschte immer wieder das Bild einer achtzehnjährigen Schönheit, ein Argument ganz eigener, unwiderlegbarer Qualität. Jannik blätterte ihr seine Argumente entgegen, griffbereit aufgereiht an einer einzigen Linie der Enttäuschung mit dem harten Verdacht eines Verrats an der Spitze. Er zweifelte nicht an ihnen, nicht eigentlich, wenn es um die Sache ging, die war für ihn abgeschlossen. Aber jetzt, wo sie neben ihm stand und ihn anlächelte, mit einem Anflug von Verlegenheit, wie er an ihr zu bemerken meinte, jetzt, wo die anderen sich im Gehen befanden und der räumliche Abstand sich mit einer Spannung auflud, die von beiden ausging und die in beide zurücklief, jetzt schmolz Jannik das feste Fundament seiner trotzigen Positionen. Seemas weibliche Argumente sprachen aus ihren dunklen Augen, sie zogen sich an den schwarzen Haarsträhnen aus hochgesteckten Haaren herab, sprangen über ihre kleinen Ohren auf die halb bedeckten Schultern, dorthin, wo ihre braune Haut an den dunkelgrünen Sari stieß. Sie waren schön, ihre Argumente, zweifelsohne. Aber seine hatten die Evidenz der Geschehnisse auf ihrer Seite, den Zeitfaden, Seemas nur die Magie des Augenblicks. Jannik kämpfte, er konnte sich beiden Welten nicht entziehen, nicht dem Groll und nicht der schwingenden Resonanz ihrer beider Körper. Er musste sich entscheiden, jetzt, und er tat es.

»Also, dann wollen wir mal entgiften«, sagte Jannik in abgepresster Bitterkeit und trat zwei Schritte weit von Seema zurück. Dann wandte er sich hilfesuchend an Johanna, die schon aufgestanden war und nun gerade Seema umarmte und ihr noch schnell ins Ohr flüsterte: »Es tut mir leid.« Dann verließ sie den Raum. In ungelenker Verlegenheit zuckte Arno die Schultern und murmelte irgendetwas zur Verabschiedung. Der Professore folgte grußlos und warf Jannik noch einen wütenden Blick hinterher, Vreni ließ ihren Kaugummi platzen. Sie waren fort, die Tür fiel ins Schloss.

Abrupt wandte sich Jannik ab, griff nach seiner Jacke und schickte sich an zu folgen.

»Bleib, bitte«, presste Seema hervor und versperrte ihm den Weg zur Tür. »Ich allein bin wirklich«, flüsterte sie. Etwas Flehendes lag darin.

»Aber sag, für wen denn bloß?«, spottete Jannik. Es kam härter als gefühlt, wie ein trotziger Widerstand, hinter dem eine weiche Seele Schutz sucht. Er wollte Distanz, das war wichtig jetzt.

»Für dich, für mich, für uns. Jetzt zählt nichts als der Augenblick, dieser Moment. Nur das zählt.«

Jannik fuhr sich mit der Hand an die Stirn. Ein leichter Schwindel ging ihn an. Unwirklich war das alles. Seema, die alte Frau im Zug, und plötzlich tauchten auch noch Fetzen des wilden Traums vor seinem inneren Auge auf. Dann der bizarre Überfall in der U-Bahn, dieser Einbruch einer dunklen Wirklichkeit, und nun stand er hier vor Seema. Hell beschien sie der Deckenstrahler des Flurs, mit dem Rücken lehnte sie am Hauseingang, die Arme am Türrahmen abgestützt. Jannik zögerte. Er hätte sie wegdrücken müssen, um die Tür zu öffnen. Aber er scheute die körperliche Berührung. Was ist richtig, was falsch?, fragte er sich. Und im selben Atemzug verwarf er die Frage. Wohin sollte sie auch führen? Die Magie des Augenblicks ließ seinen Gedanken keinen Raum mehr.

»Alles ist perfekt jetzt, Jannik. Stell es nicht infrage. Wir allein sind jetzt wirklich. Nur wir.«

Anhang

Nachweis der Kurzzitate

S. 34: Wer die *Luft meiner Schriften zu atmen weiß, weiß, daß es eine Luft der Höhe ist, eine starke Luft. […] Das Eis ist nahe, die Einsamkeit ungeheuer – aber wie ruhig alle Dinge liegen! Wie frei man atmet! Wie viel man unter sich fühlt!*
Friedrich Nietzsche: Ecce homo, Vorwort Nr. 3

S. 38: *Dorthin – will ich; und ich traue / Mir fortan und meinem Griff. / Offen liegt das Meer, ins Blaue / Treibt mein Genueser Schiff.*
Friedrich Nietzsche: Nach neuen Meeren (Gedicht)

S. 42: *Ich fürchte, ich schieße die Menschheit in zwei Teile auseinander.*
Friedrich Nietzsche an Franz Overbeck, 18. Oktober 1888

S. 42: *Mein Los ist, dass ich der erste anständige Mensch sein muss, dass ich mich gegen die Verlogenheit von Jahrtausenden im Gegensatz weiß.*
Friedrich Nietzsche: Ecce homo, Warum ich ein Schicksal bin, Nr. 1

S. 42: *Ich habe eine erschreckliche Angst davor, dass man mich eines Tages heiligspricht.*
Friedrich Nietzsche: Ecce homo, Warum ich ein Schicksal bin, Nr. 1

S. 44: *Ohne Musik wäre das Leben ein Irrtum.* Friedrich Nietzsche: Götzen-Dämmerung, Sprüche und Pfeile Nr. 33

S. 44 f: *Hat man bemerkt, daß die Musik den Geist frei macht? Dem Gedanken Flügel gibt? Daß man umso mehr Philosoph wird, je mehr man Musiker wird?*
Friedrich Nietzsche: Der Fall Wagner, Nr. 1

S. 45: *Unzugehörig ist mir der Idealismus: der Titel sagt, wo ihr ideale Dinge seht, sehe ich – Menschliches, ach nur Allzumenschliches!*
Friedrich Nietzsche: Ecce homo. Menschliches, Allzumenschliches, Nr. 1

S. 46: *Ich machte aus meinem Willen zur Gesundheit, zum Leben, meine Philosophie …*
Friedrich Nietzsche: Ecce homo. Warum ich so weise bin. Nr. 2

S. 49 f: *Das größte neuere Ereignis ...*
Friedrich Nietzsche: Fröhliche Wissenschaft, Nr. 343

S. 92: *Nach innen geht der geheimnisvolle Weg, ist das Weltall nicht in uns? In uns, oder nirgends ist die Ewigkeit mit ihren Welten.*
Novalis: Blütenstaub-Fragmente. Nr. 16

S. 92: *Frei ist der Mensch, wenn er Gott hervorbringt.*
Friedrich Schlegel: Ideen Nr. 29. (Kritische Friedrich-Schlegel-Ausgabe. Erste Abteilung: Kritische Neuausgabe, Band 2, München, Paderborn, Wien, Zürich 1967, S. 256)

S. 93: *Im Orient müssen wir das höchste Romantische suchen.*
Friedrich Schlegel: Rede über die Mythologie (Kritische Friedrich-Schlegel-Ausgabe. Erste Abteilung: Kritische Neuausgabe, Band 2, München, Paderborn, Wien, Zürich 1967, S. 319)

S. 114: *Die Kunst ist die Nabelschnur, die uns mit dem Göttlichen verbindet.*
Nikolaus Harnoncourt. Die Macht der Musik, Salzburg 1993

S. 114: *Ich glaube sogar, dass dem Menschen kein unmittelbarerer Zugang zum Erahnen des Logos und seines Wirkens gegeben ist als durch die Musik, die von seinem göttlich schöpferischen und ordnenden Wesen tönende Kraft gibt. [...] Diese Wirkung der Musik als Erhöhung der Feierlichkeit kann, glaube ich, nur daraus verstanden werden, dass sie nach oben weist; der tröstende Einfluss, den sie auf leidende Menschen ausübt, mag daher rühren, dass der oft als sinnlos und quälend empfundene Text des Lebens – um in Schopenhauers kühner Metapher zu bleiben – in der Deutung durch die Melodie als sinnvoll erahnt wird.*
Bruno Walter: Von der Musik und vom Musizieren. Frankfurt 1957, S. 22

S. 119: *Das Starre und das Wilde, das Außersichsein, das fordert dieser Gott Dionysos. Er gibt den Liebenden nichts, er heilt die Leidenden nicht, er dankt nicht, er tröstet nicht, er wärmt nicht. Er verspricht nur eines: Das Leben mit ihm wird außerordentlich werden.*
Michael Köhlmeier: Das große Sagenbuch des klassischen Altertums. München 2002, S. 598

S. 128: *Kritiker ohne Lust und Kraft*
Friedrich Nietzsche: Die Geburt der Tragödie aus dem Geist der Musik, Nr. 18

S. 130: *Sonnenlauf von Bach zu Beethoven, von Beethoven zu Wagner*
Friedrich Nietzsche: Die Geburt der Tragödie aus dem Geist der Musik, Nr. 18

S. 160: *Die Lämmer sind den großen Raubvögeln gram.*
Friedrich Nietzsche: Zur Genealogie der Moral. Erste Ab-
handlung Nr. 13

S. 160: *Von jeder Stelle aus gesehen ist die Irrtümlichkeit der Welt, in der
wir zu leben glauben, das Sicherste und Festeste, dessen unser Auge
noch habhaft werden kann.*
Friedrich Nietzsche: Jenseits von Gut und Böse, Nr. 34

S. 190: *Wo aber Gefahr ist, wächst das Rettende auch.*
Der Lehrer Andreas Brandes zitiert einen Vers aus Friedrich
Hölderlins Hymne *Patmos.* (In: Friedrich Hölderlin: Werke
und Briefe. Hrsg. v. Friedrich Beißner u. Jochen Schmidt,
Frankfurt 1969, S. 176)

S. 230: Seema rezitiert das Gedicht *Vorgefühl* von Rainer Maria Rilke
(In: R.M.R.: Sämtliche Werke, Bd. 1. Frankfurt 1975, S. 402)

S. 264: *Ihr Geister der Schwere! Seht diesen Augenblick! Muss nicht alles,
was laufen kann, schon einmal hier vorübergegangen sein? Muss
nicht alles, was geschehen kann, schon einmal hier geschehen sein?*
In Anlehnung an Friedrich Nietzsche: Also sprach Zarathustra. Dritter Teil, Vom Gesicht und Rätsel. Dort heißt es
wörtlich:
*»Siehe, sprach ich weiter, diesen Augenblick! Von diesem Thorwege
Augenblick läuft eine lange ewige Gasse rückwärts hinter uns liegt
eine Ewigkeit.*
*Muss nicht, was laufen kann von allen Dingen, schon einmal diese
Gasse gelaufen sein? Muss nicht, was geschehn kann von allen Dingen, schon einmal geschehn, gethan, vorübergelaufen sein?«*

S. 265: *Unschuld ist das Kind und Vergessen, ein Neubeginnen, ein Spiel,
ein aus sich rollendes Rad, eine erste Bewegung, ein heiliges Ja-
sagen.*
Friedrich Nietzsche: Also sprach Zarathustra. Erster Teil: Von
den drei Verwandlungen

S. 299: *Du musst dein Leben ändern.*
Rainer Maria Rilke: Archaischer Torso Apollos

© 2017 Klöpfer & Meyer Verlag GmbH & Co. KG, Tübingen.
Alle Rechte vorbehalten.
ISBN 978-3-86351-442-6

Lektorat: Petra Wägenbaur, Tübingen.
Umschlaggestaltung: Christiane Hemmerich
Konzeption und Gestaltung, Tübingen.
Titelfoto: Photocase / sol-b (ID 1167854).
Herstellung: Horst Schmid, Mössingen.
Satz: Alexander Frank, Ammerbuch.
Druck und Einband: Pustet, Regensburg.

Mehr über das Verlagsprogramm von Klöpfer & Meyer
finden Sie unter: *www.kloepfer-meyer.de*